강승숙 선생님의
행복한 온작품읽기

강승숙 지음

 행복한아침독서

강승숙 선생님의
행복한 온작품읽기

강승숙 지음

어린이들에게 책을 읽어주며 누려온
기쁨의 나날

산 밑 외딴집에서 유년기를 보냈다. 낮에는 할머니가 옛이야기를 들려주셨고 밤에는 어머니가 으스스한 귀신 이야기를 해주셨다. 이야기를 듣고 자란 덕분에 1983년 교단에 설 때부터 어린이들에게 이야기를 해주는 일이 자연스러웠다. 재미난 동화를 읽으면 수첩에 줄거리를 적었다. 그리고는 칠판에 그림을 그려가면서 어린이들에게 이야기를 했다. 그때만 해도 동화책을 직접 읽어주는 일은 외국 영화에서나 볼 수 있는 낯선 풍경이었다.

시간이 흐르면서 그림책을 만나게 되었다. 내 일상을 달라지게 한 그림책. 기쁨을 주었고, 그림일기를 쓰게 이끌었다. 『안녕 빠이빠이 창문』(노튼 저스터 지음, 삐아제어린이)을 읽고 크레파스로 그림일기를 썼다.
어머니와 딸이 만든 그림책 『걸었어』(우지현·이정덕 지음, 청어람주니어)를 본 날은 눈물이 날 뻔했다. 어머니가 만들어준 원피스에서 보았던 자수가 나왔기 때문이다. 당장 헝겊을 찾아 색실로 수를 놓아 일기를 썼다.
그림책이나 동화는 나를 순하게 했고 유년기의 부모, 형제, 동네 친구와 강아지와 병아리, 개울가와 자두나무를 불러냈다.
그림책이나 동화는 때로 깊은 깨달음과 사색으로 이끌었다. 『까마귀 소년』(야시마 타로 지음, 비룡소)에 나오는 이소베 선생은 어린이를 사랑하는 방식을 생각하게 했다. 『가장 사랑받는 곰 인형』(다이애나 누넌 지음, 별숲)은 어린이의 마음을 읽는 상상력이 얼마나 중요한지 느끼게 해주었다. 가브리엘 뱅상의 에르네스트와 셀레스틴 연작에 등장하는 곰 에르네스트는 돌아가신 어머니와 닮았다. 넉넉하지 않지만 행복하게 사는 비법을 알고 있다는 점에서 그렇다.

어떤 난감한 순간에도 행복을 제조해낸다는 건 굉장한 일이다. 「소년 역전부」(『울어 버린 빨간 도깨비』, 토리고에 신 엮음, 창비)의 어린 주인공은 앞을 볼 수 없는 눈보라 속에서도 두려움 없이 어른 여행자를 인도한다. 주인공을 보면서 내가 만나는 어린이들도 이렇게 씩씩한 마음이 있을 거라는 생각을 했다. 그 마음을 어떻게 더 단단하게 할 것인지 동화는 고민하게 했다.

35년이 넘는 교직 생활 내내 아름다운 시와 그림책, 동화를 보면 흥분에 겨워 어린이들에게 달려가곤 했다. 그냥 읽어주고 느낌만 나누어도 좋았다. 읽고 이야기만 나누어도 교실은 따뜻한 공간이 되었지만 조금씩 더 나아갔다. 책을 읽은 감상을 쓰거나 인물이 움직이는 공간을 조형적으로 표현했다. 그림자극이나 종이 인형극을 하기도 했다.

『색깔의 여왕』(유타 바우어 지음, 문학동네어린이) 같은 그림책을 보고 나면 색종이와 사인펜으로 감정을 표현했고 음악에 따라 춤을 추었다. "선생님, 그림책을 읽고 어떻게 이런 거 할 생각을 했어요!" 하며 묻는 어린이도 있었다. 그 어린이는 감탄하고 있었다. 그림책과 미술이 그럴듯한 융합을 이루었던 것이다.

한 학기 한 권 읽기가 교육과정에 들어오기 전까지 이 모든 활동은 아침 시간이나 국어시간, 미술이나 음악시간을 써서 짬짬이 이루어졌다. 이제 국어책에 등장하는 독서 단원을 과감하게 넓히고 관련 교과 시간까지 더하여 두툼한 책도 어렵지 않게 읽을 수 있는 여건이 되었다. 다행스러운 일이다. 이전에도 많은 선생님들이 애를 쓰며 책을 읽어주었지만 이제는 더 안정된 환경을 갖게 된 것이다.

이 책에는 그림동화 하나, 그림책 하나, 중편 동화 둘, 장편 동화 하나, 우리 신화 하나씩 해서 어린이들과 함께 책 읽은 이야기가 여섯 장에 걸쳐 실려 있다. 마지막 장은 일 년간 시를 읽어온 이야기이다. 책 가운데 『화요일의 두꺼비』와 『여우의 전화박스』, 『아모스와 보리스』는 오래도록 내가 좋아하는 이야기다. 다른 이야기 역시 뜻깊은 작품으로 어린이들과 즐겁게 읽었다.

책을 내면서 아쉬움이 있다. 지난해 12월까지 5학년 어린이들과 읽은 『해리엇』

(한윤섭 지음, 문학동네)은 그 풍부한 감동과 사연이 기록과 사진으로 남아 있는 데 미처 원고로 갈무리하지 못했다. 손창섭의 『장님 강아지』(우리교육)도 안타까운 역사의 흔적을 짚어가며 어린이들과 감동 깊게 읽었지만 이 또한 원고로 마무리하지 못했다. 매력 넘치는 단편 동화도 역시 다루지 못했다.

이 책에서는 중장편 분량의 동화를 주로 다루었다. 이야기가 긴 만큼 어린 독자가 만든 사연 또한 만만치 않은 즐거움을 주어서다. 싣지 못한 이야기는 나와 우리 어린이들 마음속에 고스란히 남아 있을 것이다.

아침 7시 30분이면 막 문이 열리기 시작한 학교에 도착한다. 텅 빈 운동장을 보며 숨을 고른다. 빈 운동장에서는 비둘기와 까마귀가 쉬곤 한다. 급식실에만 하얗게 불이 들어와 있다. '신시아 라일런트'의 동화 속, 퇴임한 선생이 생각난다. 퇴임한 선생은 지난날이 그리워 자신처럼 퇴물이 된 나이 든 개를 데리고 학교 담장으로 가곤 한다. 그 장면을 떠올리면 코끝이 시큰해진다. 나도 꼭 그럴 것만 같아서.

이제 5년 남짓이면 정년퇴임이다. 쉬엄쉬엄 그간 못했던 바느질이며 된장 담그기 같은 살림을 제대로 해보고 싶다. 짬짬이 집안 가득 쌓여 있는 동화책과 그림책을 뒹굴거리며 신나게 읽을 생각이다.

차례

첫 번째 온작품읽기

엄마 만들기
대작전

늙은 어머니도
엄마가
갖고 싶다

세브란스병원 로비다. 어머니는 소파에 기대어 눈을 감고 있다. 중증근
무력증으로 내려오는 눈꺼풀을 어찌할 수 없다. 병원에 계신 동안 어머니
에게 동화책이나 옛이야기를 읽어드리곤 했다. 그날은 『엄마 사용법』(김성
진 지음, 창비)을 읽었다. 텔레비전 광고에서 '생명장난감 엄마'를 판다는 얘
기를 읽어드리자 어머니는 솔깃해한다.

"살면서 이렇게 재미난 얘기는 첨이다야, 누가 지었냐?"

"응, 김성진이라는 사람이야."

어머니는 작가 이름을 몇 번이나 되물었다. 이야기를 듣는 내내 끄덕
이거나 아이구, 세상에, 하며 안타까워했다. 15분쯤 지나니 목이 아프다. 목
이 좋지 않아 조금 쉬겠다고 하니 어머니는 어린애같이 토라진다.

"읽다 말려면 관둬라. 읽을라믄 끝까지 읽어야지!"

클라이맥스에서 뚝 끊긴 동화는 다음 회를 기약하는 드라마처럼 어머
니 마음을 애타게 했던 모양이다.

"내가 읽어줄게요. 어디서부터 읽으면 돼요?"

근처에 앉아 있던 아저씨가 다가오더니 넉살 좋게 동화책을 집어 들었다. 엉겁결에 읽던 쪽을 짚어주었고 아저씨는 곧바로 읽기 시작했다. 굵고 구성진 목소리에 절로 이야기 속으로 빠져든다. 아저씨 책 읽는 솜씨는 놀라웠다. 그야말로 우렁각시였다.

"저기요, 선생이요? 글 참 잘 읽소."

어머니는 감동했다. 아쉽게도 아저씨는 아내한테 이끌려 십여 분 읽다가 자리를 떴다. 이야기를 즐기던 어머니 모습에 마음이 약해져 다시 동화를 펼쳤다. 그리고 끝까지 읽었다. 어머니는 일찍 부모를 여의었다. 겨우 여덟 살 때였다. 어머니는 주인공 현수가 되어 꿈꾸듯 말했다.

"나도 엄마 갖고 싶다."

엄마를 갖고 싶다던 어머니는 이듬해 돌아가셨다. 이제 어머니는 저 하늘나라에서 외할머니를 만났을 것이다. 드디어 진짜 엄마를 다시 갖게 되었다!

'엄마 사용법' 온작품읽기

4월 5일, 4학년 우리 반 어린이들과 『엄마 사용법』을 읽기 시작했다. 어머니의 탄식과 소망, 설렘이 묻어 있는 이야기를 우리 반 어린이들과 다시금 맛보고 싶었다.

칠판에 『엄마 사용법』, 『프레드릭』, 『아기장수 우투리』, 『당나귀 실베스터와 요술 조약돌』을 기대어놓았다. 어린이들 눈이 반짝인다. 책 소개를 짧게 마친 뒤 읽고 싶은 책을 고르게 했다. 예상은 들어맞았다. 스물다섯 가운데 스무 명이 『엄마 사용법』을 골랐다. 압도적이다. 내가 더 힘주어 설명했기 때문인지도 모르겠다. 어린이들은 심상치 않은 제목에 이끌려 시작부터 대단한 관심을 보였다.

아버지와 넥타이

현수는 이제 자기도 엄마를 가질 나이가 되었다고 생각했어.
(7쪽)

"어, 뭐야!"
"뭐지?"
"말도 안 돼!"

첫 문장이 도발적이다. 어린이들은 얼토당토않은 첫 문장에 강한 호기심과 함께 반감을 갖는 듯했다. 생명과 장난감! 도무지 어울리지 않는다. 소제목부터 나눌 얘깃거리가 많다.

현수는 넥타이를 제대로 맬 줄 몰라 쩔쩔매는 아빠를 붙잡고 엄마를 사달라고 조른다. 넥타이 매는 시간은 꽤 길게 이어졌다.

"요즘에는 똑딱단추 같은 게 있어서 넥타이를 그렇게 맬 필요 없어요!"

답답했는지 누군가 한마디 한다. 듣고 보니 새삼 이 장면에 허점이 보인다. 생명장난감이 출시될 때라면 대략 2030년쯤은 되었다고 할 수 있다. 그런데 아빠는 여전히 옛날식으로 넥타이를 맨다. 세상이 변해도 옛 방식을 고집하는 사람이 있기 마련이니 현수 아빠를 구식으로 봐야 할까?

어릴 적 한 장면이 떠올랐다. 어머니가 다려놓은 하얀 와이셔츠를 입고 거울 앞에서 능숙하게 넥타이를 매던 아버지. 퍽이나 멋져 보였다.

"얘들아, 사실 넥타이 매는 게 어려워. 선생님 어릴 적에 아버지가 넥타이 매는 모습이 너무 신기해서 날마다 연습했거든. 정말 어려웠어. 나중에는 아버지가 가르쳐주셨어. 선생님은 계속 연습해서 맬 줄 알아. 한번 봐."

목에 걸친 베이지색 머플러를 풀어 그것으로 넥타이를 매기 시작했다. 어린이들은 신기해했다. 수십 년 만에 넥타이를 맸는데도 기막히게 모양이 나왔다. 길이까지 딱 맞아떨어졌다.

책으로 돌아갔다. 어쨌든 아빠의 출장과 할아버지가 다치신 일이 겹치면서 결국 아빠는 궁여지책으로 현수를 돌봐줄 생명장난감 엄마를 사주기로 한다. 첫 장의 인상은 강렬했다. 흥미진진한, 비현실적인 상황들이 우르르 쏟아졌다. 현수가 조립을 잘못하는 바람에 불량이 된 익룡, 익룡을 회수하려고 나타난 파란 사냥꾼, 찢어진 익룡의 날개와 익룡이 흘린 파란색 피까지……

익룡이 비명을 지르며 파란 사냥꾼에게 잡혀가는 부분에서 어린이들은 게임 속 또는 SF영화에나 등장할 법한 장면을 떠올리는 듯 '파란색 피'라는 구절을 읽을 때 진저리를 치는 듯했다. 익룡이 죽어가는 장면에서는 동정심을 느끼며 이야기에 흠뻑 빠져들었다. 어린이들이 자꾸 조르는 통에 첫 장을 다 읽고 말았다. 첫날 읽어준 이야기가 마음에 짙게 남았는지 일기에 감상을 쓴 어린이가 여럿 되었다. 이야기가 궁금하여 잠도 못 잘 것 같다는 어린이도 있다. 나를 적잖이 들뜨게 한다.

독서공책, 어떻게 만들까?

2장 소제목을 칠판에 썼다.

"얘들아, 짜장면이 아닌 엄마가 배달되는구나!"

큭큭, 웃음소리가 난다. 소제목의 의미를 알아차린 어린이들은 추론할 근거가 더 필요했다. 3, 4, 5장 소제목까지 써달라고 주문했다. 아예 나머지

장의 소제목까지 써주었다.

분위기가 차분해지자 '나만의 독서공책' 쓰는 방법을 안내했다. 첫 장을 읽어줄 때만 해도 별생각 없이 종합장을 네 칸으로 나누고 칸마다 중요한 낱말, 궁금한 내용, 추론, 핵심어를 썼다. 이삼 년 전부터 책을 읽어줄 때면 어린이들하고 해오던 방법이다. 그런데 책을 읽어주면서 보니 예상을 뛰어넘어 반응이 뜨겁다. 그 느낌을 놓치지 않고 알뜰히 모으고 싶었다. 책을 읽어가면서 느끼고 생각한 것을 글과 그림으로 정리하면 멋진 기록물이 나올 것이다.

주문진초등학교에서 5학년 어린이들하고 『마당을 나온 암탉』을 읽을 때 만든 아코디언 독서공책을 칠판에 주르르 펼쳐놓았다.

"와, 멋있어요!"

"우리도 저렇게 해요!"

병풍처럼 펼쳐놓은 독서공책을 보고는 모두 놀라 입을 다물지 못했다. 호기심이 발동하면서 대단한 의욕을 갖는 듯 보였다.

독서공책을 만들기 시작했다. 4절 도화지를 반 자른 뒤 아코디언북 모양으로 접었다. 표지에는 크라프트지로 라벨을 붙이고 제목을 썼다. 제목은 두 겹으로 쓴다. 이렇게 하면 입체감이 나고 돋보인다. 어린이들 글씨는 하나하나 이쁘다. 삐뚤고 어설퍼도 정감이 간다. 라벨 가장자리는 사인펜이나 연필색연필로 바느질하듯 한 땀 한 땀 그렸다. 바늘땀 표시를 하면 오래된 책으로 보인다. 정성 들여 제목을 쓰고 표지를 꾸미면 속 내용도 공들이고 싶은 마음이 생긴다. 맨 오른쪽 표지는 경주가 만들었다. 우연히 교실에 들른 복지사는 경주가 만든 책을 보고 놀랐다.

"이거 경주가 했어요? 믿어지지 않아요!"

복지사는 얼른 사진을 찍었다. 지역아동센터 선생님들에게 보여주고

싶다며 들뜬 듯 말했다. 경주는 신나게 시작한 일도 대개는 끝을 맺지 못하는 편이었다. 그런 경주가 반듯하게 글씨를 쓰고 그림을 그려 표지를 완성한 것이다. 복지사가 흥분할 만도 하다.

나는 온작품읽기를 하면서 독서공책 만드는 일을 퍽이나 중요하게 여긴다. 이 활동은 2016년 주문진에서 3학년 어린이들하고 시작했다. 고민하면서 본격적으로 독후공책을 만든 것은 이듬해 5학년 어린이들과 『마당을 나온 암탉』을 읽을 때다. 그때는 전지 크기의 소포지를 가로로 네 등분한 뒤 접어서 긴 아코디언북을 만들었다. 혼자 재단하려니 힘에 부쳤다. 큰 종이를 접고 자르는 데 품이 꽤 들어서 이런 방식으로 공책 만드는 일은 그 뒤로 하지 못했다.

책을 읽으면서 독서공책을 쓰면 재미있는 일이 많이 일어난다. 시간이 흐를수록 독서공책은 진화한다. 여자 어린이들은 포스트잇이나 색색의 마스킹테이프를 사서 공책을 꾸민다. 공책 꾸미기에 열을 올리는 것이다. 끝까지 고집스럽게 연필의 블랙 톤만으로 꾸미는 어린이도 있었다. 그것도 나름 분위기 있다. 남자 어린이들은 만화 형식을 빌려 줄거리나 느낌을 표현하곤

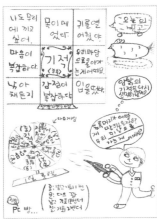

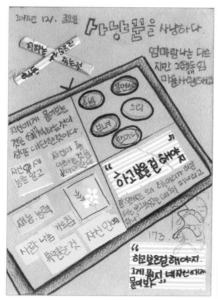

했다. 종종 표현이 남다른 공책은 어린이들에게 보여주었다. 모둠 친구들과 공책 돌려보는 시간을 갖기도 했다. 친구들이 만든 공책은 새로운 자극이 되었다.

네 칸으로 나누어 정리하거나 중심 낱말을 쓰고 가지치기를 하는 마인드맵 형태가 기본 틀이다. 이 틀로 시작했지만 정리하는 방식은 시간이 흐르면서 다양하게 변화했다.

선생님의 책 읽어주기

보통 온작품읽기를 할 때 학급 어린이 모두 책을 준비한다. 모두 손에 책을 들고 읽는 방법도 좋은 방법이다. 하지만 나는 조금 달리한다. 나 혼자 책을 갖고 시작한다. 책 대부분을 내가 읽어준다. 듣기 경험이 부족한 어린이들에게 듣는 즐거움을 선물하고 싶어서다. 선생님이 읽어주는 이야기를 들으면서 이어질 이야기가 궁금해지고, 그 궁금증을 참을 수 없어 도서관으로 달려가는 멋진 일이 벌어지기를 고대하는 것이다. 도서관에 한 권 남은 『화요일의 두꺼비』를 아슬아슬하게 빌려 오거나 엄마를 졸라 『아기장수우투리』를 사 오는 일까지 나는 온작품읽기 과정에 넣고 싶다.

책을 읽어주다 멈출 때면 어린이들은 탄식한다. "선생님 조금만 더 읽어주세요~" 하며 발을 동동 구른다. 다가와서는 그 책 좀 빌려주면 안 되냐고 부탁하는 어린이도 있다. 그 어린이는 이야기 그물에 걸려들었다. 이럴 때 함부로 책을 건네지 않는다. 다 읽어줄 때까지 기다려달라고 부탁한다. 어린이들은 그때부터 궁리한다. 이어질 장면이 어떨지 상상하고 고민한다. 그 마음을 어쩌지 못한 어린이는 부모를 졸라 책을 사 오기도 할 것이다.

『엄마 사용법』을 읽어준 날

- 선생님이 오랜만에 책을 읽어주셨다. 책 제목은 『엄마 사용법』이다. 그 책은 수백 권 책에서 1등한 책이다(이 책은 창비 '좋은 어린이 책 공모전'에 당선된 작품입니다). 너무 재미있었다. 선생님은 조금 읽어주셨다. 길어서다. 그래서 사분의 일쯤 읽어주셨다. 선생님이 읽어주는 것은 모두 재미있다. 재미없는 책을 읽어주셔도 재미있다. 선생님이 날마다 읽어주면 좋겠다. 선생님 덕분에 책을 가까이하게 됐다. 내용은 현수가 생명장난감인 엄마를 사게 되는데, 엄마가 배달 올 때쯤 선생님이 읽어주는 게 딱! 끝났다. 너무 아쉽다. 너무 궁금하다. 잠도 못 잘 거 같다. (이효진)

갖고 싶은 물건을 쉽게 가질 수 있는 요즘, 갖고 싶은 게 별로 없다는 어린이가 있다. 늘 맛난 음식을 먹다 보니 명절 음식이 시들한 것과 비슷하다. 이런 어린이들에게 책을 읽어주는 일은 간절한 소망을 갖게 하는 일이 될 수 있다. 이어질 이야기를 짐작해보거나 더 듣지 못한 안타까움을 일기에 쓰는 일도, 손에 책이 없기 때문에 누리는 뜻밖의 즐거움이라 할 수 있다.

전체 분량 가운데 선생님이 얼마나 읽어주면 좋을까? 선생님과 어린이가 한 문장씩 번갈아 읽거나 짝끼리 한 문장씩, 또는 모둠 친구들이 돌아가면서 읽는 방법도 좋다. 하지만 어린이들끼리 책을 읽다 보면 차례를 기다리느라 듣기에 집중하지 못할 때가 있다. 그럴 경우 책이 가진 분위기를 풍부하게 맛보기 어렵다. 이야기의 여백을 상상하는 일도 선생님이 읽어줄 때만큼 다채롭지 못하다.

내 경우에는 70퍼센트 이상 읽어준다. 선생님의 느리거나 빠른, 낮거나 높은 목소리와 사이사이 들려주는 에피소드는 책 읽는 기쁨을 더해준다. 선생님의 읽어주기는 어린이들을 문학의 깊은 세계로 이끌 것이다.

나만의 독서공책

이야기를 들으면서 글 쓰고 공책에 정리하는 재미에 빠진 어린이도 있다. 우주의 공책이다. 열심히 공부하지만 우주는 노력만큼 만족스런 결과를 얻지 못한다. 실망하여 울기도 한다. 그런 우주가 『엄마 사용법』에 푹 빠져 읽어주는 내내 쓴다. 뭘 그렇게 쓰는지 궁금할 정도다. 가만히 보니 틀린 글자가 많다. 다른 친구들처럼 공책의 면 분할도 다양하지 못하다. 우주 공책을 본 친구들은 조금 딱하다는 듯 말한다.

"뭘 그렇게 많이 쓰냐!"

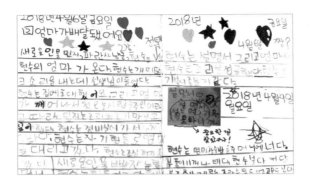

몰라서 하는 말이다. 우주는 자신만의 방식으로 이야기를 즐긴다. 줄거리도 간추려 쓰고, 마음에 드는 문장도 쓴다. 주인공에 공감하여 격려 말도 쓰고 핵심어도 잘 고른다. 공책을 잘 들여다보면 우주가 이야기를 들으면서 무언가를 깨닫거나 중요한 문장을 찾는 힘이 자라고 있음을 알 수 있다.

『마당을 나온 암탉』을 읽을 때도 우주 같은 여자 어린이가 있었다. '방탄 팬덤'에 들어가 소설을 쓰기도 했던 그 어린이는 낳기만 하고 떠나버린 엄마를 늘 그리워했다. 부모랑 살지 못하는 자신의 처지를 힘겨워했다. 놀림을 받거나 상처를 받으면 좀처럼 털어내지 못했다. 그런 형편이라 남에게 당하기만 하는 잎싹이 남다르게 다가왔다. 『마당을 나온 암탉』을 읽어줄 때면 종종 쉬는 시간에 다가와 물었다.

"선생님, 다음 시간에 사회 안 하고 계속 국어 하면 안 돼요? 선생님이 책 읽어주는 거 들으면서 쓰는 게 너무 재미있어요!"

무기력하게 앉아 있던 어린이는 책을 읽어줄 때면 쉬지 않고 글을 썼다. 주인공의 처지가 자신을 닮았다고 생각했기에 할 말도 많았다. 주인공을 위로하는 편지를 쓰기도 하고 주인공을 괴롭히는 족제비에게 항의하는 글을 쓰기도 했다. 스스로 미션을 만들어 시간마다 수행하곤 했다.

현수는 경비실에서 택배를 찾았다. 덩치 큰 택배상자를 보고 경비아저씨가 도와주겠다고 하지만 현수는 제힘으로 상자를 들고 간다. 배달된 엄마를 갖게 되는 현수를 보면서 엄마 없는 우리 반 어린이가 마음에 걸렸다. 현수를 보는 속내가 궁금하기도 하고 조심스럽기도 했다.

어머니가 고향 나라로 가버린 경주는 여전히 이야기에 빠져 있다. 수업 시간이면 몰래 만화만 그리던 경주가 독서공책에 뭔가를 쓰고 그린다. 어머니를 여읜 은영이 마음은 어떨까? 은영이 공책을 보았다.

현수가 엄마를 샀을 때 나도 같이 설레었다.

"선생님, 이제 여덟 살인데 그런 걸 조립할 수 있을까요?"

어린이들은 익룡을 망친 현수가 또 실수할까 봐 마음 졸이는 듯했다. 여덟 살 현수가 그런 조립품을 만지기에는 이르다는 생각을 하는 것이다. 다행히 현수는 제품설명서를 두 번이나 읽었다. 드디어 조립을 시작했다.

"아얏!" 현수는 부품을 떼어 내다가 손가락을 찔렸어.
그때 피 한 방울이 엄마의 가슴 부분에 떨어졌어.
하얀 표면에 빨간 핏방울이 맺혔어.

깜짝 놀라서 재빨리 닦으려는데 핏방울은 금세
엄마의 가슴 안으로 스며들었어.

(34쪽)

읽는 순간 여기저기서 신음이 터져 나왔
다. 경주는 자신이 뾰족한 것에 찔리기라도
한 듯 손가락 하나를 다른 손으로 감싸 쥐었
다. 몸을 뒤틀기도 했다. 다른 어린이들도 아
픔을 느끼듯 신음소리를 냈지만 경주의 몸
짓은 훨씬 깊은 상처를 입은 듯 보였다. 이 장면이 마음에 남았는지 경주는
공책에 이렇게 그렸다.

어린이들은 뭔가 알아차린 듯 다투어 손을 들었다. 공책에 추측한 내
용을 부지런히 적기도 했다.

핵심어 찾기

"피가 가슴에 스며들어서 엄마한테 마음이 생길 거 같아요!"
"피가 엄마한테 들어가서 엄마가 깨어나면 현수를 많이 사랑해줄 거
같아요!"
어린이들은 익룡을 잡아간 파란 사냥꾼의 말을 통해 생명장난감의 본
질을 알아차렸다.

걱정 마라. 생명장난감들은 아픔을 느끼지 못한단다.

이건 그냥 소리를 내는 것뿐이야.
저 소리엔 아무 뜻도 없단다. 생명장난감은 마음이 없거든.
(14쪽)

생명장난감은 마음이 없다. 하지만 어린이들은 현수 엄마는 다를 거라고 생각했다. 그만큼 현수가 진짜 엄마를 갖기를 바라고 있었다. 이 장면이 마음에 들었는지 그림으로 표현한 어린이들이 많다. 나도 읽기를 잠시 멈추고 칠판에 그 장면을 그려보았다.

"얘들아, 우리 다 같이 이 장면 한번 그려보자!"
어린이들은 엄마 가슴에 피가 스며들어 발그레한 기운이 감도는 장면을 그렸다.

조립이 끝났다. 이제 깨우기 버튼을 누를 시간이다. 여기서 호흡을 가다듬고는 아주 천천히 읽었다. 현수는 엄마 입술 아래 파란 버튼을 눌렀다. 드디어 엄마가 눈을 떴다. 현수를 바라본다. 현수는 아기를 돌보듯 담요를 가져와 엄마에게 덮어준다. 뭉클해지는 장면이다. 엄마를 갖고 싶은 현수의 간절한 마음에 어린이들 마음도 출렁였을 것이다.

"현수가 엄마 같아요."
"뭔가 마음이 따뜻해져요."
2장을 다 읽은 뒤 핵심어를 찾았다. 나누어준 하늘색 작은 포스트잇에 핵심어를 하나씩 적었다. 핵심어를 고른 까닭도 덧붙였다.

핵심어

- **자기 힘** 경비실에서 집까지 무거운 상자를 현수 혼자 들고 가서 감동했습니다.
  (허유정)
- **주의** 현수가 '주의'에 쓰인 글을 두 번 읽는 걸 보니 현수가 실수하지 않고
  엄마를 잘 만들어야겠다고 생각한 거 같다. (백은서)
- **생명** 생명은 한번 없어지면 영영 못 산다. (최 찬)

마음에 남는 문장, "하나도 힘들지 않았어!"

- 현수가 몇 시간 동안 조립을 하면서 한 말이다. 현수의 마음을 알겠다.
  즐거운 거는 시간 가는 줄 모르기 때문이다. (허유정)

추론

- 정태성은 파란 사냥꾼의 아들일 거 같다. 생명장난감에 대해 잘 아니까
  그렇다. (임예지)

책 읽고 난 느낌

- 엄마가 눈을 떠서 아빠를 먼저 보는 게 맞을 거 같다. 그리고 아빠가 현수를
  소개하는 게 맞는 거 같다. (서홍진)
- **정태성의 말과 행동** | 정태성은 친구 엄마에 대해 아주 예의 없게 이야기를 한다.
  정태성이라는 아이를 생각할수록 화가 난다. (최은서)
- 현수는 힘들었을 거 같다. 몇 시간 동안 엄마를 조립했으니 현수는 이제
  기분이 좋겠다. 현수야, 파이팅! (황준우)

핵심어로 '자기 힘'을 고른 어린이가 여럿 되었다. 어린이들은 누구의
도움도 받지 않고 엄마를 옮기고 조립하는 현수의 마음을 잘 이해했고 적
잖은 감동을 받았다.

현우 독서공책 이야기

쉬는 시간에 현우가 다가오더니 책 좀 빌려달라고 한다. 해외로 가족체험학습을 가기 때문에 책을 읽고 독서공책을 완성하고 싶다고 했다. 돌아오면 『엄마 사용법』 읽기도 끝나고 친구들은 독서공책을 다 만들었을 테니 미리 하고 가겠다는 것이다. 무리였다. 점심 먹고 책을 다 읽기도 어려운데 독서공책까지 마무리하겠다니! 시간이 턱없이 모자랄 것 같았다. 도저히 시간이 안 되니 다녀와서 하는 게 좋겠다고 했다. 현우는 간절한 눈빛으로 한없이 조아리며 부탁했다.

"선생님, 정말 다 해놓고 가고 싶어요! 정말 그러고 싶어요! 제발요!"

점심을 먹고 교실로 올라왔다. 현우는 햇볕 잘 드는 창가에서 독서공책을 펴놓고 열심이었다. 어느새 많이도 했다. 책을 다 읽었냐고 물으니 그렇다고 했다. 대강 훑어봤을 테지만 짐짓 모른 척했다. 슬쩍 공책을 보니 파란 사냥꾼을 그려놓았다. 노란 포스트잇에 '나만의 엄마 사용법' 목록을 써서 붙이기도 했다. 5학년 언니들이 만든 아코디언 독서공책이 현우 마음을 훔쳐갔는지도 모른다. 형들처럼 멋진 공책을 만들어야겠다는 마음에 불이 지펴진 게 틀림없다.

현우는 점심시간 내내 꼼짝 않고 책 만들기에 매달렸다. 5교시를 마치고 나서도 삼십 분 넘게 남아서 독서공책 만들기에 여념이 없었다. 친구들이 현우에게 청소당번이라고 알려주었다.

"얘들아, 나 좀 도와줄래? 내가 청소잖아, 그런데 내일부터 가족 여행으로 학교 못 오니까 이거 다 하고 가야 되거든, 그러니까 좀 도와줘!"

친구들은 흔쾌히 청소에서 현우를 빼주었다. 이윽고 청소당번도 다 갔다. 현우만 남았다. 현우는 쓰고 그리고 붙이고 색칠했다. 문득 이 작은 어린이의 가슴에, 머리에, 무엇이 그렇게 가득한지 궁금해졌다.

"선생님 다 됐어요!"

현우는 만족한 얼굴로 독서공책을 내밀었다.

현우는 손을 짚어가며 설명했다. 책 속에 작은 책, 또 작은 책이 있었다. 급하게 하느라 비뚤어진 선이라든가 대강 자른 종이가 어설펐지만 한 장씩 넘길 때마다 놀라지 않을 수 없었다. 그 시간에 어떻게 이리도 많은 걸 만

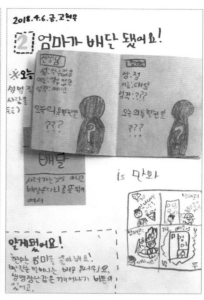

들어 붙이고, 쓰고 그렸는지 모르겠다. 현우는 화산이 분출하듯 독서공책에 많은 걸 쏟아냈다. 네 칸 만화로 줄거리 표현하기, 엄마를 글감으로 시 쓰기, 나만의 엄마 사용법 정리하기, 인물 탐구하기, 엄마에게 편지 쓰기. 더 있다. 주요 사건 특급뉴스로 정리하기, 주요 인물 캐릭터 그리기, 핵심어 찾기, 핵심 내용 간추리기. 온통 아이디어로 반짝였다. 잘했다고, 정말 애썼다고 칭찬해주었다. 현우는 행복한 얼굴로 집에 갔다.

현우 독서공책을 자세히 보고 싶어서 가방에 넣고 퇴근했다. 집에 와서 현우의 독서공책을 다시 보았다. 다시 보아도 재미있다. 대단하다. 열정 넘치는 이 어린이에게 격려 문자를 보냈다. 다음 날 아침 현우는 비행기가 이륙하기 전 문자를 보내왔다.

"여기 비행기예요. 고맙습니다. 여행 잘 다녀오겠습니다!"

특급뉴스

현우가 만든 독서공책에는 『엄마 사용법』을 읽어주는 동안 어린이들과 함께 해볼 만한 것들로 가득했다. 작은 책자로 인물탐구사전을 만들어도 괜찮을 거 같다. 줄거리 간추리기도 현우가 만든 특급뉴스 형식을 빌리면 좋을 것 같았다.

3장에 들어가기 전 현우의 특급뉴스부터 수업에 쓰기로 했다. 마침 학습 주제가 줄거리 간추리기라 이 형식이 잘 어울린다. 특급뉴스를 만들려면 중요한 사건을 찾아야 하니, 자연 줄거리 간추리기 공부가 될 것이다.

"얘들아, 만약에 방송국에서 2장에서 일어난 주요 사건을 취재한다면 어떤 게 될까?"

"엄마가 배달된 거요!"

"그렇지, 또 중요한 게 있을 거 같은데……"

"현수가 혼자 힘으로 실수하지 않고 조립한 거요."

"그렇지! 또?"

"엄마가 깨어나서 현수를 보게 된 거요."

"그래, 그러면 이런 내용으로 특급뉴스를 만들어보자. 둘씩 짝지어서 한 사람은 방송국 아나운서, 다른 사람은 리포터 이런 식으로 역할을 나누자. 지금부터 5분간 뉴스 진행을 연습하렴!"

타이머를 작동시켰다. 짝지어 의논하는 활동에 어느 정도 익숙한 어린이들은 부지런히 연습했다. 어느새 5분이 되었고 발표는 흥미로웠다. 현우 공책에서 얻은 아이디어로 줄거리 간추리기 공부를 잘 해결한 듯했다.

드디어 정태성!

책을 읽어주기 전에 현우가 지난 금요일 완성한 책자를 어린이들에게 보여줬다. 어린이들은 현우가 만든 책을 보고 입을 다물지 못했다.

3장을 들어갔다. 드디어 앞장에서 이름만 살짝 비친 정태성의 정체가 드러났다. 정태성은 엄마 역할을 제대로 하지 못하는 현수 엄마를 가리켜 불량품이라고 놀린다. 그 대목은 어린이들을 몹시 화나게 했다. 어린이들은 정태성의 '엄마 사용법'에 강력하게 문제를 제기했다.

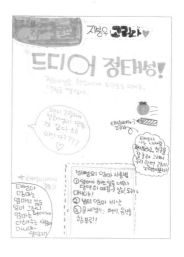

엄마는 아이를 돌보라고 있는 거야,

청소랑 빨래도 하고, 맛있는 거 먹고 싶다고 하면 만들어 주고,

뭐든지 내가 하라는 대로 다 해 주는 게 엄마야.

아침엔 제일 먼저 일어나서 밥 차려 놓고 날 깨워 줘야지.

그게 아니면 엄마가 왜 필요하냐?

(49쪽)

경주는 평소 책상에 자주 엎드려 있다. 몇 번씩 교과서를 꺼내라 해도 고집스럽게 늑장을 부린다. 한번은 경주한테 가방을 정리해주고 싶다고 했

경주 책상 속

다. 가방 안에는 그간 받은 안내장이 어지럽게 뒤섞여 있었다. 제 발에 맞지도 않는, 언제부터 들어 있었는지 모를 실내화도 들어 있었다. 없어졌다고, 찾아봐도 없다고 우기던 필통도 나왔다.

가방 속은 경주 마음을 보여주는 듯했다. 경주는 체육하고 만화 그리기 빼고는 모든 걸 귀찮아했다. 그런 경주가 『엄마 사용법』을 읽을 때는 달랐다. 늘 열심히 공부하던 어린이처럼 착실하게 앉아 이야기에 몰입했다. 손을 들어 발표했다.

"남의 엄마를 욕하는 사람은 자기 엄마한테도 효도하지 않을 거라고 생각해요!"

조금 흥분했지만 목소리는 또랑또랑했다. 가방 속을 그렇게 엉망으로 하고 다니는 게 믿기지 않을 정도다. 친구들은 경주가 한 말에 공감하는 눈빛을 했다. 경주는 태성이 말을 들으며 어머니를 떠올린 듯하다.

"삼촌이요, 엄마가 나를 싫어했대요."

나들이할 때 경주가 한 말이다. 삼촌이 엄마 생각 자꾸 할까 봐 그렇게 말한 거라고 했다. 누군가는 정태성처럼 경주 어머니를 불량품이라고 함부로 말할지 모른다. 하지만 경주에게는 더없이 소중한 엄마다. 경주는 정태성 같은 사람들로부터 엄마를 보호하려는 듯 현수 엄마를 강력하게 변호했다.

"이 다음에 스무 살이 되면 꼭 엄마 찾으러 가! 그러니까 공부 열심히 하고 돈도 모아야지!"

"저요, 엄마 만나면 절대로 먼저 말 안 할 거예요!"

짬이 날 때면 경주와 어머니 이야기를 나누었다. 경주는 어머니 얘기를 할 때면 얼굴이 환해졌다.

이제 어린이들은 정태성의 정체를 알았다.

"고릴라가 누구의 생명장난감이었을지 궁금해요."

"정태성 생명장난감 아니었을까?"

어린이들은 정태성이 고릴라를 함부로 대했기 때문에 삐뚤어졌다고 생각했다. 그러면서 고릴라가 어떻게 마음을 갖게 되었는지 궁금해했다.

"정태성이 너무 괴롭혀서 스트레스를 받아서 마음이 생긴 거 아닐까요?"

어린이들은 현수 엄마와는 달리 고릴라가 마음을 갖게 된 까닭에 대해서는 다른 추론을 하고 있었다. 똥을 던지며 남에게 해를 끼치는 고릴라는 마음이 생긴 과정이 좋지 않을 거라고 했다. 나름 합당한 이유를 찾아냈다.

즉흥 연극

4장이 시작되었다. 할아버지의 면면이 드러나는 장면까지 읽은 뒤 정리하는 시간을 가졌다. 이어 국어과 학습 주제인 '몸짓, 말투가 드러나게 말하기' 활동을 했다. 처음부터 국어교육과정을 『엄마 사용법』을 중심으로 재구성하지 않았다. 대신 책을 읽어가면서 성취 기준이나 학습 주제를 늘 살폈다. 읽다가 성취 기준과 자연스럽게 연결시키곤 했다.

활동을 하기 전 마인드맵으로 인물 탐구를 했다. 대강 정리한 뒤 인상 깊은 한 장면을 골라서 즉흥 연극을 했다. 말 그대로 즉흥으로 진행했는데 그럭저럭 잘 되었다. 할아버지와 현수가 어머니 문제로 대화를 나누는 장면을 표현한 게 인상 깊었다. 어린이들도 그 장면이 좋다고 했다. 정태성과 현수가 엄마를 두고 옥신각신하는 장면을 표현한 모둠 연극도 좋은 반응을 얻었다.

4월 13일, 현수가 할아버지와 엄마 문제로 이야기를 나누는 장면은 조금 길었다. 차를 마시며 이야기를 나누는 장면이 길게 이어지자 어린이들이 지루해할까 봐 마음이 쓰였다. 고릴라가 똥을 던지거나 파란 사냥꾼이 등장하거나 정태성이 심술을 부리는 장면을 읽을 때하고는 사뭇 다른, 잔잔한 분위기였다. 지루할 수 있는데도 어린이들은 집중하여 들었다. 75쪽 다섯째 줄까지 읽었다.

쉬는 시간이 되자 준수와 진기가 다가왔다.

"남은 거 오늘 다 읽어주면 안 돼요?"

뒤가 너무나 궁금하다고 했다. 흥미로운 점은 진기가 이미 이 책을 다 읽었다는 것이다. 책을 이미 읽었는데도 궁금하냐고 물으니 읽었지만 잘 기억나지 않는다고 했다.

기차 이야기를 꺼냈다. 우리가 지금 하는 책읽기는 특급기차가 아닌 건 거나 자전거를 타고 가는 거라고 했다. 빠른 기차를 타고 가면 목적지에 얼른 도착해서 좋지만 놓치는 것도 많다. 이렇게 다음 장면이 궁금하여 선생님께 더 읽어달라고 부탁하는 일, 너무 궁금하여 효진이처럼 일기에 쓰는 일들이 정말 자신의 중요한 생각이고 느낌이라고 덧붙였다. 진기와 준수는 무척 아쉬워하면서도 내 말에 수긍한다는 듯 끄덕였다.

할아버지 탐구하기

4장을 읽으며 할아버지를 탐구하는 시간을 가졌다. 할아버지는 현수가 준 엄마 사용법 설명서를 보더니 뭔가 이상하다고 했다.

이건 꼭 청소기나 세탁기 사용법 같구나.

가전제품을 사용하는 법만 적혀 있어.

이건 진짜 엄마 사용법은 아닌 것 같다.

(72쪽)

할아버지는 세탁기 사용법 같은 설명서가 아닌 진짜 엄마 사용법이 어딘가에 있을 거 같다고 말한다. 사람을 사용하는 방법이 기계를 다루는 방법과 같을 수 없음을 할아버지는 의미 있게 암시한 것이다. 어린이들은 현수에게 희망을 주는 할아버지가 참 지혜롭다고 했다. 잠시 멈추어서 할아버지가 한 말의 의미를 생각해보았다.

"선생님, 책 제목의 뜻을 알았어요. 현수가 진짜 엄마 사용법을 만들거 같아요."

"누군가 훔쳐 간 엄마 사용법을 찾을 거 같은데요."

"할아버지가 정말 지혜로운 거 같아요."

현수 할아버지를 탐구하여 정리해보았다.

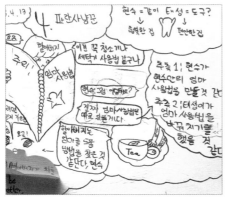

40

차를 좋아하신다	목발을 짚었다	
빨간 눈 할머니와 친한가?	**할아버지 탐구**	남의 말에 너무 신경 쓰지 마라
배려심이 있다	늙어서 좀 힘들다	엄마 대신 챙겨준다

할아버지	할아버지 덕분에 엄마를 가르칠 방법을 찾을 거 같아서
	할아버지가 답을 찾아서
차, 할아버지	할아버지가 차를 마시지 않았다면 엄마 사용법을 찾지 못했을 거 같기 때문입니다.

이날 어린이들이 주로 이야기한 핵심어는 할아버지, 차 이런 것들이었다.

책 읽는 기쁨을 나누고 싶어요

오후였다. 4시 넘어 복지사가 교실로 찾아왔다. 경주 관련 문제로 의논하러 온 것이다. 이야기 끝에 복지사는 『엄마 사용법』이 어떤 책이냐며 궁금해했다. 그때 복지실에 있던 경주가 들어왔다.

"선생님, 어디 있어요?"

얼른 책을 찾아 경주에게 보여주었다. 물론 이야기가 다 끝날 때까지 빌려줄 생각은 아니었다. 그런데 책을 꺼내자 정작 반색하는 것은 복지사였다.

"아, 이거구나! 경주가요 저더러 이 책이 너무 재미있으니까 꼭 읽으라고 몇 번이나 말하는 거예요."

"그 책 정말 재미있어요!"

경주는 기분 좋게 씨익 웃더니 교실을 나갔다. 복지사는 경주가 이 책에서 누군가 '너 엄마 없지?' 하고 말했을 때 정말 화가 났다는 말을 했다고 귀띔해 주었다. 그 말은 책 속 주인공 현수가 지각한 날 선생님께 들은 말이다.

> **현수가 교실에 들어서자 선생님이 얼굴을 찡그렸어.**
> **"오늘도 고릴라 핑계를 댈 거니?"**
> **"아뇨."**
> **"그럼 오늘은 왜 늦었지?"**
> **"엄마가 깨워 주지 않았어요."**
> **"넌 엄마가 없잖아."**
> **(43쪽)**

경주는 선생님이 진짜 너무하다며 분해했다. 다음 문장으로 넘어갔는데도 경주는 여전히 그 문장에 붙들려 감정을 추스르지 못했다. 언제나 9시가 되어야 교실 뒷문을 스윽 열고 쑥스러운 얼굴로 들어오는 경주. 이미 시작한 아침 10분독서는 번번이 경주가 문 여는 소리에 흐름이 끊기곤 했다. 좀 일찍 오면 좋겠다고 여러 차례 말했다.

경주는 변명하지 않았다. 그저 누나가 늦게 움직여서 일찍 오기 어렵다고만 했다. 아침에 늦게 올 수밖에 없는 속사정을 내게 말하기에는 시간이 필요했다. 이야기를 시작하면 쓸쓸한 집안 이야기가 줄줄이 나올 수밖에 없으니 그럴 만도 했다.

경주는 아버지가 병으로 돌아가시고 어머니는 외국으로 떠났다. 그래서 고모 둘과 삼촌, 누나 그렇게 산다. 어떤 사정이 있는지 경주 옷에서는 희미하게 어떤 냄새가 났다. 아침은 삼촌이 차려주는데 밥 먹는 일로 늘 실랑이가 있는 모양이다. 욕을 먹기도 한다고 했다. 이런 사실을 알게 된 것은 4월 중순이 되어서다. 조금 친해진 경주 입을 통해, 경주 문제로 복지사와 상담을 하는 과정에서 뜻밖에 어려운 사연을 알게 되었다.

그 뒤로 경주가 늦게 오면 조용히 자리에 가 앉으라는 눈짓만 한다. 자신의 처지 때문에 경주는 현수가 갖고 있는 어려움을 자신의 문제로 여겼을 것이다. 엄마가 없는 현수, 그래서 너무나 엄마를 갖고 싶은 현수의 소망은 바로 경주의 소망이기도 했다. 현수는 경주의 마음을 담은 주인공이었다.

어렵게 아빠를 설득해서 얻은 생명장난감 엄마, 그 엄마가 아침이 되었지만 현수를 깨우지 않는다. 엄마를 믿고 알람도 켜놓지 않은 현수는 선생님께 엄마 때문이라고 변명을 한다. 그리고 무심코 뱉은 선생님 말에 경주는 상처를 입는다. 정작 그 말을 들은 동화 속 현수는 아무렇지도 않은 듯 넘어가는데 경주는 속상하고 분했던 모양이다.

그런데 참 이상하다. 이렇게 아이 마음을 몰라주는 선생님이 등장하고 현수를 괴롭히는 정태성이 나오는데도 경주는 『엄마 사용법』이 좋다. 현수와 같은 소망을 갖고 있기 때문이다. 경주는 이 좋은 책을 누군가와 나누고 싶었다. 그래서 아침이면 간식을 주며 챙겨주는 복지사에게 권했다. 좋아하는 복지사 선생님과 책 읽는 기쁨을 나누고 싶었던 것이다.

진짜 엄마 사용법을 찾다

책을 읽기 전 독서공책을 사진으로 찍어 만든 파워포인트 자료를 보여주었다. 친구들 공책을 보는 어린이들 눈빛은 자극을 받은 듯 한껏 상기되어 보였다. 같은 시간에 같은 이야기를 듣고 만든 독서공책이니 그럴 만도 하다. 이제 이야기는 끝을 향해 달려가고 있다.

현수가 할아버지한테 배운 대로 엄마한테 바라는 것을 얻기 위해 자신이 먼저 해 보인다. 현수가 엄마에게 그림책을 읽어주면 엄마도 현수에게 책을 읽어준다. 이렇게 제목 『엄마 사용법』은 현수를 통해 구현되고 있다.

"여러분도 현수처럼 부모님이랑 하고 싶은 게 있지요?"

"저는 아버지가 돌아가셨는데…… 저는 아빠랑 체스를 하고 싶고 또 찜질방을 가고 싶어요……"

진서가 번쩍 손을 들더니 말했다. 모두 놀란 얼굴이다. 어린이들은 어떻게 말해야 할지 몰라서 그저 가만히 있었다. 나는 조심스럽게 진서 아버지 이야기를 했다.

"얘들아, 실은 진서 아버지가 아파서 지난해 돌아가셨어요. 진서는 아빠랑 하고 싶은 걸 얘기했어요. 여러분이 진서를 자주 위로해주면 좋겠어요."

"진서야 힘내."

누군가 자그맣게 말했다. 모두 진서를 응원하는 눈빛이었다. 이번에는 경주가 손을 들었다. 경주가 무슨 말을 꺼낼지 조금 긴장이 되었다.

"저는 어…… 부모님이랑 일본여행 가고 싶어요."

"일본? 일본으로 가고 싶은 이유는?"

"일본에 대한 건 뭐든지 다 좋아요!"

경주도 드디어 부모님 이야기를 꺼냈다. 오래전부터 친구들 앞에서 이런 발표를 하고 싶었을 것이다. 친구들이 엄마, 아버지에 대해 말할 때마다 입안에 맴돌던 말, 이제야 하게 되었다. 경주는 돌아가신 아빠 얘기를 꺼낸 진서에게 힘을 받은 듯하다.

쉬는 시간에 살짝 물었더니 정말 그렇다고 했다. 진서가 아버지 돌아가신 얘기를 꺼내자 경주도 용기를 내어 아버지 이야기를 할 수 있었다. 점심 먹고 보니 경주가 아이들하고 공놀이를 한다. 혼자 운동장을 배회할 때가 많았는데 이젠 친구들과 어울린다.

짝 토의

진서와 경주 발표에 이어 짝 토의 시간을 가졌다. 부모님과 하고 싶은 것을 말하는 시간이라 그런지 열띤 이야기가 오갔다. 부모님과 하고 싶은 것에 대한 소망은 작고 소박했다.

- 엄마랑 자전거를 타고 싶어요!
- 엄마랑 장을 보면서
  오래 걷고 싶어요!
- 엄마랑 단둘이 소풍 가고 싶어요.
  동생들이 생기니까
  엄마랑 같이 얘기할 시간이 없어서요.
- 엄마랑 보드게임 하면서
  시간 보내고 싶어요.

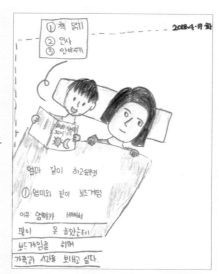

어린이들 바람은 현수 것과 별반 다르지 않았다. 소박했다. 함께 책읽기, 서로 안아주기, 산책하기처럼 그저 다정한 시간을 보내는 것이다. 이 책을 읽고 생명장난감 문제에 대해 토론할 수 있다. 다양한 가족의 형태를 알고 이해하는 일도 필요하다. 하지만 정말 중요한 것은 현수를 통해 어린이들이 바라는 부모님을 그려낸 것이라고 생각한다.

지금 어린이들은 물질의 풍요 속에 살고 있다. 하지만 부모와 함께하는 시간, 친밀한 시간을 나누는 일이 턱없이 부족하다. AI시대가 와도 진짜 필요한 것은 사람들이 나누는 정, 풍부한 감정의 교감일 것이다.

쉬는 시간이었다. 진우와 경호가 신바람이 나서 다가온다. 그리고는 책

두 권을 펼친 채 내밀었다.

"선생님, 현수가 엄마한테 책 읽어줬잖아요, 그 책이 교실에 있어요!"

"와, 이 장면에 나오는 책을 찾았네!"

두 어린이는 현수가 엄마한테 읽어준 『해와 달이 된 오누이』를 찾아와서는 보물이라도 찾은 양 즐거워했다.

5장, '엄마 사용법'을 읽을 차례다. 마지막 장이다. 진기가 읽기를 조금만 쉬면 좋겠다고 한다. 그럴 게 있다고 했다. 마침 마칠 시간이 다 되어 공책 정리 시간을 넉넉하게 주었다. 핵심어를 쓰거나 인상 깊은 장면을 그리는 것도 좋겠다고 했다.

마지막을 즐기는 방식

4월 17일, 『엄마 사용법』을 읽는 마지막 날이다. 두 시간 잇달아 국어시간이다. 앞 시간에 조금 읽어주고 쉬는 시간이 되었다. 이제 2교시가 되면 나머지를 읽게 된다. 찬이가 성큼 다가온다.

"선생님, 오늘 다 읽어주지 말고요 조금씩 나눠서 읽어주세요. 오늘 다 읽어주지 마세요!"

눈빛을 보니 간절함이 느껴진다. 찬이 말을 들었는지 진기와 준수도 다가왔다.

"쉬는 시간 없이 계속 읽어주세요!"

마지막을 즐기는 방식이 저마다 다르다. 진기는 이미 이 책을 다 읽었다. 그래서 앞질러 내용을 발설하지 않기로 약속까지 했다.

"진기야, 너는 책을 다 읽어서 내용 다 알잖아. 그런데도 빨리 듣고 싶니?”

“아, 그게요…… 제가 읽기는 읽었는데 줄거리가 잘 기억이……”

진기는 좀 쑥스러워했다. 결국 찬이 얘기는 들어주지 못했다. 쉬는 시간은 끝났고 마지막을 읽었다. 어린이들 마음을 들었다 놨다 할 만큼 안타까운 일이 펼쳐졌다. 현수가 파란 사냥꾼의 추적을 피하기 위해 엄마를 밀림으로 보내게 된다.

“아, 안돼!”

현우가 머리를 두 손으로 감싸며 외쳤다. 주변 친구들은 오버하지 말라고 핀잔을 준다. 잠시 읽기를 멈추었다.

“어떤 친구는 슬픈 감정을 더 많이, 더 크게 느낄 수도 있어. 현우가 지금 그래. 그러니 뭐라 하지 말고 위로해주렴……”

현우 눈에 눈물이 고였다.

“실은요, 제가요, 엄마가 머리가 아픈데 말을 안 들었거든요. 지금 그 생각이 났어요. 집에 가면 엄마를 안아줄 거예요.”

경주는 현우가 우는 걸 보고 슬펐다고 했다. 경주도 어머니 생각을 한 것이다. 마지막은 해피엔딩이다. 변장한 엄마가 아버지 손을 잡고 집으로 돌아왔고 파란 사냥꾼은 엄마를 알아보지 못한다. 이제 엄마는 온전히 현수의 엄마가 되었고 진짜 가족을 이루었다. 우리 모두 진심을 다해 박수를 쳤다.

온작품읽기를
마치고

다음 날 아침, 여느 때처럼 아침 한 문장 쓰기를 했다.

• 엄마 사용법이 끝나 너무 아쉽다. (최 찬)

이제 선생님이 그 책을 읽어주지 않을 거라는 사실이 찬이 마음을 쓸쓸하게 한 모양이다. 다른 어린이들도 책을 다 읽고 난 아쉬움과 감상을 일기에 적었다.

4월 17일 『엄마 사용법』 다 읽은 날

• 선생님께서 『엄마 사용법』을 다 읽어주셨다. 현수는 엄마를 갖고 싶어서 엄마를 사달라고 아빠에게 졸라 엄마를 사고 결국 엄마랑 지내게 된다. 끝부분에서 너무 감동적인 내용이 나와 그 장면에서 울 뻔했다. 책이 너무 재미있는데 끝나서 아쉽고 이 책을 사고 싶다. 선생님께서 읽어주시는 책은 재미있다. 마음속으로 읽는 것보다 훨씬 실감 난다. 나는 마음속으로 <허풍선 남작의 모험>이라는 책을 선생님께서 읽어주시면 더 실감 나고 더 오래 기억에 남을 거 같다고 생각했다.

선생님께서 이 책을 읽어주시면 좋겠다. (허바움)

- 『엄마 사용법』을 읽고 있을 땐 재미있지만 선생님이 "여기까지!" 그러시면
  한숨이 절로 나온다. 너무 아쉽다. 『엄마 사용법』이라는 책을 모든 사람들에게
  알리고 싶다. 그 책도 사고 싶다. (최 찬)

- 오늘 선생님께서 『엄마 사용법』을 끝까지 읽어주셨다. 내가 읽어본 책 중에서 제일
  재미있었다. 이 책이 너무 재미있어서 '데미안 서점'에서 사버렸다. 영원히 잊지 못할
  책이다. 선생님 아니면 이 책을 모를 뻔했다. 상상만 해도 끔찍하다. 이 책을 절대
  버리지 않을 것이다. 끝나버려서 너무나 아쉽다. 이런 책을 또 보고 싶다. 이 작가가
  존경스럽다. (이효진)

- 오늘 선생님이 무척 재미있는 책을 읽어주셨다. 이 책이 길어서 다섯 번 정도
  나누어서 읽은 거 같다. 너무 재미있다. 그렇지만 아쉽게도 오늘이 마지막으로 읽는
  날이어서 너무 우울하다. 생명장난감이 너무 불쌍하다. 엄마가 옷을 바꿔 입어서
  파란 사냥꾼이 모를 수 있다니 신기하다. 이 책을 엄마에게 추천했더니 서점 가서
  사자고 하셨다. 정말 잊지 못할 책이다. 꼭 누구든지 읽어보라고 추천한다. (황지영)

- 오늘은 선생님이 책을 읽어준다. 나는 내가 책 읽는 거보다 선생님이 읽는 게 더 실감
  난다. 선생님은 책 읽는 거를 참 잘하시는 거 같다. 나는 선생님이 『엄마 사용법』을
  읽어주실 때 감동을 받았다. 나는 책을 싫어했는데 선생님이 책을 읽어주시고
  나서 책이 좋아졌다. 우리 반 선생님은 책을 잘 읽어준다. 선생님, 책을 읽어주셔서
  감사합니다. (황준우)

어린이들에게 일기 몇 편을 읽어주었다. 그리고 식구들하고 책에 대해
나눈 이야기를 들려달라고 했다. 서호는 신이 나서 말했다.

"엄마한테 『엄마 사용법』 줄거리를 얘기했더니 재미있다고 책을 사주
겠다고 했어요!"

서호는 책을 도무지 가까이하지 않던 어린이다. 그런 서호가 책 이야기

를 신나게 하니 부모님 마음이 움직이지 않을 수 없다. 서호는 어머니와 서점에 그 책을 사러 갔다.

만나고 싶은 인물 불러내기

『엄마 사용법』에서 만나고 싶은 인물을 불러내기로 했다.
"현수하고 엄마요!"
"할아버지요!"
"못된 인물도 불러요. 정태성과 옆집 빨간 눈 할머니!"
못된 인물도 불러달라는 말에 웃음이 난다. 현수와 엄마, 할아버지를 차례로 불러냈다. 인물을 맡은 어린이는 네 명씩이다. 어린이들은 앞에 나와 앉은 친구들을 책 속 인물로 생각하고 질문했다.
"현수야, 엄마가 밀림으로 떠날 때 기분이 어땠어?"
"다시는 못 만나는 줄 알고 정말 슬펐어."
관객 자리에 앉은 어린이들은 질문하고 앞에 나온 어린이들은 마치 책 속 인물이 된 듯 진지하게 궁리하며 답을 했다. 인물을 더 깊이 이해하고 친구들 의견도 알 수 있는 시간이었다.

'나도! 나만!' 놀이

'나도! 나만!' 놀이를 하면서 친구들의 감상을 들었다. 공감을 하면 "나도!" 하면서 손을 번쩍 드는 활동이다.

- 정태성과 파란 사냥꾼을 혼내주고 싶습니다.
- 나도!
- 할아버지에게 차를 선물하고 싶습니다.
- 나도!
- 정태성의 고릴라가 불쌍해서 기르고 싶습니다.
- 나도!
- 아빠가 엄마를 데리고 멀리 갈 때 슬펐습니다.
- 나도!

놀이 같은 발표지만 뜻밖에 이야기를 읽으며 느낀 감정이나 생각이 다양하게 드러났다. 친구 말에 공감한 어린이들은 손을 번쩍 들어 "나도!"를 외쳤다. 특히 파란 사냥꾼을 혼내고 싶다는 의견이 나올 때는 교실이 떠나갈 만큼 "나도!"를 외쳤다.

- '나도! 나만!' 놀이를 하는데 진지한 내용이 많아서
  읽은 이야기를 한 번 더 생각하게 되었어요.
  (허바윰)

줄거리 이어달리기

감상을 나누는 활동을 마치고 줄거리 이어달리기를 했다. 보통은 줄거리 간추리기를 하는데, 부담이 덜한 줄거리 이어달리기를 했다.
시작하는 사람이 앞에 나와서 줄거리 한 문장을 말한다. 그 문장에 이

어 다음 사람도 이어지는 문장을 말하고 그 곁에 선다. 어린이들은 퍼즐 조
각을 맞추듯 친구들이 말하는 문장을 귀 기울여 듣는다. 들어야 이어지는
줄거리를 말할 수 있다. 어떤 어린이는 지나간 줄거리를 말한다. 다행히 친
구들은 그 친구가 어느 자리에 들어가야 맞는지 찾아준다. 이렇게 하면서
반 어린이 대부분이 줄거리 한 문장씩 말하게 된다.

"줄거리 생각이 잘 안 날 줄 알았는데요, 이야기가 너무 재미있어서 기
억이 생생해요!"

줄거리 이어달리기를 마친 뒤 책 제목을 다시 지어보았다.

책 제목 다시 지어보기

- 최민서 〈생명 꼭두각시〉
- 이희서 〈진짜 엄마〉
- 김서연 〈엄마는 마음이 있다〉
- 최은서 〈엄마를 샀다〉
- 임예지 〈딩동, 엄마 왔어요!〉
- 고현우 〈엄마는 생명장난감〉
- 김가영 〈엄마 사랑법〉

며칠이 지나도 『엄마 사용법』 이야기는 이어졌다. 서윤이가 가장 먼저
『엄마 사용법』을 샀다. 이어서 진우도 샀다. 효진이는 서점에 가서 직접 책
을 샀다. 서호도 엄마가 책을 읽고 싶다고 해서 책을 사기로 했다. 이렇게
책을 다 읽었는데도 책을 사겠다는 어린이가 자꾸 등장한다. 친구들이 쓴
글을 읽어줄 때, 친구들이 책을 샀다는 소식을 듣고, 어린이들은 새로이 자
극을 받았다. 주말신문에 실린 글을 읽은 부모님도 같은 마음인 듯했다.

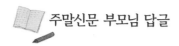 **주말신문 부모님 답글**

4학년 3반 예쁜 꽃씨반 친구들은 요즘 책읽기에 푹 빠져서
너무 행복해하고 있어요. 특히 『엄마 사용법』이 제일 재미있다고 집에
가면 부모님께 읽은 내용과 느낌을 모두 얘기하나 봐요. 모두 기특해요.
요즘 책이랑 가깝게 친구처럼 지내는 모습을 보니 너무 흐뭇하고 기뻐요.
(전진우 어머니)

『엄마 사용법』을 읽고 아이들이 많이 감동을 받은 거 같습니다.
이 책을 읽고 나서 책이 좋아졌다는 아이부터 빨리 끝나서 아쉬웠다,
책이 소중하게 느껴졌다, 그리고 부모님의 소중함을 알게 되었다고
말하는 걸 보면서 어떤 내용인지 무척 궁금해서 읽고 싶다는 생각이
들었습니다. 진기와 서점으로 갑니다.
(홍진기 어머니)

꽃씨신문을 보면 아이들이 어떤 운동을 하면서 즐거워하는지,
어느 곳에 가서 무엇을 배우고 느끼는지, 책을 읽을 때는 어떤 감정을
가지고 읽고 있는지 일주일간의 생활이 모두 담겨 있어 좋습니다.
(이효진 아버지)

등장인물에게 선물하기

『엄마 사용법』을 읽고 난 감상 활동으로 인물에게 주는 선물을 만들었

다. 재료는 신문지다. 어린이들은 이 활동을 좋아한다. 흰 복사지나 고급스러운 색종이, 머메이드지는 만들다가 망칠까 봐 조심스럽다. 하지만 신문지는 잘 구겨져서 모양 잡기에 좋다. 잘못되어도 종이가 아깝다는 생각이 덜 든다. 부담이 없어 어린이들 마음을 자유롭게 한다.

이 활동을 할 때는 가위를 쓰지 않는다. 손으로만 종이를 다루는 일이 익숙하지 않아서 처음에는 어려워한다. 하지만 곧 접거나 손으로 찢어가면서도 섬세한 표현까지 할 수 있다는 걸 알게 된다. 보통 일간지 펼친 면 반장을 나누어준다. 되도록 남는 거 없이 다 쓰게 한다. 딱풀을 쓰고 꼭 필요한 데만 테이프를 쓴다.

어린이들이 선물하고 싶은 인물은 조금씩 달랐다. 뜻밖에 정태성에게 선물을 주겠다는 어린이도 있다. 못된 짓만 골라 하는 정태성에게 도덕책을 만들어준다. 쓰레기통을 만들어주면서 마음 수양을 하라는 무언의 주

문도 한다. 엄마와 현수 사이를 가깝게 해준 할아버지를 고른 어린이들도 여럿 있다. 준우는 마무리할 시간이 다가오는데 할아버지에게 줄 선물을 결정하지 못했다. 나중에는 울먹였다. 잠시 이야기를 나누었다.

"왜 할아버지에게 선물을 주고 싶어?"

"현수한테 엄마를 진짜 엄마로 만들 방법을 알려주셨어요!"

"그래, 중요한 것을 찾아냈네. 그럼 할아버지에게 찻잔을 만들어주면 어떨까? 차를 좋아하시잖아."

"괜찮은 거 같아요……"

시간이 얼마 남지 않아 준우가 찻잔 만드는 일을 도와주었다. 모양이 잡히는 것을 보고 안심이 되어 다른 어린이를 봐주고 다시 준우에게 왔다. 놀랍게도 그사이 준우는 녹차 티백까지 만들었다. 그럴듯했다. 덩달아 신이 나서는 신문지를 가늘게 말아 티백에 붙일 실을 만들어주었다. 준우 얼굴이 환해졌다.

준우가 만든 찻잔과 은영이가 만든 인형

준우 찻잔 옆에 있는 인형은 은영이가 엄마를 위해 만든 인형이다. 현수가 없을 때 안고 있으라고 만들었다. 은영이는 일찍 어머니를 잃었다. 은영이 엄마는 동생을 낳다가 그만 하늘나라로 가셨다. 은영이는 쓸쓸한 친구를 위로하고 동생을 잘 돌본다. 외로움을 잘 아는 듯하다. 감정을 갖게 되었지만 모든 것에 익숙하지 않을 엄마의 외로운 마음을 어떻게 감지하고 인형을 만들었을까. 뭉클하다.

선물을 만들고 나면 포스트잇이나 작은 종이에 선물을 주고 싶은 까닭을 적는다. 그리고 선물에 붙인다. 준비가 다 되면 책상을 가장자리로 밀어놓는다. 교실 한가운데 동그랗게 모여 앉는다. 천이 있으면 가운데 펼쳐놓고 선물을 늘어놓는다. 뭔가 전시회 분위기가 물씬 난다. 천이 없다면 흰색 전지를 펼쳐놓아도 괜찮다.

이렇게 해놓고 내가 먼저 인상 깊은 선물을 하나 고른다. 그러면 선물을 만든 어린이가 일어서서 그 선물을 만든 까닭을 설명한다. 이런 시간은 새로운 감동을 주기도 한다. 설명이 끝난 어린이는 또 다른 작품을 고른다. 이렇게 이어달리기하듯 선물 소개 시간을 갖는다.

- 현수에게 맛있는 음식을 해주라고 요리책을 만들었다. (임예지)
- 태성이가 도덕책을 읽고 조금 더 착해지면 좋겠다. (노경호)
- 태성이가 지혜를 찾기 위해 타는 배를 만들었다. (서홍진)
- 착해지는 100가지 방법이 담긴 책을 만들었다. 태성아, 좀 선해져라! (장현수)
- 엄마는 팔찌를 껴본 적이 없어서 팔찌를 만들었다. (구하늘)
- 진짜 엄마니까 화장을 해서 파란 사냥꾼에게 들키지 말라고 화장품을 만들었다. (최은서)
- 현수 엄마가 처음으로 현수에게 만들어주어서 현수도 엄마에게 쿠키를 만들어주라고 쿠키를 만들었다. (정하윤)

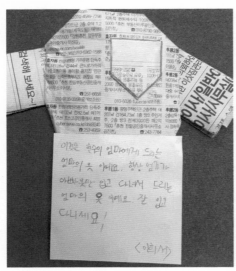

이것은 현수의 엄마에게 드리는 옷이에요.
항상 엄마가 아빠 옷만 입고 다녀서 드리는 엄마의
옷이에요. 잘 입고 다니세요. (이희서)

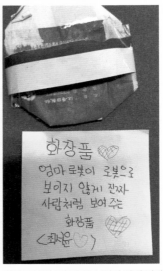

엄마 로봇이 로봇으로 보이지 않게 진짜
사람처럼 보여주는 화장품! (최서윤)

작가에게 드리는 꽃다발.
이 책을 만들어주셔서 감사합니다. (황지영)

태성이에게- 나쁜 일이 있을 때
친구들에게 스트레스 풀지 말고 종이에다
안 좋은 일을 쓰고 쓰레기통에다 넣어!

선물을 가지고 이야기를 나누는 시간은 읽은 책을 되돌아보는 시간이다. 주제를 떠올리고 인상 깊은 장면을 공유하는 진지하고 감동적인 시간이다. 지영이와 찬이는 책에 대한 재미와 감동을 준 작가에게 선물을 했다. 자신들은 미처 생각하지 못한 선물을 준비한 친구들에게 감동하여 모두 와~! 하며 손뼉을 쳤다.

©강승숙

생명장난감,
어떻게 생각하나요?

책을 읽고 두 주 가까이 시간이 흘렀다. 국어과 4단원 '일에 대한 의견'을 공부하고 수행평가로 '사실에 대한 자신의 의견 쓰기'를 할 시기다. 이때 『엄마 사용법』에 나오는 생명장난감 파는 문제를 끌어왔다. 책을 읽을 때는 의견을 나누는 정도에 그쳤는데 이렇게 글을 쓰면서 자신의 생각을 정리하고 발표하는 시간을 가졌다.

찬성합니다

- 생명장난감을 파는 것에 찬성합니다. 왜냐하면 엄마나 형제들이 없는 아이는 외롭고 심심하니까 생명장난감이 있으면 같이 놀아도 되고 심심하지도 않아서 찬성합니다. 그리고 생명장난감이 망가지지 않는 제품이면 좋겠습니다. 왜냐하면 아이들이 갖고 놀다가 망가지면 사람도 다치고 생명장난감을 더 이상 갖고 놀 수 없을 테니까요. 생명장난감이 더 좋아지고 잘 망가지지 않는 제품이라면 저는

생명장난감을 파는 것에 찬성합니다. (허유정)

- 저는 생명장난감을 팔았으면 좋겠습니다. 왜냐하면 진짜 고양이나
  강아지는 엄마가 털 날린다고 키우지 말라 했는데 생명장난감은 털이
  안 날리고 또 고양이는 쿠션을 찢는데 생명장난감은 안 찢어서입니다.
  그런데 생명장난감을 안 팔면 외롭지만 친구들이랑 자전거도 타고 놀아서
  좋습니다. 생명장난감 파는 것을 100이라고 하면 저는 찬성 49 반대
  51입니다. 반대가 51인 까닭은 생명장난감은 파란 사냥꾼한테 잡히는데
  생명장난감이 없으면 친구들이랑 놀 수 있어서입니다. (최 찬)

- 나는 생명장난감을 파는 것에 찬성합니다. 그 이유는 생명장난감이
  있으면 심심할 때 놀 수 있기 때문입니다. 나는 스파이더맨 생명장난감이
  갖고 싶습니다. 그 이유는 스파이더맨 생명장난감이 있으면 거미줄을
  타고 아무 데나 올라갈 수 있기 때문입니다. 문제점은 파란 사냥꾼입니다.
  파란 사냥꾼이 등장하면 엄마 사용법의 현수처럼 방법을 찾아서
  도망칠 것입니다. (전진우)

반대합니다

- 나는 생명장난감을 파는 것에 찬성하지 않는다. 그 까닭은 그 장난감들도
  생명이 있고 마음이 있을 수 있기 때문이다. 또 잘못 조립하게 되면
  파란 사냥꾼이 나타나 잡아가니 친구를 잃는 셈이다. 그러나 찬성하는
  면도 있다. 친구가 없는 아이가 생명장난감을 조립해 같이 놀 수도 있기

때문이다. 또 가족이 되고 친구가 된다. 내가 생명장난감을 만든다면 오류가 나지 않도록 만들 것이다. 그리고 버리게 돼도 쓰레기통에 들어가게 하지 말고 재활용이 되도록 할 것이다. (원소윤)

• 생명장난감을 파는 것은 절대 안 됩니다. 왜냐하면 피노키오부대가 생명장난감 같은 생명을 죽이는 일이 일어나기 때문에 절대 안 됩니다. 만약 생명장난감을 판다고 하면 피노키오부대가 망가진 생명장난감을 잡아다 시체로 만들어서 어디에 쓰겠습니까? 그 아까운 장난감을 왜 버립니까? 그리고 계속 파란 사냥꾼을 출동시켜서 생명장난감을 잡아 죽여서 뭐합니까! 완전히 생명 사냥꾼 아닙니까! 그래서 생명장난감을 보호하는 법을 만들어야 합니다. 만약 법을 만들지 않으면 계속 생명장난감이 죽게 됩니다. 제발 그 법을 만들어주십시오! (최민서)

• 생명장난감은 우리와 같은 생명이다. 잘못하다가는 파란 사냥꾼에게 잡힌다. 그럼 생명장난감은 어떻게 될까? 사냥꾼에게 잡힌 생명장난감은 한순간에 생명을 잃는 거다. 생명장난감이 버려지고 그럼 버려진 생명장난감은 어떤 심정일지 궁금하다. 그래도 생명장난감이 필요할 거 같기도 하다. 생명장난감이 고장 나면 무료로 고쳐주는 센터를 만들면 좋겠다. 그러면 버려지지 않을 거다. (임예지)

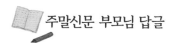 주말신문 부모님 답글

평소 책읽기를 즐겨 하지 않았던 지영이가 정말 재미있는 책이라며

꼭 엄마 아빠와 함께 읽고 싶다고 해서 『엄마 사용법』 책을
서점에 가서 구입하였습니다. 선생님과 함께하는 책읽기가
아이들에게 정말 좋은 영향을 주는 거 같아 뿌듯하고 감사합니다.
(황지영 어머니)

현수가 오래간만에 책을 사달라고 했습니다.
엄마와 같이 읽고 싶다고 하면서요.
4학년이 되면서 만화책이 아닌 동화책을 많이 읽고 접하게 된
현수가 기특하고 선생님께 감사합니다.
(장현수 어머니)

인터뷰

책을 다 읽은 뒤 틈나는 대로 어린이들에게 책에 대한 반응을 들었다. 어린이들이 발표나 글쓰기로 미처 다 드러내지 못한 점이 있는지 알아보기 위해서다. 이 과정은 어린이들도 흥미로워한다. 나 역시 새로운 책을 고를 때 어떤 점을 고려할지, 다음에 다시 이 책을 어린이들에게 읽어줄 때 어떤 점을 더 생각해야 할지 도움을 얻는다.

질문 | 선생님이 책을 읽어주니까 어땠니? 국어교과서를 많이 보지 않고 책을 읽었는데 국어공부에 도움이 되었니?

- 엄마의 소중함을 더 느끼고 표현력과 집중력이 늘었어요.

저는 3학년 때에는 거의 공부 안 했어요. 4학년에 들어와서 발표했어요.
발표할 마음이 생긴 까닭은 책을 읽으면서 나도 모르게 말하고 싶은
마음이 생겼어요. 생각이 머릿속에서 막 나왔어요.
국어시간에 예전에는 그림만 그렸는데 『엄마 사용법』을 선생님이
읽어주실 때는 너무 재미있어서 글도 쓰고 그림도 그렸어요.
중요한 순간에 끝나는 게 아슬아슬했어요. (김경주)

• 3학년 때까지는 국어시간이 지루하고 심심했어요.
  그런데 이렇게 동화 읽고 공부하니 국어랑 친해지고 국어공부를 하고
  싶은 마음이 들어요. 책을 읽으면서 다양한 낱말을 쓰고 배운 거 같아요.
  (구하늘)

• 추측하는 게 늘었어요. 혼자 읽을 때는 글을 잘 안 읽고 그림이나
  만화만 보는데 선생님이 읽어주니까 책에 흥미가 생겨요. 3학년 때까지는
  교과서를 혼자 읽으니까 기억에 덜 남고 실감이 안 났어요.
  돌아가면서 책을 읽을 때는 내 차례가 언제 오는지 신경이 쓰여서
  책 내용이 잘 안 들어와요. 그리고 덜 재미있게 느껴져요. (최서호)

• 선생님이 읽어주시니까 스스로도 잘 읽을 수 있을 거 같아요. (전진우)

• 혼자는 중요한 것도 지나쳐요. 공포영화도 소리가 없으면 무섭지 않다고
  하잖아요. 책도 속으로 읽으면 실감이 나지 않는데 선생님이 읽어주시면
  실감이 나고 그래서 기억이 잘 나는 거 같아요. 또 메모하면서 창의성이

늘어난 거 같아요. (허바윰)

• 책을 속으로 읽으면 실감이 나지 않아요. 혼자 읽으면 질문이나 답을 잘 안 하게 되고 친구들하고 의견 주고받는 것도 없어요. (전진우)

질문 | 선생님 혼자 책을 가지고 읽어주었는데 우리 반 어린이가 책을 가지고 읽었다면 어땠을까?

• 속으로 각자 읽으면 너무 빨리 읽어서 실감이 안 나고 중요한 순간에 딱 멈추는 게 없으니까 재미가 덜할 거 같아요. 선생님이 중간에 끊으니까 더 오래 기억하고 실감 나요. 다음이 궁금해져요. 그리고 제가 마지막에 나눠서 읽어달라고 했잖아요. 그 까닭은 아까워서 아이스크림도 빨아 먹는데 책도 아이스크림처럼 아까워서 나눠서 조금씩 맛보고 싶었어요. 책이 끝나니까 뒤에 내용이 더 있으면 좋겠는데 없어서 섭섭해요. 친구들이랑 번갈아 읽는다면 자기 차례를 기다리니까 책에 집중이 덜 될 거예요. 또 우리가 책을 가지고 있으면 미리 읽어서 재미가 덜해요. 만약에 책에 나오는 그림도 안 보여주고 읽어주신다면 인물이 누구인가 현수는 어떻게 생겼을까 상상하게 될 것 같아요. (최 찬)

남은 이야기

『엄마 사용법』은 어린이들 마음을 뜨겁게 달군 책이다. 어린이들의 로 망을 담은 생명장난감도 한몫했지만 현수가 바라는 엄마를 만들어간다는 점이 어린이들 마음을 크게 움직인 듯하다.

재미있게 읽은 책『엄마 사용법』이 우리 어린이들에게 어떻게 남아 있는지 궁금했다. 한 번에 다 알 수 없는 어린이들의 속마음을 다양한 경로를 통해 확인하고 싶어서 인터뷰를 하기도 했고 이어지는 수업시간에도 종종 작품 이야기를 꺼내어 어린이들의 반응을 살폈다.

은영이와 이야기를 나누었다. 은영이는 현수가 잘 견디는 거 같다고 했다. 다른 어린이들은 하지 않은 이야기를 은영이가 꺼냈다. 그러면서 아빠랑만 살면 힘든 게 많다고 속마음을 드러냈다. 어떤 게 그러냐고 물으니까 예를 들면 옷을 입거나 밥을 먹을 때 아빠는 엄마처럼 챙겨주기 어렵다고 했다. 그래서 은영이가 현수의 처지를 공감하는 체감은 깊을 수밖에 없다. 현수가 엄마를 보내지 말라고 할 때 울컥했다는 말도 전했다. 어찌할 도리 없이 엄마를 하늘나라로 보낸 은영이의 마음이 느껴졌다.『엄마 사용법』은 은영이 마음을 열게 했다. 오랫동안 감춰둔 엄마 이야기를 했다.

『엄마 사용법』은 국어시간에 읽어주었다. 교과서는 덜 다루었다. 부담은 있었다. 어린이들 역시 처음에는 낯설어했다. 재미는 있지만 교과서로 공부하지 않으니 조금은 불안했던 모양이다. 여러 차례 설명하고 설득했다. 부모님도 다를 바 없었을 테지만 주말신문으로 소식을 전한 것과 어린이들에게 집에 가서 책 이야기를 계속 들려드리도록 한 것이 큰 힘을 발휘한 듯하다.

처음 시작할 때에는 어린이들이 책을 좋아했으면 하는 마음이 가장 컸다. 지루한 국어시간 분위기를 바꾸면서 성취 기준에 도달하기를 고대했다. 그런데 책읽기는 뜻밖의 여정이 되었다. 나는 어린이들에게 어머니 이야기를 종종 들려주었다. 어린이들은 엄마 잃은 머리 희끗한 선생을 안쓰럽게 바라보곤 했다. 나 또한 어린이들을 이전보다 깊이 알게 되었다. 어린 나이에 부모를 잃은 어린이들의 감추었던 속내를 들여다볼 수 있었던 것이다. 친구들도 슬픔을 간직한 친구를 위로하는 소중한 경험을 했다.

©강승숙

책을 읽어주기 전에

- **등장인물 생각하기**

  현수 ㅣ 현수는 아빠를 졸라 생명장난감을 산다. 혼자 힘으로 조립하면서 엄마를 만들지만 정작 엄마는 자신이 바라던 엄마 노릇을 하지 못한다. 현수는 청소해주고 밥만 해주는 엄마가 아닌 친밀한 관계를 바라고 있었다. 어떻게 해결할까? 현수는 바라는 엄마를 만들기 위해 자신이 먼저 해 보인다. 이 과정을 눈여겨볼 필요가 있다. 현수가 떨어뜨린 피 한 방울이 뜻하는 것이 무엇인지 얘기해보아도 좋겠다.

  할아버지 ㅣ 과거와 달리 노인은 젊은 세대에게 더 이상 의미 있는 존재가 아니다. 다행히 이 작품에서 할아버지는 노인의 존재를 의미 있게 드러낸다. 지식이 아닌 지혜의 힘을 보여준다. 할아버지는 책이나 검색창으로 답을 찾지 않는다. 대상에 관심을 갖고 관찰하면서 답을 찾는다. 할아버지가 문제를 해결하는 방식은 어린이들에게 깊은 인상을 남긴다.

- **이야기를 들으면서 독서공책 정리하기**

  어린이들은 동화를 들으면서 느끼는 감정이나 생각을 발표하고 공책에 정리했다. 책을 읽어주다가 어린이들의 반응이 있으면 멈추었다. 그날 읽을 분량이 끝나면 핵심어를 찾아 쓰고 짝 토의를 했다. 한 줄 느낌을 쓰거나 이어질 내용에 대해 추론을 했다.

  시간이 흐르면서 어린이들은 공책 정리에 큰 흥미를 느꼈다. 줄거리를 쓰면서 듣는 어린이도 있고 인상 깊은 장면을 그리는 어린이도 있다. 자기만의 방식으로 공책을 정리하는 활동은 어린이들에게 남다른 즐거움을 주는 듯했다. 어떤 때에는 할 게 많다며 읽어주기를 멈추어 달라고 요청하기도 한다. 읽어주려고 한 계획은 어린이들의 의견에 따라 줄기도 하고 늘어나기도 했다.

• 등장인물에게 신문지로 만든 선물 주기

마음에 남는 인물에게 줄 선물을 신문지로 만들고 함께 감상하는 시간을 갖는다. 이 과정에서 어린이들은 인물을 더 깊이 생각하고 느낄 것이다.

• 주말신문으로 감상 나누기

주말신문은 책을 읽는 과정에서 책에 대한 흥미와 관심을 크게 높였다. 어린이들이 정리한 독서공책에서 그날그날 핵심어와 감상 글을 골라 주말신문에 싣는다. 그림 또는 완결되지 않은 낱말에서도 책에 대한 의미 있는 감상을 발견할 수 있다. 어린이들은 주말신문을 보면서 부모님과 책 이야기를 나누기도 한다. 그러다 부모님이 더 관심을 가지면서 책을 구입하는 일도 있다. 부모님의 관심은 어린이들의 책에 대한 관심과 기대를 자극했다.

함께 읽으면 좋은 책

가족을 주제로 한 이야기

『코끼리 아저씨와 100개의 물방울』

노인경 글·그림 | 문학동네 | 2012

『삐악이 엄마』

백희나 글·그림 | 책읽는곰 | 2014

생명과 동물을 주제로 한 이야기

『이빨 사냥꾼』

조원희 글·그림 | 이야기꽃 | 2014

『네모 돼지』

김태호 글 | 손령숙 그림 | 창비 | 2015

미래사회를 주제로 한 이야기

『너만의 냄새』 중 「친구를 제공합니다」

안미란 글 | 윤정주 그림 |
사계절 | 2005

편견을 넘어
열린 마음으로

달콤한 냄새가 나는
워턴의 집

두 번째로 읽어줄 책을 고르기까지 시간이 걸렸다. 첫 책에 대한 어린이들 반응이 아주 좋았기 때문에 다음 책을 고르는 일이 쉽지 않았다. 『엄마 사용법』을 나중에 읽어주면 좋았을 거라는 아쉬움이 들기도 했다.

『엄마 사용법』을 읽으면서 가족의 소중함과 삶의 지혜, 미래사회에 대해 생각해보았다. 이번에는 우정, 형제애를 다룬 책을 고르고 싶었다. 이런 주제를 다룬 동화책이 꽤 있지만 분량이나 재미, 감동을 고려하여 『화요일의 두꺼비』(러셀 에릭슨 지음, 사계절)를 골랐다. 이 작품은 우정뿐 아니라 일상의 행복, 삶과 죽음의 문제까지 폭넓게 다룰 수 있는 수작이다.

『화요일의 두꺼비』를 다시 읽어보았다. 작가 이력이 흥미롭다. 젊었을 때 한국과 일본에서 군대 생활을 했다. 우리 땅을 밟은 작가라고 하니 어쩐지 친근한 마음이 든다. 읽으면서 유년 시절 동네 친구들과 어머니 생각을 했다. 주변 인물을 떠올릴 만큼 이야기에 등장하는 인물의 면면과 상황은 실감 나고 울림이 있다.

주인공 워턴은 참 괜찮은 인물이다. 인간계에 존재한다면 마음 치유사 같은 직업이 어울릴 듯하다. 마음이 단단하면서도 부드럽다. 워턴은 궁리하고 만들기를 좋아한다. 청소도 부지런히 한다. 차를 즐겨 마시고 콧노래를 부르며 일상을 즐긴다.

워턴의 집은 들어가보고 싶을 만큼 아늑하고 달달한 냄새가 나는 공간이다. 이런 유년의 공간이 우리 어린이들에게 꼭 필요하다. 어머니는 내 유년기에 워턴의 공간을 선물해주셨다. 유년 시절 그리 넉넉하지 않았다. 하지만 산 아래 외딴집에는 늘 춤과 노래, 이야기와 맛난 간식이 있었다. 어머니 손에서는 쌀을 넣은 면 인형과 스웨터가 빚어 나왔다. 아버지 헌 와이셔츠나 자투리 옷감으로 만든 원피스가 탄생하곤 했다.

솜씨는 부족하지만 나도 뭔가 만드는 것을 즐긴다. 종종 오래된 옷을 자르고 꿰맨다. 줄어든 스웨터 소매를 잘라 조끼를 만들고 소매는 워머를 만드는 식이다. 재단용 가위를 들고 작은 방으로 들어가면 남편은 불안해한다. 또 무얼 자르려고 그러냐며 말리고 싶어 한다. 종종 천을 만지작거리고 바느질을 하다 보니 콜라주 그림책이나 바느질 그림책이 끌린다. 워턴도 분명 그런 그림책을 좋아할 거다.

워턴에 대한 관심은 워턴이 좋아하는 노간주나무 차에 대한 관심으로 이어졌다. 워턴이 가장 좋아하는 노간주나무 열매로 만든 차 맛이 정말 궁금했다. 우연히 산에서 노간주나무를 발견했을 때는 워턴을 만난 듯 기뻤다. 노간주나무에 달린 초록 열매를 따가지고 집에 와서 사람도 차로 마실 수 있는지 알아보았다. 아쉽게도 차로 마신다는 정보는 찾지 못했다. 약으로 쓰이거나 기름으로 쓴다고 한다. 노간주 열매 차를 마시는 즐거움은 얻지 못했지만 워턴 덕분에 노간주나무를 좋아하게 되었다.

냉소적이면서 무뚝뚝한 올빼미 조지도 은근한 매력이 있다. 워턴 같은 친구는 마음 편하고 좋다. 하지만 어쩐지 주변을 불안하게 하는 조지 같은 친구도 하나쯤 있으면 좋겠다. 이런 인물은 남다른 개성으로 새로운 세계를 보여준다. 조지가 워턴보다 더 예술가에 가까울 거 같다.

4학년이면 삼총사, 오총사를 만들 만큼 친구에 빠져드는 어린이가 생긴다. 이런 어린이들은 끼리끼리 몰려다니며 축구를 하거나 보드게임을 한다. 주말에도 만나서 자전거를 탄다. 대형 할인몰에 가서 소지품이나 문구류를 산다. 되는대로 두루 어울리는 어린이도 있지만 친구를 가려가며 노는 어린이도 보인다. 말수가 적거나 놀이 실력이 부족해서, 자기중심적 행동에서 벗어나지 못하여 친구들과 섞이지 못하는 어린이들도 있다.

이런 어린이들에게 편견을 벗어나 인물의 내면을 보는 워턴을 만나게 해주고 싶었다. 『화요일의 두꺼비』는 그 일을 톡톡히 해낼 거라고 생각했다.

이 책은 3학년이나 4학년 어린이를 담임하면 읽어주곤 했다. 책을 읽어주기 시작하면 어린이들은 다투어 도서관으로 뛰어갔다. 서점에서 책을 사는 어린이도 있었다. 워턴과 조지가 펼치는 모험과 우정의 세계는 어린이들 마음을 사로잡기에 모자람이 없었다.

동대문시장에서 사온 자투리 천으로 어머니가 만들어주신 나(오른쪽)와 동생의 원피스

'화요일의 두꺼비'
온작품읽기

『화요일의 두꺼비』는 개정 이전 3학년 2학기 국어활동에 일부 실려 있다. 보조 교과서라 읽은 어린이가 많지 않다. 우정과 모험, 삶과 죽음을 감동 깊게 다룬 이 책을 읽은 어린이가 별로 없다는 것이 다행스러웠다. 모르는 이야기를 들려줄 때 어린이들 호기심이 커진다는 것을 경험으로 알고 있어서다. 국어교과서는 한 번에 다 보여준다. 정보가 다 드러나니 매력이 떨어진다. 읽어줄 문학작품만큼은 베일 속에 가려두고 싶다.

책을 읽기 전 조금은 긴장했다. 첫 책이 토네이도 같은 위력으로 어린이들 마음을 흔들었기 때문이다. 『화요일의 두꺼비』는 미래사회를 그린 『엄마 사용법』과 견주어볼 때 유년 동화 분위기가 물씬 풍긴다. 조금은 시시하게 여길지도 모른다는 염려가 들었다. 첫 책으로 읽어주었다면 조금 달랐을 것이지만 이미 『엄마 사용법』을 읽어준 다음이다. 고민이 따를 수밖에 없었다.

책 읽으며 소제목 만들기

• 선생님이 『화요일의 두꺼비』를 읽어주시는 날이어서 기쁘고 설렌다.

『화요일의 두꺼비』를 읽어주는 날이다. 지난 시간에 표지만 살짝 보여주었는데 펼쳐질 이야기가 몹시 궁금했나 보다. 아침 한 문장 쓰기를 할 때 그 설렘을 드러낸 어린이가 있다.

어린이들 책상 위에는 이미 만든 독서공책이 놓여 있었다.

낱말	궁금한 것(질문)
• 어려운 낱말	• 추론
• 중요한 낱말	• 중요한 사실(문장)
• 그림	• 핵심어
	• 읽고 난 느낌

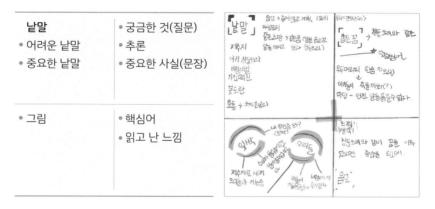

공책을 크게 네 칸으로 나누었다. 칸마다 어떤 주제어를 쓰는 게 좋을지 다시 알려주었다. 이미 공책 정리를 해본 어린이들은 들뜬 듯 쓰고 꾸미기 시작했다.

"네 칸 나눌 때 대각선으로 해도 돼요?"

"당연히 괜찮아요. 중요하다고 생각하는 낱말에는 좀 다른 색을 써도 좋아요."

표현하고 싶은 욕구, 책에 대한 기대가 어린이들을 자석처럼 어딘가로 이끄는 듯했다. 읽을 책의 제목을 정성 들여 쓰는 일은 이야기를 맞이하기 위한 준비운동이다. 책 표지를 보았다.

"겨울이에요."

"두꺼비가 주인공일 거 같아요."

"화요일에 무슨 일이 생기는 거 같아요."

동화책을 읽기 시작했다. 겨우 몇 줄 읽었는데 준우가 물었다.

"선생님, 이 책은 장마다 제목이 없어요?"

『엄마 사용법』을 읽을 때 장마다 소제목이 붙어 있던 것을 기억하고 있었다. 아쉽게도 이 작가는 소제목을 붙여놓지 않았다. 새로운 장면을 예고하는 문단에 들어갈 때면 첫 글자 크기를 조금 키워 빨간색을 입혀놓았을 뿐이다. 소제목을 보면서 이어질 이야기를 점쳐보던 재미가 사라져 그런지 준우는 조금 실망한 낯빛이다. 아쉬움을 드러내는 어린이는 준우 말고도 더 있었다.

"얘들아, 우리가 소제목을 붙여가면 어떨까? 선생님이 읽어준 분량을 끝내면 거기에 맞는 소제목을 직접 붙이는 거지."

제안이 마음에 들었는지 준우가 끄덕인다. 책을 읽으면서 칠판에 중요한 낱말이나 뜻이 어려운 낱말, 그리고 중요한 문장을 썼다. 어린이들은 따라 쓰거나 다른 내용을 덧붙여가며 공책 정리를 했다. 낱말 쓰는 칸에 모턴은 형, 워턴은 동생, 클로버 꽃차, 딱정벌레 과자를 썼다. 한겨울의 '한'이 무엇을 뜻하는지도 알아보았다.

모턴 형은 워턴이 딱정벌레 과자를 고모 댁에 가져다준다고 하자 펄쩍 뛴다. 모턴 형은 눈 쌓인 한겨울에 바깥에 나가는 것은 두 가지 문제가 있다고 했다. 두 가지 문제가 무얼지 생각해보았다.

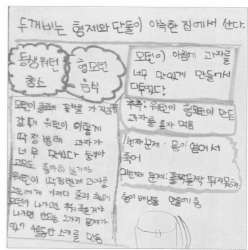

"너무 추운 거요."

"겨울잠을 자야 하는데 여행을 떠나면 잠자는 타이밍을 놓치게 될지도 몰라요."

"고모 댁이 너무 먼 거는 아닐까요?"

뚝심 있는 워턴은 형을 설득한다. 사흘 동안 참나무 뿌리로 스키를 만들고 고슴도치 가시로 스키봉을 만든다. 도롱뇽 가죽으로는 스키 묶는 끈을 만들었다.

"아이디어 좋아요!"

"도롱뇽 가죽! 좀 징그러워요!"

워턴이 스키를 만드는 과정은 꽤 흥미롭다. 마치 소인국을 들여다보는 거 같다.

여행 배낭에 무엇을 넣을까?

주문진초등학교 어린이들과 『아모스와 보리스』를 읽으면서 주인공 아모스가 배에 실을 물품 목록을 짜본 적이 있다. 그 생각이 떠올라 워턴이 배낭에 넣었을 만한 물건을 생각해보자고 했다. 엉뚱한 혹은 낭만적인 물건도 떠올려보고 생존에 관련된 현실적인 물건도 찾아보기 바랐다. 다행히 어린이들은 이 활동을 무척 좋아했다. 마치 자신이 여행을 떠나는 듯한 기분에 젖어 목록을 만들었다. 적은 목록을 가지고 짝과 이야기하는 시간을 가졌다.

어린이들이 공책에 목록을 쓰는 동안 나도 칠판에 목록을 적었다. 시집 한 권, 일기장, 보온병, 무릎담요, 군고구마, 맥가이버칼, 전등, 침낭 이렇게. 내 목록을 흘끔 보더니 "아하!" 하며 다시 공책에 적는 어린이도 있었다.

겨울 여행을 위해 배낭에 넣을 나만의 목록

- 보조 스키, 스케치북, 색연필, 텐트, 약품, 자동텐트 (허유정)
- 모턴이 준 워턴을 지켜줄 팔찌, 핫팩, 도시락, 나침반 (고현우)
- 손전등, 카메라, 침낭, 칼 (홍진기)
- 물감, 애정 인형, 모턴 사진 (최서윤)
- 물, 핸드폰, 책, 라면, 딱정벌레 과자, 옷 (이희서)

서윤이가 목록에 모턴의 사진을 넣었다. 마음에 드는 목록이었다. 서윤이는 형 모턴의 마음 씀씀이를 기억하고 모턴 사진을 목록에 넣은 듯하다. 형제애가 마음 안테나에 척 걸렸다. 핵심어를 쓰면서 이날 활동을 마무리했다.

핵심어	준비	준비를 제대로 못하면 얼어 죽는다.
	쿠키	맛있는 쿠키 때문에 모든 걸 하게 되었다.
	가방 속	가방에 넣을 물건을 무엇으로 할지 고르는 시간이 즐거웠다.
	두 가지 문제	두 가지 문제를 해결하는 게 중요하다는 생각이 들었다.
	출발	"출발!" 하니 가슴이 떨린다.

짐작한 대로 첫 번째 책을 읽어줄 때하고는 사뭇 분위기가 달랐다. 한 쪽, 두 쪽을 읽어가는데 별 반응이 없다. 아, 하는 감탄사도 나오지 않는다. 번쩍 손을 들어 궁금증을 드러내지도 않았다. 얼굴들이 덤덤하다. 나도 모르게 첫 책을 읽을 때와 비교를 하면서 조바심이 났다.

독서공책을 걷어서 보니 '아직 이야기가 시작도 안 했다.'라고 쓴 어린이가 있다. 스릴 넘치는 사건 없이 주인공들이 집안에서 꼬물거리는 이야기가 심심했던 거 같다. 다행히 예지는 고모 댁으로 출발하는 워턴에게 '파이팅!' 하며 응원 메시지를 썼다. 예지가 이야기를 재미있게 들은 거 같아 안심이다.

또 다행인 것은 준우가 관심을 갖고 있다는 점이다. 쉬는 시간 준우는 작가가 이 책을 언제 지었는지 물어왔다. 준우도 책에 관심이 있으니 일단 우군 둘은 확보했다. 곧 긴장감으로 손에 땀이 나는 시간이 다가올 것이다. 어린이들이 끈기를 가지고 기다려주기를 바랄 뿐이다.

워턴의 모험길에 함께하다

아이들 몇이 분주하다. 준우가 독후활동 공책에 작은 인물 탐구 수첩을 만들어 붙이겠다며 종이를 달라고 했다. 서윤이는 공책 표지를 꾸미느라 바쁘다. 민서는 국어시간에 『화요일의 두꺼비』를 읽어줄 거냐고 확인하듯 묻는다. 기다리고 준비하며 국어시간을 맞이하는 어린이가 여럿 있어서 힘이 났다.

바율이는 아침 한 줄 쓰기에서 "오늘이 기쁘고 설렌다."고 썼다. 내가 너무 걱정을 한 듯하다. 읽어줄 시간을 기다리는 어린이들이 뜻밖에 많다. 어린이들은 이야기의 전반부를 나름 차분하게 즐기고 있었던 모양이다. 어쩌면 다가올 사건을 기다리며 폭풍전야의 순간을 숨죽이듯 즐겼는지도 모른다.

국어시간이 돌아왔다. 미리 쉬는 시간에 4절 도화지 두 장을 칠판에 붙여놓았다. 12색 유성 매직은 그 아래 두었다. 책읽기를 하면서 칠판에 써둔 낱말이나 그림을 지우는 게 종종 아깝다는 생각이 든다. 공들여 그린 그림을 지우기 싫을 때도 있다. 그래서 어린이들처럼 가끔은 도화지를 큰 공책 삼아 칠판에 붙여놓고 그리고 써보기도 했다.

드디어 우리의 주인공 워턴이 스키를 타고 질주를 시작한다. 모험을 준비하던 워턴의 생동감 넘치는 출발이니 기대해볼 만하다.

이내 눈을 파헤치던 청설모와
부딪히고 말았어요.
(14쪽)

"선생님, 청설모는 엑스트라예요?"

찬이가 물었다. 공책 속에 작은 인물 탐구 수첩을 만들어 붙인 어린이들도 대답을 기다리는 눈치였다. 주요 인물이면 인물 탐구 수첩에 적어야 한다.

"인물 탐구 수첩에 굳이 적을 필요는 없을 거 같아. 이 인물은 한 번 나오고 끝이거든. 말하자면 행인 1, 2, 3 같은 인물이지."

"선생님, 그러면 드라마에서 주인공이 길을 지나갈 때 마트로 쑥 들어가는 아저씨 같은 거죠?"

찬이 비유가 재미있는지 와르르 웃는다. 제법 스키에 익숙해진 워턴은 씽씽 달렸다. 그러다 잠시 쉬어 점심을 먹으려고 나무 그루터기에 도시락을 펼쳤다.

"그루터기가 뭐예요, 선생님? 그려주세요."

책을 읽어주면서 종종 칠판에 그림을 그리다 보니 어떤 때에는 어린이들이 먼저 청하기도 한다. 칠판에 붙여놓은 화이트보드에 그루터기를 그렸다. 어린이들도 따라서 공책에 그린다.

샌드위치 두 개를 먹어치우고 모기 파이를 한 입 베어 물려는 순간, ……
(16쪽)

여기까지 읽자 예민한 감성의 소유자 찬이가 '아아!' 하며 두 손으로 머리를 감싼다. 여자 어린이들도 모기를 먹는다니 징그럽다는 얼굴이다. 딱정

85

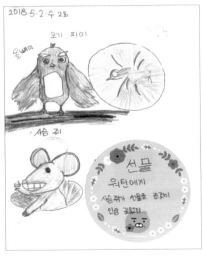

벌레 과자까지는 꼭꼭 눌러 참고 있었는데 모기파이는 영 징글맞다. 지나치지 못하고 농담조로 한마디 했다.

"우리는 맨날 소고기, 돼지고기, 닭고기, 물고기 별의별 거 다 먹는데 우리가 더 징그러운 거 아닐까?"

"아, 선생님!"

한 방 맞은 어린이들은 할 말을 잃고 물러섰다. 그러니 우리 밥 먹을 때 먹기 힘든 거 나와도 꿋꿋하게 먹자고, 때를 놓치지 않고 한마디 더 찔렀다. 수긍하는 눈빛이었다. 그래도 이 대목은 좀 기괴했나 보다. 희서는 모기파이를 독서공책에 그려 넣었다.

사슴쥐가 바싹 다가와 소곤거렸습니다.
"거기엔 올빼미가 살거든.
아마 이 세상의 올빼미 중에서 가장
비겁하고 심술궂은 놈일걸?"
(20쪽)

워턴이 처음 만난 인물 사슴쥐는 눈에 처박혀 있었다. 얼른 구해주고 따뜻한 차를 건넨다. 덕분에 중요한 정보를 얻고 위험한 순간에 도움이 될 빨간 목도리까지 받는다. 빨간 목도리를 보자 아이들은 이제 무슨 일이 일어날지 알겠다는 듯 웅성거렸다.

"빨간 목도리를 주는 거 보니까 어려움이 생긴다는 거죠."

"맞아요. 옛이야기 같은 데 보면 도움받은 인물이 꼭 위험할 때 쓰라고 뭔가를 줘요."

"그렇지, 『여우 누이』에도 빨간 병 이런 거 나오지."

"어, 그러면 워턴이 올빼미한테 잡히네!"

"선생님, 사슴쥐가 목도리로 은혜를 갚을 거 같아요!"

어린이들은 스릴을 느끼며 대단한 관심을 보였다. 그리고는 드러난 정보를 가지고 셜록 홈즈라도 된 양 열띤 추론을 했다. 이 장면은 워턴에게 닥칠 어려움을 예고하고 있다. 그걸 감지한 아이들은 험난할지도 모를 워턴의 모험길에 탑승하면서 사건의 중심부로 나아가고 있었다.

마침내 올빼미의 단단한 발톱이
워턴을 움켜잡았습니다.
(26~29쪽)

"안 돼, 안 돼!"

참지 못하고 찬이가 벌떡 일어났다. 마치 제 눈앞에 위험에 처한 워턴이 있는 듯이 행동했다. 찬이의 몸짓은 아이들의 공감을 사면서 이야기로 몰입하게 만들었다. 찬이는 워턴의 모험을 처음부터 탐탁지 않게 생각했다. 날이 풀린 뒤 가도 되는데 왜 이렇게 위험을 자초하는지 납득이 가지 않은 모양이다.

- 워턴이 올빼미한테 잡아먹힐 거 같다.
- 워턴은 도망 못 쳐!
- 워턴이 걱정된다. 나라면 정말 무섭고 겁날 거 같다.
- 워턴이 무사히 탈출할 수 있을지 궁금하다
- 워턴이 누군가의 도움으로 탈출할 수 있을 거 같다.

올빼미 조지는 친구가 필요해

워턴이 올빼미한테 잡혔다. 난생처음 하늘을 날아 가장 높은 곳, 나무 집에 이르렀다. 워턴은 침착하고 지혜로웠다. 이런 면면은 여행 채비를 할 때 알아차렸지만 올빼미에게 잡힌 직후 더 빛난다. 워턴은 생일 때 잡아먹겠다는 올빼미의 말을 듣고도 느긋하게 초를 켠다. 주변을 정리하고 콧노래까지 부른다.

"선생님, 워턴이 대단해요. 저 같으면 무서워서 울고 그랬을 거 같아요."

"죽을지도 모르는데 청소하고 콧노래까지 하는 걸 보니 정말 두려움이 없는 거 같아요."

"용감하고 대단한 건 사실이지만 속으로는 겁나지 않았을까? 하지만 가만히 있기보다는 무언가를 하면서 자기 마음을 달래보는 걸 수도 있지."

"마인드 컨트롤을 하는 걸 수도 있겠네요."

워턴은 올빼미에게 이름을 묻는다. 이름 없는 올빼미는 당황하며 화를 낸다. 누구하고도 관계 맺지 못한 채 살아온 올빼미의 처지를 잘 보여준다. 워턴은 질문을 바꾼다.

"만약에 네 이름이 있다면, 뭐가 좋을 것 같아?"

"음…… 만약에 이름이 있다면……

만약에, 만약에…… 내 이름이 있다면……

나는 음…… 조지가 좋겠다."

(34-36쪽)

올빼미의 마음이 흔들리기 시작한다. 어린이들은 조지의 마음이 열리는 순간을 정확하게 포착했다.

"선생님, 어쩐지 조지랑 워턴이 친구가 될 거 같아요!"

"그래요. 그런데 올빼미는 그동안 왜 이름이 없었을까?"

"부모님이 일찍 돌아가신 거 같아요."

"친구들이 있다면 별명이라도 지어줬을 거 같은데 친한 친구도 없고……."

"그런 조지가 처음으로 이름을 갖게 되었으니 기분이 남달랐을 거야. 우리도 한번 올빼미의 이름을 지어볼까?"

박순이, 피로니아, 루팡 3세, 월티 같은 이름이 나왔다.

이름 속에는 어린이들이 방금 간파한 조지의 면면이 어느 정도 담겨 있었다. 민서는 만화에서 올빼미와 비슷한 캐릭터를 찾아내고는 '박순이'라 붙였고 바음이는 외톨이를 빨리 발음하면서 비슷하게 나오는 '월티'를 조지 이름으로 했다. 지영이는 조지가 사나운 점을 생각하여 '피로니아'라고 지었다. 이름을 보니 조지를 긍정적으로 바라보는 면은 부족했다.

조지에 대한 어린이들의 이런 마음을 워턴이 조금씩 열어간다. 워턴은 날 수 있는 조지가 부럽다고 했다. 위협적인 적을 칭찬하고 있는 것이다. 우

쭐해진 조지는 마음을 열고 이야기를 시작한다.

저번에는 깨어 있으려고 애쓰다가,

집으로 돌아오는 길에 깜박 졸아서 커다란 벌집에 부딪혔어.

난생처음 보는 커다란 벌집이었다고.

(41쪽)

"선생님, 이해했어요. 조지가 그 일이 있고 나서 낮에만 사냥하는데 그건 트라우마가 있어서 그래요. 저도 어렸을 때 수영장에 빠질 뻔했는데 그때부터 트라우마가 생겨서 물이 무서워졌어요. 지금은 나아졌어요."

"트라우마, 나도 있어! 나도 유치원 때 생선 먹다가 가시가 목에 걸려서 병원에 갔어. 그 뒤로는 생선을 못 먹어!"

"나도 그런 거 있어!"

어린이들은 경쟁하듯 자신의 트라우마를 털어놓았다. 그러면서 조금씩 치사하고 무서운 조지에게도 호감을 느끼고 있었다.

워턴와 조지의 관계가 변화될 조짐을 보면서 우리 반 어린이들 몇을 생각했다. 아직 친한 친구가 없는 어린이 다섯! 이 책을 고른 까닭 가운데는 이 어린이들도 있었다. 책에 기대어 그 어린이들 문제를 풀어보려는 마음이 있었던 것이다.

이 어린이들은 쉬는 시간이면 혼자일 때가 많았다. 그게 늘 마음에 걸렸다. 저희들끼리라도 어울리면 좋겠는데 그럴 주변도 없는 듯했다. 다행히 남자 어린이 둘은 매번 놀이판에 들어가려고 애를 쓴다. 물론 번번이 친구들에게 거절당한다. 까닭은 있었다. 놀이를 하다 뜻대로 안 되면 떼를 쓰며 놀이판을 뛰쳐나온다. 사소한 일도 넘어가지 못하고 따지다 쉬는 시간을 날려버린다. 이런 일이 되풀이되자 친구들은 놀이에 끼워주는 걸 꺼렸다.

남자 어린이 둘은 조지처럼 친구를 사귀는 능력이 부족했다. 이 어린이들이 조지처럼 갖고 있는 트라우마는 무얼까? 그 트라우마를 잠재워줄 워턴이 필요하다. 너는 왜 그러냐고 다그치지 않고 다정하게 말을 붙여줄 워턴이 있어야 한다.

워턴을 잡아먹으려던 조지는 사실 지독하게 외롭다. 친구가 절실하다. 다행히 워턴은 정이 많다. 순수하면서도 진심 어린 표현으로 상대의 마음을 움직이는 힘이 있다.

어린이들은 비극적 상황에 놓인 워턴을 동정했다. 어떻게 탈출할지 걱정했고 어떻게 해결할지 호기심도 보였다. 탈출할 가능성을 점치는 어린이도 있지만 높은 나무 굴에 갇힌 워턴을 절망스럽게 바라보는 어린이도 있었다.

읽기를 마친 순간 찬이가 짝 한나와 나누는 이야기가 귀에 들어왔다.

"점점 재미있어지지 않냐?"

그전에는 어땠냐고 물었다. 서로 좀 재미없지 않냐는 얘기를 주고받았다고 했다. 다행이다. 처음부터 재미를 주는 책도 있지만 프라이팬 달구어지듯 천천히 재미있는 책도 있다고 말해주었다.

여기까지 듣고 난 느낌

- 점점 흥미진진해진다. 다음 내용이 궁금하다.
- 점점 재미있어진다. 두꺼비 워턴이 올빼미한테 먹힐까 말까 해서다.
- 점점 재미있어진다. 올빼미가 자기 이름도 짓고 두꺼비랑 친구처럼 이야기를 나눴기 때문이다.
- 올빼미가 벌집에 부딪혀서 밤에 다니지 못하고 낮에 다닌다는 것이 불쌍하고 힘들 거 같다.
- 워턴은 대단하다. 왜냐하면 올빼미에게 잡혔는데도 콧노래를 흥얼거리기 때문이다.
- 올빼미 '조지'와 두꺼비 '워턴'이 친해지면 좋겠다.

여기까지 읽은 부분을 가지고 인물 탐구를 해보았다.

인물 탐구

워턴	조지
• 모험심이 많다. • 차분하다. • 친절하다. • 정이 많다. • 친구를 잘 사귄다. • 대화 능력이 있다. • 관찰력이 있다. • 청소를 잘한다. • 아이디어가 많다. • 만들기를 잘한다.	• 심술궂다. • 이야기를 재미있게 한다. • 무뚝뚝하다. • 비겁하게 낮에 사냥을 다닌다. • 정리를 안 한다.

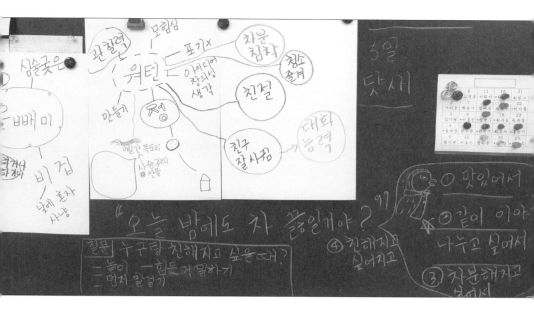

　　책읽어주기를 시작하면 내내 생각이 많다. 저녁때는 그날 읽고 나눈 이야기나 활동을 짚어본다. 독서공책도 살펴본다. 말로 표현하지 않은 흥미로운 흔적을 찾을 수 있다. 찾은 자료는 주말신문 책읽기 꼭지에 싣는다. 발표를 하거나 짝 토의 활동에서 드러나기 어려운 속마음을 들여다보는 일은 퍽 흥미롭다. 이렇게 정리를 하면서 다음 시간에 어떻게 읽어갈지 생각한다.

　　주말신문 11호도 다시 보았다. 바윤이 글을 읽었다.

● 선생님이 읽어주시는 책은 정말 재미있습니다.
　저는 동화책보다 위인전을 더 좋아하는데 선생님께서 동화책의 재미를
　일깨워주셨습니다. 저는 요즘 동화책의 매력에 푹 빠졌습니다.
　선생님께서 책을 읽어주시다 "이제 그만!" 하시면 세상이 무너지는
　것 같습니다. 다음 내용에 호기심이 생기고 다음 책 읽는 시간이

기다려집니다. 이렇게 많은 가르침을 주셔서 감사합니다.

(허바윰 올림)

"선생님께서 책을 읽어주시다 '이제 그만!' 하시면 세상이 무너지는 것 같습니다." 이 문장을 읽었을 때 마음이 두근거렸다. 책에 마음을 홀딱 빼앗긴 어린이를 상상하는 일은 정말 흐뭇하다. 늘 위인전만 읽던 어린이가 동화가 주는 참맛을 알게 되었다. 기쁘다.

노래로 만난 워턴과 조지

음악 시간이다. 『화요일의 두꺼비』에서 마음에 드는 장면을 노래로 만들었다. 먼저 인상 깊은 장면을 고르고 그 장면과 어울리는 노래를 찾았다. 그런 다음 가사를 만들고 노래 연습을 한 뒤 발표하기로 했다.

인상 깊은 장면은 다양하게 나왔다. 워턴이 모험을 떠나기 전 장면, 조지 집에 잡혀 온 워턴의 긴장감 넘치는 나날들, 탈출과 구출 장면들이다. 이 활동은 줄거리 간추리기 활동이 되기도 했다. 어린이들은 15분 가까이 시간을 들여 가사를 쓰고 연습까지 마쳤다. 조금씩 서툰 공연이지만 모둠마다 흥미로운 표현이 있었다. 아쉽게도 가사를 챙겨두지 못했다.

차를 마신다는 것

55쪽부터 61쪽까지 읽었다. 워턴에게는 죽는 날을 기다리는 것 못지않게 괴로운 게 있었다. 바로 지저분한 올빼미 집이다. 워턴은 참지 못하고 조지 집을 말끔히 청소한다. 바깥일을 보고 들어온 조지는 깨끗해진 집안을 보고 기분이 괜찮다. 하지만 워턴을 향한 호기심, 느슨해지는 속마음을 드러내지 않으려고 애쓴다. 이날도 둘은 차를 마셨다. 61쪽까지 읽고 인상 깊은 장면을 골라보았다.

"오늘 밤에도 차 끓일 거야?"
(48쪽)

이 장면을 뽑은 어린이들이 많았다. 우리 반 현수가 무언가 생각났다는 듯 급하게 손을 들었다.

"선생님, 『엄마 사용법』에 나오는 현수 할아버지가 떠올라요! 할아버지와 현수가 차를 마시다가 엄마 문제를 해결할 수 있는 아이디어가 나왔잖아요. 여기서도 그럴 거 같아요."

"중요한 걸 떠올렸구나. 더 얘기해보자. 차를 마신다는 것은 어떤 의미가 있을까?"

"차를 마신다는 것은 이야기를 나누는 거잖아요. 그러다 보면 속마음이 나오게 돼서 뭔가 해결될 수 있어요."

"조지가 워턴과 말하고 싶은 마음을 '차를 마시고 싶다'고 표현한 거 같아요."

"차는 따뜻하니까 그걸 마시면서 이야기를 하면 마음이 따뜻해질 거 같아요."

현수 말을 듣고 뭔가 깨달은 듯 어린이들은 차를 마시는 일이 무엇을 뜻하는지 더 말하고 싶어 했다. 짝 토의 시간을 가졌다. 얘기를 나누면서 워

턴과 조지 사이에 팽팽한 긴장이 수그러들기를 바라는 어린이들 마음이
느껴졌다.

핵심어
- 올빼미 마음 – 올빼미가 워턴에게 호감이 생기면서 워턴을 잡아먹지 않을 거 같다.
- 차의 효능 – 차는 올빼미의 거친 마음을 진정시킴.

한 문장 느낌
- 조지가 말 거는 능력이 있는 줄 몰랐고 차가 마시고 싶은 마음이 있는지 몰랐다.
- 왠지 점점 재미있어진다.
- 올빼미와 워턴이 나중에 참 좋은 우정을 나눌 거 같다.
- 올빼미는 계속 사냥하러 가는데 워턴과 같이 음식을 먹고 싶어서일 거 같다.

뉴스 특보
- 올빼미 조지, 차 좋아하다!
- 차 덕분에 두꺼비와 친해짐.
- 올빼미랑 마주 앉아 차를 마신 워턴.
- 차를 마시고 싶다. 워턴과 이야기하고 싶다.
- 조지, 워턴과 말을 하다.

마음을 그리는 다양한 표현

'나도! 나만!' 놀이를 하면서 지난 시간까지 읽은 이야기에 대한 생각이
나 감상을 나누었다. '나도! 나만!' 놀이는 누군가 책에 대한 생각을 발표한

뒤 발표한 친구와 같은 생각이면 '나도!' 하고 외치면서 오른손을 번쩍 들었다 내리는 것이다. 만약에 발표한 친구 의견이나 느낌에 공감하는 어린이가 없어서 아무도 손을 들지 않으면, 발표한 어린이 혼자 '나만!'을 외치며 손을 들어야 한다. 하지만 혼자 '나만!'을 외치는 일은 거의 없다. 이 활동은 서로의 생각을 알 수 있어서 좋기도 하지만 읽은 내용을 정리할 수 있어서 좋다.

책을 읽어주기 전, 홍진이가 갖고 있는 동화책을 펼쳐 어린이들에게 보여주었다.

"이번에는 홍진이처럼 책에다 표시해가면서 읽어보자!"

홍진이는 독서공책을 만들지 않고 자기 책에다 직접 느낌을 쓰고 싶다고 했다. 독서공책을 쓰지 않아 아쉬움이 있었지만 그렇게 하라고 했다. 홍진이는 책 구석구석에 볼펜으로 대강 줄을 긋고 글을 썼다. 그런데 은근히 흥미로운 게 많다. 홍진이가 느낀 자잘한 감정이나 상황에 대한 판단을 알 수 있었다. 미국에서 자란 탓일까? 나는 내 책에 줄 긋고 메모하는 일이 영 조심스러운데 홍진이는 아무렇지도 않다. 홍진이가 하는 방법도 써보면 좋겠다는 생각이 들었다.

동화를 복사해서 나누어주자 어린이들 반응이 엇갈렸다. 열다섯 명 정도는 복사 자료가 없는 게 좋다고 했다. 미리 읽으면 예상하는 재미가 떨어져 싫다고 했다. 아니라고, 있으면 좋겠다고 말하는 어린이들도 그럴 만한

이유가 있었다. 선생님이 읽어줄 때 놓친 것을 다시 볼 수 있고 잘못 들은 글자도 확인할 수 있다고 했다. 둘 다 장단점이 있었다. 두 가지 방법을 알맞게 쓰면 좋겠다는 생각이 들었다.

62쪽부터 72쪽까지 읽었다. 책을 읽어줄 때면 사이사이 느낌을 말하거나 궁금한 것을 묻는 어린이들이 있다. 이런 어린이들은 독서공책에 희미한 흔적만 남기는 경우가 많다. 무릎을 칠 만한 중요한 말을 하는데 정작 공책에는 쓰지 않는다. 안타깝다. 발표한 뒤 친구들이 쓰고 그릴 때는 공상에 빠져 있는지도 모르겠다.

수줍음이 많아 좀처럼 앞에 나서지 않는 어린이들이 있다. 그런데 짝 토의를 할 때면 이 어린이들도 이야기를 잘한다. 수줍음 많은 어린이들 생각이 궁금하다. 독서공책은 그런 어린이들 마음을 알 수 있어 좋다. 수줍음을 타는 어린이들 가운데 글과 그림으로 풍부하게 표현하는 경우가 많다. 이 어린이들이 남긴 흔적은 사랑스럽고 재미있다. 독서공책을 걷어서 찬찬히 보면 내가 알지 못했던 어린이들의 새로운 면이 보인다.

어린이들은 책을 읽는 동안 즐겁게, 마음 가는 대로 쓰고 그렸다. 표현한 그림과 글을 보면 책을 읽는 어린이들의 또 다른 속내를 살펴볼 수 있다. 책읽어주기를 어떻게 풀어가면 좋을지 좋은 자료가 되기도 한다.

"너도 웃고 있었잖아."
"내가? 난 안 웃었어."
워턴이 다시 차를 따르자,
올빼미가 말했습니다.
"차가 참 맛있다!"
"그래, 하지만 내가 제일
좋아하는 차보다는 못해."
"그게 뭔데?"
"노간주나무 열매 차야.
언젠가 사촌이 딱 한 번
갖다 주었지.
그렇게 맛있는 차는
처음이었어."
"노간주나무?"

노간주 나무 열매 차
나도 먹어보고 싶다.
이건가?

하지만 작은 새들은 그 나무에
올빼미가 사는 줄 알고 있었습니다.
그래서 아무도 가까이 오려 하지않았습니다.
워턴은 팔짝팔짝 뛰어다니며
도망칠 궁리를 했습니다.
그러다 미처 치우지 못한
올빼미의 묶은 깃털들이
눈에 띄었습니다.
'깃털을 팔에 묶고 뛰어내리면
땅까지 안전하게 내려갈 수
있을지도 몰라.'

어떻게 알았을까?

길
길

문장에 어울리는 그림을 잘 그렸다. 나무 위에 노간주나무 열매 차를 담은 찻잔도 그리고,
주인공 옆에 깃털도 여러 개 그려놓았다. 글을 읽으면서 그 장면을 상상했나 보다.

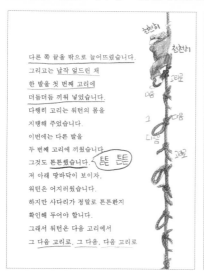

다른 쪽 끝을 밖으로 늘어뜨렸습니다.
그리고는 납작 엎드린 채
한 발을 첫 번째 고리에
더듬더듬 끼워 넣었습니다.
다행히 고리는 워턴의 몸을
지탱해 주었습니다.
이번에는 다른 발을
두 번째 고리에 끼웠습니다.
그것도 튼튼했습니다.
저 아래 땅바닥이 보이자
워턴은 어지러웠습니다.
하지만 사다리가 정말로 튼튼한지
확인해 두어야 합니다.
그래서 워턴은 다음 고리에서
그 다음 고리로. 그 다음, 다음 고리로

천천히
천천히
그리로
다음
그 다음
다음
그리로
튼 튼

줄을 타고 내려가는 워턴을 바라보는
아슬아슬한 마음이 매듭마다 쓴
낱말에서 느껴진다.

워턴은 파란색 스웨터부터 풀기 시작했습니다.
스웨터를 다 풀자, 그 털실로 발을 딛을 만한
크기의 작은 고리를 만들었습니다.
워턴은 걱정스런 눈길로
절벽을 바라보며 생각했습니다.
'사다리를 다 만들려면
이틀은 걸리겠지?
물론 바깥은 따뜻하지도 않고.
내겐 스키도 없어.
하지만 어쨌든 자유로워지잖아.'
워턴은 하루 종일 콧노래를 흥얼거리며
스웨터의 털실로 사다리를 만들었습니다.
올빼미가 돌아올 때가 되자,
워턴은 서둘러 줄사다리와 스웨터를
배낭 속에 숨겼습니다.

그런 말 하지마!
음~

워턴이 마치 옆에라도 있는 듯 말을 건네며 워턴의
탈출을 기원한다. '내겐 스키도 없어' 옆에 '그런 말
하지 마!' 하고 답글을 달았다. 긍정의 눈으로 세상을
바라보는 마음이 각별하게 다가온다.

99

- 워턴, 탈출 방법을 알아냈다.
- 워턴, 탈출에 가까워지다.

느낌

- 올빼미가 사슴쥐를 잡아서 워턴과 사슴쥐가 협동해서 탈출하는 거 아닐까?
  밑에 점퍼나 스웨터를 깔고 떨어지면 되지 않나?
- 올빼미와 워턴이 나중에 참 좋은 우정을 나눌 거 같다.
- 올빼미는 계속 사냥하러 가는데, 워턴과 함께 먹을 음식을 사냥하러 가는 거 같다.

주인공이 되어 일기 써보기

워턴과 조지는 복잡한 갈등을 거치면서 조금씩 우정을 키워가고 있다. 인물의 마음이 되어 일기를 쓰기에 좋은 상황이다. 마침 화요일과 목요일은 우리 반 어린이들이 일기를 쓰는 날이다. 글감을 '워턴, 또는 조지의 일기'로 했다. 어린이들이 이야기와 인물에 크게 흥미를 느끼고 있던 터라 재미있게 일기를 쓴 어린이들이 많았다.

- 워턴의 일기
  이번 일기는 다 쓰고 꼭꼭 숨겨놓을 거다. 왜냐하면 조지가 훔쳐볼 수 있으니까. 아침에 조지가 안 보였다. 어제부터 어디를 나가는지 궁금하다. 내가 죽게 될 날이 4일 남자 눈을 굴리며 생각했다.
  처음에는 기억이 안 났다. 나중에 점점 생각이 나더니 확 생각이 났다.

바로 가방에 있는 털스웨터 세 벌이다. 이걸로 아주 기다란 줄을 만들고

고리도 만들었다. 발이 빠지지 않게 고리를 꽉 조였다.

제법 많은 고리가 달린 줄, 나를 탈출시켜줄 생명 끈이 만들어졌다.

이제 잡아먹힐 생각은 안 해도 되겠다. 저 멀리 조지가 보였다.

나는 일 년 넘게 쌓인 집 구석구석 먼지를 찾아 청소를 했다.

다행히 난 눈이 밝다. 그래서 조지가 날 보기 전에 먼저 조지를 보았다.

나는 실뭉치를 들고 털스웨터 남은 것을 가방으로 숨겼다.

아슬아슬했다. 가슴이 철렁했고 아무렇지 않은 척하며 말을 피했다.

어느 정도 차를 마시고 이야기하고 잠자리에 들었다.

죽을 걱정 없이 자야겠다. (고현우)

• 조지의 일기

어제 워티를 만났다. 처음에는

며칠 후 내 생일에 잡아먹어야지 하고 생각을 했다.

그런데 며칠 지내보니 잡아먹지 말고

생일 때 같이 파티를 해야겠다는 생각이 들었다.

그 말을 하려고 하는데 너무 떨려서 못하겠다.

내가 사냥 갔을 때 워티는 무엇을 하는지 궁금하다.

워티는 차를 좋아하니까 차를 마실까? 아니면 책읽기, 잠자기,

무엇을 할까? 그나저나 생일 파티 하자는 말을 못 해서

탈출하면 어떡하나 생각이 든다.

그래서 요즘 나갔다 일찍 돌아오는 거다.

워티에게 또 차를 마시자고 말해야겠다. (황지영)

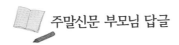 **주말신문 부모님 답글**

어린이들이 『화요일의 두꺼비』의 주인공이 되어 쓴 글이
무척 재미있었습니다. 덩달아 책 내용이 궁금해졌어요.
홍진이가 다 읽고 나면 저도 같이 읽어봐야겠어요.
(서홍진 어머니)

어린이들이 선생님께서 읽어주시는 책을 많이 좋아하는 거 같네요.
워턴과 조지가 되어 일기를 잘 썼네요.
(허유정 어머니)

상심한 워턴을 위로하는 선물

조지는 종일 굶어서 피곤했고 예민해져 있었다. 그런 상태에서 우연찮
게 보지 말아야 할 것을 본다.

"이런…… 이런…… 이런…… 이런……" 하더니
워턴의 줄사다리를 휘몰아치는 바람 속으로 내던졌습니다.
(63쪽)

워턴은 절망과 슬픔에 지쳐 잠이 들었다. 어린이들도 그 슬픔에 공감했
다. 이어지는 미술시간에 워턴을 위해 선물을 만들기로 했다. 재료는 점토
다. 어떤 선물을 주면 워턴에게 조금이라도 위로가 될까. 어린이들은 생각

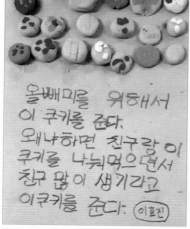

올배미를 위해서
이 쿠키를 준다.
왜냐하면 친구랑 이
쿠키를 나눠먹으면서
친구 많이 생기라고
이쿠키를 준다. 이효진

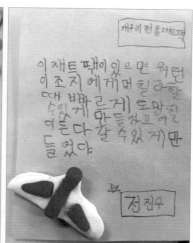

개구리 전용 재트팩

이 재트팩이 있으면 워턴
이 조지에게 매달릴라할
때 빠르게 도망질
수있게 만들었고
어른다 갈 수 있게만
들었다.

전진우

장미꽃

꽃을 보면 마음이
편안하니
꽃을보며 마음을 다스리라고

친유서

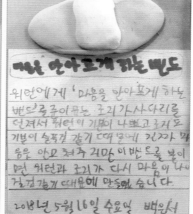

마음 안아프게 하는 밴드

워런에게 '마음을 안아프게 하는
밴드'를 주어써노 조지가 사다리를
던져서 워턴의 기분이 나쁘고 그래도
기분이 슬퍼질 같기 때문에 건가 마
음을 안아프게 하면 이 밴드를 붙이
면 워런과 조지가 다시 마음이 나쁘
지 않겠같기 때문에 만들었습니다.

2018년 5월 16일 수요일 백윤서

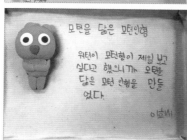

모턴을 닮은 모턴인형

워턴이 모턴형이 제일 보고
싶다고 했으니까 모턴을
닮은 모턴 인형을 만들
었다.

이남서

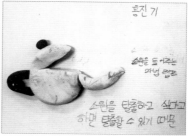

홍진기

소원을 들어주는
마법 램프

소원을 탈출하고 싶다고
하면 탈출할 수 있기 때문

하고 생각하여 아름답고 근사한, 또는 재미있는 선물을 준비했다.

선물은 다양하고 풍부했다. 선물을 모아 전시를 해놓고 감상하는 시간을 가졌다. 선물에는 어린이들이 인물을 어떻게 이해하고 공감했는지 잘 드러났다. 남자 어린이들 여럿은 워턴의 탈출을 소망하며 제트기를 만들었다. 종이 한쪽에 '얼른 이걸 타고 도망가!'라고 써놓기도 했다. 워턴의 형 모턴이 만들던 과자를 떠올리며 과자를 만든 어린이도 있다. 형 모턴의 손길이 닿은 쿠키를 먹으면 워턴이 힘을 얻을 거라고 생각한 것이다. 보드게임 카드를 만든 어린이는 이걸 가지고 조지와 놀면 어떠냐고 제안을 한다. 차를 마시거나 이야기를 하면서 워턴과 조지가 가까워진 사실을 떠올린 듯했다. 카드를 가지고 놀다 보면 조지 마음이 부드럽게 바뀔지도 모른다는 기대감이 비쳤다. 워턴의 마음에 붙일 마음 밴드를 만든 어린이도 있었다.

모든 작품이 저마다 마음을 잘 담았지만 특별히 눈길을 끄는 작품이 있었다. 장미꽃과 모턴 인형이다. 힘들고 지칠 때 가족만큼 힘이 되는 게 또 있을까. 꽃을 보면서 위로받기 바라는 마음이 아름답다. 형 모턴을 닮은 인형으로 워턴을 위로하고자 하는 마음 또한 정겹게 다가온다.

워턴, 드디어 탈출!

올빼미 생일날이 다가오는 아슬아슬한 때, 워턴 앞에 사슴쥐가 등장한다. 그리고 워턴은 탈출한다.

워턴은 재빨리 소지품들을 배낭에 넣기 시작했습니다.
되도록이면 빨리 이곳을 떠나야 합니다.

그러나 워턴은 양초를 집어 들다가 잠시 가만히 서 있었습니다.
올빼미와 함께 차를 마시며 이야기를 주고받던 일들이
새록새록 떠올랐어요. (71-72쪽)

읽기를 잠시 멈추었다. 모두 워턴의 탈출을 간절하게 바란다. 하지만 조지와 어떻게 헤어질지 또한 관심사가 아닐 수 없다.

"만약 워턴이 조지에게 쪽지를 남긴다면 어떤 내용을 쓸까?"

- 안녕, 조지! 난 워턴이야. 지금쯤 집에 와 있다면 난 없을 거야.
  나는 사슴쥐랑 너의 집을 탈출했어. 미안해! 나는 형 모턴이 많이 보고 싶어.
  너와 친구가 되고 싶지만 이만 안녕! (구하늘)
- 조지야, 나는 이제 갈게. 너랑 있던 추억이 좋았어.
  같이 차도 마시고 싸울 때도 있었지. 그래도 좋은 친구였어. (황준우)

뉴스 특보!
- 워턴, 툴리아 고모 댁으로 가는 것인가?
- 워턴, 드디어 탈출!
- 워턴, 탈출에 성공할 것인가!

키워드 찾아 아홉 칸 빙고에 쓰기

마지막 읽을 분량을 남겨두고 있다. 워턴과 조지를 살아있는 친구처럼 느끼며 함께한 시간도 얼마 남지 않았다. 천천히 읽기로 했다. 찬이의 간절한 부탁도 있었지만 나 역시 이야기가 끝나는 게 아쉽다. 어떻게든 늑장을 부리고 싶다. 어린이들도 그 마음을 아는지 여느 때와는 다르게 더 읽어달라고 재촉하지 않는다.

생각 끝에 그간 읽은 내용에서 키워드를 뽑아 9칸 빙고를 만들기로 했다. 먼저 공책에 9칸 빙고를 그리고 낱말을 골라 넣는 일부터 했다. 이어서 짝과 이야기를 나누며 맘에 드는 낱말을 골랐다. 마지막으로 모둠이 의논

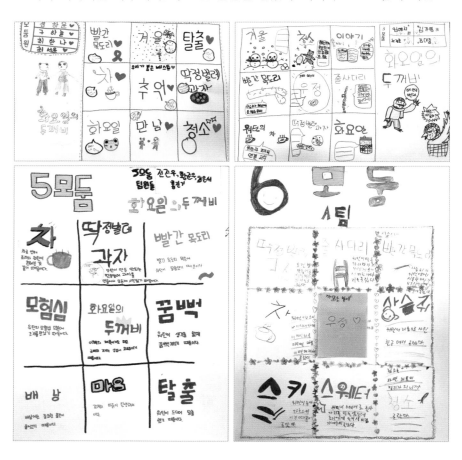

106

하여 9칸 빙고에 넣을 낱말을 추렸다. 어린이들은 낱말을 고르면서 중요한 장면이나 사건에 대해 이야기를 나누었다. 줄거리 간추리기나 주제를 찾는 활동으로 보아도 좋을 것이다. 낱말을 다 고른 뒤 4절 도화지에 커다란 빙고 칸을 그렸다. 그 안에 미술작품을 만들듯 정성껏 글씨를 쓰고 그림을 그렸다. 말풍선을 달아 낱말을 고른 까닭도 썼다.

"이렇게 하니까 다시 줄거리를 생각할 수 있어 좋아요."

"맞아요, 그동안 책 읽으면서 있었던 일들을 떠올리게 돼요."

바윰이는 친구들 발표를 본 뒤 '추억'이 마음에 든다고 했다. 조지와 워턴의 만남이 추억이고 이 책을 읽은 일은 우리에게 추억이 되었으니, 추억이 중요하다는 생각이 들었다고 했다.

책읽기 마지막 날

지난 시간에 만든 9칸 빙고 자료를 칠판에 붙여놓았다. 모둠이 차례로 나와서 발표를 했다. 바윰이는 '추억'을 진기는 '화요일'을 골라서 그 낱말이 갖는 의미를 설명했다. 활동이 끝나자 얼마 남지 않은 페이지를 읽기 시작했다.

워턴의 짐작이 맞았습니다.

올빼미 조지는 사나운 여우한테서 빠져나오려고 몸부림치고 있었습니다.

워턴은 조지가 목숨을 건질 가망이 거의 없다는 것을 알았습니다.

이제 조지는 눈밭에서 힘없이 날개를 파닥거리고 있었습니다.

(82쪽)

"아, 어떡해!"

여기저기에서 탄식이 터져 나왔다. 한나는 두 손으로 제 얼굴을 가렸다. 죽어가는 조지를 차마 볼 수 없었다. 진우도 '제발, 제발!'을 되풀이했다.

"목은 물리지 않았어!"

누군가는 그림을 자세히 보고는 친구들에게 안도감을 전하기도 했다.

"이제 어떻게 되는 거지?"

답답해하는 친구들을 보다 못한 진기와 대중이가 나서서 다음 이야기의 힌트를 주려고 했다.

"안 돼, 말하지 마!"

화들짝 놀란 두 어린이는 얼른 입을 닫았다. 다시 책을 읽었다. 다행히 사슴쥐 행렬 속에 있던 워턴이 앞으로 나아갔다. 두고 볼 수 없었던 사슴쥐 일행도 워턴을 따른다. 사슴쥐 백 마리와 워턴이 일제히 여우를 향해 달려가 스키봉으로 여우를 겨눈다. 이 장면은 압권이다. 두 쪽에 걸쳐 꽉 차게 그린 박진감 있는 화면을 어린이들에게 보여주었다.

"수백 마리가 아니라 수천 마리 같아요!"

"수만 마리 같다!"

어린이들은 마치 자신이 사슴쥐 대열에 선 전사처럼 의기양양했다. 가슴 뻐근한 감동으로 다가오는 이 장면은 넘기기 아까웠다.

"얘들아 이 장면 그려보자!"

나는 호흡을 가다듬고 색분필로 칠판에 여우를 그렸다. 맥없이 파닥이는 조지, 그리고 당당하게 전사가 되어 싸우는 사슴쥐를 그렸다.

"선생님, 미술대학 나왔어요?"

"화가 같아요!"

"아, 이건 지우면 안 될 거 같아요."

"그럼, 기념사진이라도 찍자! 손 들고 이름 부른 사람부터 차례로 나오렴!"

쉬는 시간이 되자 어린이들은 우르르 칠판으로 몰려가서 그림을 덧붙이고 무언가를 쓰기도 했다. 그렇게 쉬는 시간이 지나고 다시 수업이 이어졌다. 국어가 연차시라 이어지는 시간에 마지막 장면을 읽기로 했다.

> **워턴은 상처투성이가 된 올빼미를 곁눈으로 슬쩍 보았습니다.**
> **눈 위에 깃털이 흩어져 있었습니다.**
> (86쪽)

여기에서 조지는 진심으로 마음을 연다. 친구를 사귄다면 워턴 같은 친구를 사귀고 싶다고 수줍은 고백을 한다. 둘은 친구가 되었다. 조지는 깃털이 뜯기고 온몸에 멍이 들었지만 기꺼이 워턴을 등에 업고 툴리아 고모네로 날아간다. 어린이들은 이 장면에서 오래도록 박수를 쳤다.

동화 속 장면도, 어린이들이 감동하여 손뼉을 치는 모습도 잊히지 않을 장면이다. 여기저기에서 마지막 장면을 한 번 더 보여달라고, 가까이 보여달라고 부탁했다. 다친 몸으로 워턴을 등에 업고 날아가는 조지를 보며 아이들은 깊이 감동하고 있었다. 서호는 책을 보여주자 벅찬 얼굴로 펼친 화면을 붙잡고는 좀처럼 놔주지 않았다.

"자, 이제 이야기를 다 읽었단다."

"선생님, 다음에 뭐 읽어주실 거예요?"

벌써 다음에 읽을 책이 궁금해서 묻는다. 다음 책은 천천히 시작하자고 했다. 워턴과 조지의 우정이 남긴 여운을 더 느껴보자고 했다. 이 순간 어린이들이 느꼈을 소중한 감정을 놓치지 않으려고 글을 쓰도록 했다. 연필 소리가 그 어느 때보다도 진지하게 들려왔다. 쓴 글은 칠판에 붙였다.

- 워턴이 차 마시자고 했을 때 조지의 심정이 어땠을지 궁금하다.
  처음에는 두꺼비가 나오고 그래서 전래동화 같다는 생각이 들었다.
  좀 시시한 건 아닐까 했는데 워턴이 조지에게 잡힐 때부터
  흥미진진해졌다. 어떻게 툴리아 고모네로 갈까 정말 궁금했다.
  그리고 워턴이 조지에게 "차 마실 거야?" 하고 물을 때 친해질 거 같은
  예감이 들었다. (허바움)

- 『화요일의 두꺼비』를 다 읽으니 여우가 올빼미를 물었던 게

고현우 그림

화가 나지만 워턴과 조지가 친구가 되어 기쁘다.
올빼미가 다칠 때 슬퍼서 눈물이 조금 났다.
happy ending! (최서호)

• 마지막 장면에서 조지가 워턴에게 편지를 썼다는 게 감명 깊었다.
  조지와 워턴이 둘도 없는 친구로 행복하게 지냈으면 좋겠다.
  조지가 이제 멋있게 느껴진다! 조지, 워턴, 친하게 지내! (최서윤)

• 이 책을 읽으면서 조지랑 워턴이 친구가 될 거 같다는 생각을 했는데
  진짜 그렇게 됐다.
  나는 어른이 되어도 이 책을 못 잊을 거 같다. (황준우)

  현우는 감동이 가시지 않은 듯 쉬는 시간에도, 점심 먹고도, 쉬지 않고
조지를 구출하는 장면을 그렸다. 친구들은 현우 그림을 보고 감탄했다.

감동을 나누고
간직하기

감동 깊게 읽은 책은 그 여운을 길게 끌고 갈 필요가 있다. 책을 읽고 난 여운을 어떻게 풀어볼까. 국어시간에 연극도 해보고 미술시간에 워턴의 집이나 조지의 집을 만들 계획을 세웠다. 잊을 수 없는 장면을 그려볼 수도 있겠다. 책 속 장면을 담은 6월 또는 7월 달력을 만들어도 좋을 거 같다. 달력에는 자신이 가장 좋아하는 날에 동그라미를 쳐야 한다. 이야기는 끝났지만 하고 싶은 활동이 자꾸 생각난다.

수업을 마치고 춘천의 한 초등학교로 온작품읽기 강의를 갔다. 강의 중에 『화요일의 두꺼비』 마지막 장을 읽은 감동을 들려주었다. 강의 마지막 활동으로 오늘 강의에서 만난 책 속 주인공이나 떠오르는 주변 인물에게 신문지로 선물하는 시간을 가졌다. 선생님 한 분이 워턴과 조지를 초대하기 위한 찻상을 만들었다. 워턴과 조지를 자기 학급으로 초대하여 반 아이들과 이야기를 나누고 싶다고 했다. 워턴과 조지의 우정이 선생님 마음에까지 가닿은 듯하다.

이날 저녁 진우 어머니가 문자를 보내셨다. 택배로 『화요일의 두꺼비』

를 받았다는 소식이었다.

> 선생님, 감사합니다. 오늘 책이 왔어요. 진우가 엄청 좋아합니다.
> 선생님 덕분에 진우가 책을 항상 더 재미있게 읽어서 제 마음도
> 뿌듯합니다. 즐거운 저녁 시간 보내세요.
> (전진우 어머니)

얼마나 기뻤을지 상상이 간다. 감동 깊게 읽은 책을 사서 자신만의 책꽂이를 만들어가는 것은 멋지고 행복한 일이다.

주말 숙제 '식구들에게 들려주기'

주말 숙제는 『화요일의 두꺼비』 줄거리를 식구들에게 들려주기다. 이야기의 여운을 식구들에게 전하는 활동이다.

- 오늘 도서관에서 『엄마 사용법』과 『화요일의 두꺼비』를 가족과 함께
  읽고 느낌을 토론했다. 먼저 아빠는 조지는 원래 착한 마음이 있는데
  친구가 없이 혼자 지냈지만 워턴을 만나서 진정한 우정을 깨닫게 되었고,
  사슴쥐는 조지의 겉모습만을 보고 나쁘다고 생각한 것이 정태성과
  비슷하다고 했다. 나는 진정한 친구를 사귀기를 바란다고 했다.
  엄마는 워턴과 모턴처럼 은서랑 선우도 사이좋게 지내기를 바라고
  워턴과 조지는 다르지만 함께 지내면서 서로 대화를 통해서 이해하고
  결국에는 소중한 우정을 나누게 되어 감동했다고 했다.

그리고 서로를 진심으로 사랑하고 용기 내고 아껴줄 때
세상은 아름다워진다고 했다.
나는 조지가 자신 있게 친구가 되고 싶다고 용기 낸 것에 감동했다.
나도 조지와 워턴처럼 진정한 친구를 사귀면 좋겠다.
선우는 공룡백과 책만 봐서 토론하지 못했다. (백은서)

- 엄마한테 『화요일의 두꺼비』 줄거리를 간추려서 들려주었다.
  엄마는 재미있다며 책을 사자고 하셨다.
  책을 사서 『화요일의 두꺼비』를 읽어본 어머니는 재미있다고 했다.
  나도 다시 읽었는데 또 읽어도 재미있다. (전진우)

  진우가 『화요일의 두꺼비』를 읽다가 O, X 퀴즈를 하자고 해서 즐겁게
  책을 읽으면서 문제를 서로에게 내면서 맞추기를 했어요.
  어제는 진우가 먼저 도서관에 가자고 얘기해서 다녀왔어요.
  너무 좋아요! (전진우 어머니)

우리 반 어린이들은 이제 『엄마 사용법』 못지않은 감동을 주는 책을
또 한 권 간직하게 되었다. 이 감동을 조금 더 누려보기로 했다.

워턴과 조지의 공간 만들기

미술시간에 워턴과 조지의 공간을 만들었다. 어린이들은 책에서 받은
감동이 컸기에 이어지는 활동을 아주 즐거워했다. 작품은 교실 가운데 동

그렇게 전시해놓고 천천히 감상했다. 어린이들은 워턴과 조지가 함께 있는 집을 만드니까 떠오르는 이야기가 많아서 좋다고 했다.

작품은 교실 곳곳에 두었다. 피아노 위에도, 책꽂이 위에도, 창틀에도 두었다. 두 달은 그렇게 놔둔 것 같다. 12월 종업식 전까지 남아 있던 작품도 있다. 찌그러지고 망가져서 치우려 할 때마다 어린이들은 그냥 두면 좋겠다고 했다.

• 『화요일의 두꺼비』 책을 읽고 작품을 만들었다.
처음에는 많이 힘들고 두려웠지만 계속하다 보니 익숙해져 가고
재미있었다. 재미있는 공부로 변신했다.
이야기 내용을 조금씩 바꾸어 가면서 재미있는 스토리와
형태를 만들었다. 친구 작품도 감상했다.
친구들 작품은 슬프고 기쁘고 감동적인 작품으로 나누어져 있다.
어떤 친구는 평면으로 그려서 표현했는데 정말 흥미로웠다.

친구들의 감성이 들어가서 더욱 훌륭했다. (김가영)

• 『화요일의 두꺼비』를 읽고 작품을 만들었다.

우리는 차 마시는 장면을 표현할까 뭘 할까 생각하다가 조지가

여우한테 잡혀서 사슴쥐들과 워턴이 구하러 가는 장면을 골랐다.

생각보다 협동이 잘 되어서 놀랐다.

게다가 여우와 워턴, 씨이를 입체감 있게 표현해서 더 멋졌다. (노경호)

• 친구들이랑 만들고 웃으며 행복한 시간을 보냈습니다.

까먹고 못 만든 작품도 있기는 하지만 그래도 열심히 했습니다.

책 속 이야기를 진짜로 만들고 연극도 해서 기뻤습니다. (김서연)

• 친구들이 만든 작품을 보니 다 잘 만들었다.

『화요일의 두꺼비』 주인공들이 진짜 나와 있는 거 같다.

친구들의 아이디어가 좋은 것 같다.

연극할 때는 부끄럽기도 했지만 용기가 생겼다.

미술은 재미있다. 감상하는 것도 즐겁다. (허유정)

연극으로 탄생한 인상 깊은 장면들

독서동아리 활동 시간에 인상 깊은 장면을 연극으로 표현했다. 무대는 책과 교실에 있는 몇 가지 인형, 소품으로 꾸몄다. 워턴과 조지가 차를 마시며 대화하는 장면이 많이 뽑혔다.

- 나는 하늘이, 찬이와 한 팀이 되었다. 우리 팀은 진기네와 같은 장면을 표현하였다. 사슴쥐 씨이가 워턴을 구하러 오는 장면이다.

  첫 번째로 진기네 팀이 공연을 했다. 사슴쥐 씨이가 워턴을 데리고 탈출하는 장면이다. 우리 팀보다 훨씬 잘했다.

  다른 팀들도 정말 잘 표현했다. 드디어 우리 차례가 되었다.

  진기네 팀이 너무 잘해서 부담이 되었지만 성공적으로 연극을 끝마쳤다.

  마지막에 해설인 내가 "씨이는 워턴을 데리고 탈출했습니다." 하고 말했어야 하는데 하늘이가 실수로 "이것으로 마치겠습니다." 했다.

  마지막 내 대사를 못한 게 조금 아쉽다. 다음에도 선생님이 재미있는 책을 읽어주신 뒤 연극을 하면 좋겠다. (임예지)

- 그동안 『화요일의 두꺼비』를 읽었다.

  선생님이 책을 읽어주시면 실감 나게 잘 읽어주신다.

  진짜 재미있게 읽어주신다.

  나는 연극을 하면서 자신감이 생겼다. (황준우)

연극과 조형적인 표현을 하면서 어린이들은 책에서 받은 감동을 다시 즐기는 듯했다. 감동받은 책이라 그런지 다른 때보다 더 사이좋게 활동했다.

끝으로 아름다운 장면 찾기를 했다. 워턴이 말을 거는 능력을 아름답다고 한 어린이도 있고, 워턴과 조지가 하늘을 나는 순간을 아름다운 장면으로 고른 어린이도 있다. 문학이 어린이 마음을 고귀하고 아름답게 만든다는 것을 실감하는 순간이었다.

아름다운 장면 찾기
- 올빼미 조지가 워턴을 데리고 날아가던 하늘 (최 찬)
- 딱정벌레 과자를 툴리아 고모에게 갖다주려는 워턴의 마음 (최은서)
- 워턴을 걱정해주는 사슴쥐의 마음 (장현수)
- 워턴이 처음 만나는 사람에게도 말을 거는 능력 (허바움)
- 올빼미에게 차를 대접하는 워턴의 마음 (정하윤)

『화요일의 두꺼비』는 일상으로 이어지고

책을 다 읽은 뒤에도 워턴과 조지는 우리 일상에 출몰했다. 독서동아리 이름을 지을 때도 워턴은 다시 등장했다.

공부시간에도, 싸워서 상담을 하는 경우에도 이들은 등장했다. 그냥 사이좋게 지내라, 친구를 이해하렴, 하고 말한다면 진부하거나 도덕 교과서 같은 이야기가 될 수 있다. 하지만 우리에겐 함께 공유한 책 속 인물이 있다. 그 인물 이야기를 꺼내고 그때 어린이들이 반응했던 일들을 다시 들려준다. 그럴 때면 어린이들 눈빛이 달라지는 것을 느끼곤 한다. '맞아, 우리가 그때 정말 감동하고 그랬지!' 어린이 마음속에 깃들어 있는 다정함을, 부드럽고 친절한 마음을 두드려야 할 때 워턴과 조지는 멋진 길잡이가 되어주곤 한다.

이 책을 읽고 나서 혼자 놀던 어린이들이 조금씩 친구들과 어울리게 되었다. 상담을 할 때, 짝 바꾸어 달라고 할 때, 워턴과 조지 이야기를 꺼내곤 한다. 워턴처럼 편견을 갖지 않는다면 언제 어디서든 뜻밖에 우정이 생기기도 한다는 것을 우리는 기억할 필요가 있다.

워턴이 조지에게 다정하게 말을 걸 때 조지의 마음이 움직였다. 누구나 갖고 있지만 숨어 있는 장점, 오랫동안 써먹지 못해서 딱딱하게 굳어버린 장점이 다정한 말 한마디로 부드럽게 말랑거리기 시작한다. 국어시간에 '예절 바른 말 하는 인물 찾아보기'를 할 때도 워턴을 예로 든 어린이가 여럿이었다. 이렇게 공부시간에 일상에서 여전히 책 속 주인공 워턴과 조지는 회자되고 있다.

차를 마시는 일은 대화를 나누는 일이다. 카톡으로 주고받는 이야기와 얼굴을 맞대고 이야기를 나누는 것은 다르다. 교실에서 선생님이 어린이와 상담할 때도 차를 마시면 좋겠다. 가정에서 식구들과 따뜻한 차를 마시며 이야기 나누기를 주말 숙제로 내도 좋겠다.

책을 읽어주기 전에

『화요일의 두꺼비』를 읽으면서 할 수 있는 것들

- 올빼미와 두꺼비 세밀화 그리기
- 식구들과 차 마시며 이야기 나누기
- 올빼미와 사라져가는 동물에 대해 알아보기
- 올빼미와 두꺼비에 대해 알아보기
- 친구 관찰하면서 장점 찾아보기
- 모험을 떠날 때 배낭에 넣을 물건 10가지 적어보기
- 내 안에서 워턴의 모습, 조지의 모습 찾아보기
- 주변에서 조지 같은 인물 찾아 위로하고 격려하기
- 이 책을 선물해주고 싶은 사람을 떠올려보고 까닭 쓰기
- 워턴과 모턴이 사는 땅속 집 상상하여 표현하기

- 인물 탐구하기
- 탈출 계획 짜기
- 조지에게 이름 붙이기
- 차 마시면서 이야기 나누기
- 조지 또는 워턴이 되어 일기 쓰기
- 다섯 문장 해설이 있는 연극하기
- 인상 깊은 장면 찾아 그리기
- 인상 깊은 장면 노래로 만들어 부르기
- 인물과 나 비교하기
- 가족에게 이야기 들려주기
- 뒷이야기 추측하기

인물의 마음을 생각하고 추리하기

추운 겨울 길을 나서는 워턴, 워턴에게 마음을 열어가는 조지, 조지를 구하는 워턴을 보며 인물 탐구를 해보면 좋겠다. 인물의 마음이 변해가는 과정을 그려보거나 빈 의자 기법 등을 활용하여 인물의 마음을 들여다보는 것도 좋다.

우정이 생기는 다양한 길

워턴과 조지는 도저히 친구가 될 수 없는 사이다. 만날 일도 없고 만나고 싶지도 않은 존재

다. 그런데 두꺼비 워턴이 올빼미 조지에게 잡혀 먹힐 처지가 되면서 뜻밖에 한 공간에서 지낸다. 그리고 우여곡절을 거쳐 우정을 얻는다. 어린이들은 걸핏하면 언제 짝 바꾸냐고 묻는다. 친한 친구랑 짝하고 싶은 바람이 들어 있다. 이 책을 보고 친구를 대하는 자신의 태도, 편견에 대해 생각해보면 좋겠다.

• 일상을 즐기는 방식, 일상의 힘 생각해보기

워턴은 평범한 일상에서 행복을 누릴 줄 안다. '소확행'을 즐기는 인물이다. 형과 사이좋게 지내면서 이야기를 나눈다. 과자를 만들고 차를 마시는가 하면 콧노래를 부르며 청소를 즐긴다. 일상에서 하는 일들은 어느덧 몸에 배어 습관이 되었다. 조지에게 잡혀 죽을지도 모를 어두운 상황에서도 늘 하던 일을 묵묵히 하는 워턴은 조지의 호감을 산다. 조지의 마음을 움직인다. 죽음 앞에서도 워턴이 평소에 하던 일을 한 까닭을 생각해보면 좋겠다.

• 예술 활동

빈 의자, 핫시팅, 해설이 있는 연극을 하기에 좋은 작품이다. 워턴의 집, 조지의 집, 마지막 장면 등 이야기의 공간을 모둠별로 나누어 맡아 연극을 해도 좋다. 마음에 드는 장면을 몇 개 골라서 연극을 하는 방법도 있다. 미술과 통합하여 워턴과 조지의 집을 만들어보는 것도 즐거운 활동이 될 것이다. 점토를 활용해도 좋고 상자나 종이를 가지고 만들어도 괜찮다. 작품을 만들고 나면 동그랗게 모여 앉아서 이야기를 나눈다. 그 과정에서 의미 있는 감상이 이루어진다.

함께 읽으면 좋은 책

우정을 주제로 한 이야기

『친구는 좋아!』

크리스 라쉬카 지음 |
이상희 옮김 | 다산기획 |
2007

『큰 늑대 작은 늑대』

나딘 브룅코슴 글 |
올리비에 탈레크 그림 |
이주희 옮김 | 시공주니어 |
2008

모험을 주제로 한 이야기

『부엉이와 보름달』

제인 욜런 글 | 존 쉰헤르 그림,
박향주 옮김 | 시공주니어 |
2017(개정판)

『샬롯의 거미줄』

E. B. 화이트 지음 |
가스 윌리엄즈 그림 |
김화곤 옮김 | 시공주니어 |
2018(개정판)

『이 사슴은 내 거야』

올리버 제퍼스 지음 |
박선하 옮김 | 주니어김영사 |
2013

『불량한 자전거 여행』

김남중 지음 | 허태준 그림 |
창비 | 2009

변화를 주제로 한 이야기

『제랄다와 거인』

토미 웅게러 지음 | 김경연 옮김 |
비룡소 | 1996

『까마귀 소년』

야시마 타로 지음 | 윤구병 옮김 |
비룡소 | 1996

『100만 번 산 고양이』

사노 요코 지음 | 김난주 옮김 |
비룡소 | 2002

콜라주 기법과 바느질 그림책

『우리 딸은 어디 있을까?』

크리스 라쉬카 지음 |
이상희 옮김 | 다산기획 |
2007

『요셉의 작고 낡은 오버코트가』

심스 태백 지음 | 김정희 옮김 |
베틀북 | 2000

『성냥팔이 소녀』

한스 크리스티안 안데르센 원작 |
크베타 파코브스카 그림 |
이용숙 옮김 | 베틀북 | 2006

『걸었어』

우지현, 이정덕 지음 |
청어람주니어 | 2015

세 번째 온작품읽기

우정의 밀도

2016.
3. 16. 수 《주문진 하늘》

「지각대장 존」을 보면서 참 하늘 빛깔도 갖가지다
생각했다. 그림책에서 그만큼 하늘을 아이 마음을
담아 잘 표현한 것이다.
주문진 하늘은 그림책을 보듯 그 표정이 풍부하다.
인천의 하늘하고는 참 다르다.
곁에 바다가 있어 그럴까. 무척 회화적이다
출, 퇴근길 낮은 건물 뒤로 바다처럼 펼쳐진 하늘이
마냥 아름답다. 하늘 빛깔이 마음의 시름을 덜어준다.
        오늘 하늘은 옅은 파랑에 부드러운 분홍이
            겹쳐 있다.

드넓은 바다에서 펼쳐지는 모험과 우정

한때 윌리엄 스타이그에 빠져 그의 작품 대부분을 읽거나 사 모았다. 『치과의사 드소토 선생님』, 『부루퉁한 스핑키』, 『당나귀 실베스터와 요술 조약돌』, 『슈렉』, 『용감한 아이린』, 『멋진 뼈다귀』 그리고 동화 『아벨의 섬』과 『진짜 도둑』까지. 가장 아끼는 그림책은 『당나귀 실베스터와 요술 조약돌』 그리고 『아모스와 보리스』(윌리엄 스타이그 지음, 비룡소)다.

안타깝게도 아름다운 그림책 『아모스와 보리스』는 한 번도 어린이들에게 읽어주지 못했다. 작가 주간을 정한다면 모를까 읽어줄 그림책이 줄줄이 기다리고 있는데 한 작가의 작품을 여러 권씩 읽어주는 일이 쉽지 않았다. 분량이 제법 있는 『아모스와 보리스』는 이런저런 이유로 늘 『당나귀 실베스터와 요술 조약돌』에 자리를 내주곤 했다. 하지만 『아모스와 보리스』를 멋지게 만날 시간은 서서히 다가오고 있었다.

2016년, 삼십 년 넘게 근무하던 인천을 떠나 강릉 주문진초등학교에 부임했다. 춘천, 화천, 홍천을 희망 지역으로 적어놓고 멀어도 화천은 나겠지 하며 아무 걱정이 없었다. 주문진 발령이 났을 때 꿈인가 싶었다. 그렇게나 먼 곳으로 발령이 날 거라고는 생각지 못했다. 그렇지만 당황스러운 마음 한끝에는 바닷가 학교에 근무하게 된다는 설렘도 있었다. 남편과 나는 드문드문 빈집이 있는, 쇠락한 바닷가 언덕 마을에 월셋집을 얻었다. 그렇게 시작된 2년간의 주문진 생활은 뜻밖에도 내 교단생활을 풍부하게 했다. 쓸쓸하거나 아름다운 사연과 기록을 선물했다.

주문진 소읍은 주말이 아니면 한산했다. 나는 여행지가 아닌 삶의 터전으로 주문진에 머물면서 주문진을 맛볼 소중한 시간을 얻었다. 아침마다 바다를 볼 수 있었다. 바다도 바다지만 하늘도 넓고 아름다웠다. 높은 건물이 없으니 하늘은 저 끝까지 펼쳐져 있었다. 어떤 날은 입에서 시가 흘러나왔다. 놀라운 일이었다.

3월 초였다. 3학년 어린이들과 시 감상을 하는데 '바다'라는 시어가 나왔다. 바닷가에 사는 어린이들은 뭔가 남다를 거라는 생각이 들자 즉흥으로 어린이들에게 몸짓을 주문했다. 자신이 보고 느낀 바다, 그 가운데 파도나 갈매기를 몸짓으로 표현해보자고 했다.

한 어린이는 몸을 쑥 앞으로 내밀다가 종종종 뒷걸음쳤다. 모래 언덕에 부딪혔다 돌아가는 파도를 표현했다. 그걸 보고 흥이 난 어린이는 앞으로 나오더니 냅다 바닥에 누웠다. 몸을 돌돌 굴리고 발로 바닥을 쳤다. 출렁거리는 파도를 보여준 것이다. 와아, 우리는 흥이 났다. 어떤 어린이는 갈매기가 날개를 퍼덕이며 바닥에 내려앉는 모양을 했다. 네댓 명이 나와서 저마다 다르게 표현했다. 놀랍고도 흥미로웠다. 주문진 어린이들은 바다를 몸으로 느끼고 있었다. 어린이 마음에 자리한 바다가 궁금하여 바다, 파도, 갈매기를 일기 글감으로 내주었다.

• 바다

나는 바다를 좋아한다. 아침 등굣길에 해안도로를 지나게 되는데

맑은 날 바다는 푸른 빛깔에 햇살이 비쳐 반짝반짝 빛이 난다.

하늘 위로 갈매기들이 자유롭게 날아다닌다.

그 모습을 보면 내 마음이 행복해진다.

그리고 나는 수영을 좋아해서 여름에는 바다에 자주 간다.

그래서 빨리 여름이 되었으면 좋겠다.

(최주혁, 주문진초등학교 3학년)

• 바다와 갈매기는 아주 친한 짝꿍

우리 집은 바닷가 가까이에 있다. 그래서 매일매일 갈매기를 볼 수 있다.

갈매기 깃털은 흰색, 회색이 따로따로 뒤덮여 있다.

그리고 갈매기 눈 모양은 독수리 눈처럼 옆으로 쭉 찢어져 있다.

또 갈매기가 바다에 앉아 있을 때에는 오리처럼 둥둥 떠다닌다.

난 그때 물에 젖은 갈매기의 날개 깃털이 다 빠질까 봐 정말 걱정된다.

하지만 동물에 대해서 많이 아는 동생 지혁이는 갈매기는 다른 새와는

달리 깃털이 안 빠진다고 했다.

그 말을 듣고 나는 내 동생 지혁이는 대단하다고 생각했다.

갈매기가 사냥할 때에는 날아다니다가 부리로 물고기를 잡아먹는다.

그리고 바다 색깔은 얕은 물일수록 색깔이 연하고 깊은 물일수록

진해진다. 나는 바다의 색깔이 여러 색깔이라 무슨 색깔인지 모르겠다.

그렇지만 내 친구들은 보통 바다는 파란색이라고 한다.

나는 바다와 갈매기는 매일 함께 있으니

아주 친한 짝꿍이라고 생각한다.
(김윤영, 주문진초등학교 3학년)

이 어린이들에게 『아모스와 보리스』를 읽어주었다. 읽는 내내 바다를 어떻게 사랑하고 느끼는지 알 수 있었다. 쉬는 시간은 물론이고 공부 시간까지 울고불고 싸우던 어린이들도 그림책을 읽는 동안은 순했다. 모든 감각이 열리면서 몸에 깃든 대자연의 서정을 풍부한 감탄사와 몸짓으로 표현했다.

2018년 주문진을 떠나 춘천으로 들어왔다. 4학년 어린이들에게 『아모스와 보리스』를 읽어주었다. 주문진 바다 때문에 시작한 그림책이지만 이제는 만나는 어린이들마다 읽어준다. 이번에는 『당나귀 실베스터와 요술 조약돌』이 자리를 양보했다.

『아모스와 보리스』는 삶과, 죽음, 우정 같은 주제를 진지하게 다루고 있다. 그래서인지 두세 번씩 읽게 되는 좋은 문장이 있다.

ⓒ 강승숙

'아모스와 보리스'
온작품읽기

표지 읽기

먼저 책 표지를 보여주었다. 앞표지만 보여주다가 펼쳐서 뒤표지까지 보여주었다.

"제목과 그림을 보니 어떤 이야기일 거 같니?"

"쥐가 여행 떠나는 이야기 같은데요."

"아모스가 쥐고 보리스는 배 이름 아닐까요?"

"뒤표지에 있는 고래를 보니까 아모스와 보리스는 생쥐와 고래 이름 같아요."

책으로 들어가기 전 뜸을 좀 들였다. 바다에 대해 생각하거나 느낀 것을 마인드맵으로 정리해보았다. 이어 짝 토의 시간을 주고 서로 궁금한 것을 묻고 답하도록 했다.

옛날에 어떤 바다에 생쥐 한 마리가 살고 있었어.

그 생쥐의 이름은 아모스였지. 아모스는 바다를 사랑했어.

바닷바람 냄새도 좋아했고, 갑작스레 밀려와 부서지는 파도 소리와,

조약돌이 파도에 밀려 굴러가는 소리도 좋아했어.

(5쪽)

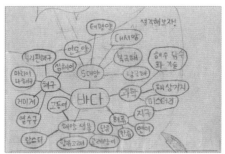
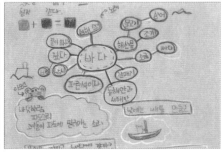

"아, 나도 그런데……."

주혁이는 속삭이듯 말하며 사르르 눈을 감았다. 달콤한 사탕을 먹는 듯 행복한 얼굴이다. 마치 아름다운 바다가 눈앞에 펼쳐진 듯했다. 주혁이뿐 아니었다. 주문진에서 만난 3학년 어린이들은 이 문장에서 주혁이처럼 감탄사를 터트리거나 끄덕였다. 자신들이 갖고 있는 바다를 자랑스레 여기는 느낌마저 들었다.

주문진에서 2년여 살면서 바다를 사랑하는 그 마음을 조금 알 듯했다. 강릉에서 출근하는 선생님 한 분은 영진 바다에 이르면 잠시 차를 멈춘다고 했다. 이들이 아름답게 느끼는 바다에는 추억과 그리움이 담겨 있었다.

춘천에 들어와서 4학년 어린이들에게 이 그림책을 읽어주었다. 이 장면에서 반응이 궁금했다. 하지만 '나도 그런데!' 같은 말은 나오지 않았다. 바다와 친할 기회가 없으니 그럴 만도 했다. 아쉬운 대로 이 대목에서 주문진

어린이들이 얼마나 바다를 사랑하는지 들려주었다. 선생님도 조금은 아모스의 바다를 느낀다고 들려주었다. 깊은 밤 바닷가 언덕마을 집에 누워 있으면 소돌 바다에서 파도 소리가 들려왔다는 말도, 이제 자그마한 생쥐 아모스가 서 있는 해변은 소돌 해변으로 보인다는 말도 덧붙였다.

아모스는 애쓴 끝에 손수 만든 배를 타고 항해를 한다. 낱말을 몇 가지 익혔다. 항해를 한자로 써보고 겉뜻과 속뜻을 알아보았다. 배 만드는 장면이 나오는 걸 생각해서 조선업의 뜻도 알아보았다. 갑판이나 범선 이미지는 미리 찾아놓았다. 어린이들은 조금만 기다려달라고 하면서 배를 그리고 한자를 썼다. 우리나라가 예전에는 해양국가라고 할 만큼 바다 활동이 활발했다는 얘기도 잠시 들려주었다. 갑자기 욕심이 발동했다.

"선생님은 우리 반 어린이들 가운데 해양학자가 나오면 정말 좋겠다!"

133

항해를 떠나자!

아모스가 배에 실은 물건은 꽤 많았다. 여기서 질문을 하나 던졌다.

"얘들아, 만약에 아모스처럼 항해를 떠난다면 배에 어떤 물건을 싣고 싶니? 일곱 가지 정도 써볼까?"

항해를 떠난다면 배에 싣고 싶은 것

- 햇반, 붕대, 물안경, 전기기타, 라이터, 작살 (최 찬)
- 물, 멀미약, 달력, 인형, 식량, 우산, 칫솔, 치약 (허유정)
- 구명조끼, 노, 물, 식량, 낚싯대, 햇빛 가리개, 이불, 미끼, 양동이 (장현수)
- 한 달 식량, 구급상자, 물, 비상 보트, 과일, 부스터, 나침반, 그늘막, 작살,
- 파도 제어장치, 수상 오토바이 (허바울)

어린이들은 이 활동을 신나 했다. 짝이랑 이야기 나눌 시간을 주었는데 끝날 줄을 몰랐다. 어린이들이 고른 물건을 보니 스마트폰, 충전기는 거의 들어 있었다. 안전교육을 받아서 그런지 구명조끼도 알뜰하게 챙겼다. 물과 햇반도 들어 있다.

발표를 듣다 보니 주문진에서 있었던 일이 떠올랐다. 다큐멘터리 사진 작가인 남편은 주문진 시장을 좋아했다. 덕분에 퇴근 후면 시장 안 허름한 식당에 들르곤 했다. 자주 들르다 보니 손님 몇 분하고는 인사까지 나누게 되었다. 한번은 어판장 관리인 아저씨가 옆자리에 앉았다. 마침 『아모스와 보리스』를 읽어주고 있던 때라 궁금한 걸 여쭈었다. 배를 탈 때 꼭 필요한 물건 몇 가지만 얘기해달라고 했다. 배를 탔던 분에게 실감 나는 얘기를 들을 기회였다. 아저씨는 질문을 듣고 잠시 고민하더니 중요한 거 두 가지만

얘기하겠다고 했다. 바로 된장과 조명탄이다. 된장이 있으면 무슨 음식이든 다 해결이 된다고 했다. 조명탄은 필수라고 했다. 조난당하면 낮에는 햇빛 때문에 아무것도 보이지 않는다며 반드시 조명탄이 있어야 한다고 했다.

"항구에서 일하는 아저씨가 고른 것은 뭐였을 거 같니?"

어린이들은 맞춰보려고 애썼지만 맞추지 못했다. 힌트를 달라고 떼를 써서 힌트를 주기도 했다. 그래도 답을 내지는 못했다.

"음…… 뭐를 골랐냐 하면 하나는 된장이고 또 하나는 조명탄이야."

"아, 된장! 맞아요. 된장이 있으면 국 끓여 먹고 회도 찍어 먹고 뭐든지 돼요!"

"아, 맞다! 조난당하면 조명탄이 꼭 필요하지!"

아모스의 여행은 순조롭고 즐거웠다.

> 아모스는 갑판에 누워 별이 빛나는 끝없는 하늘을 바라보았지.
> 아모스는, 살아 있는 거대한 우주 안에서는 한갓 작은 점과 같은
> 생명체인 조그만 생쥐도 만물과 하나라는 것을 느꼈지.
> (11쪽)

이 문장은 천천히 두 번 읽었다. 아모스는 더없이 진지한 사색가다. 망망대해에서 자신의 존재가 너무나 작게 느껴진다. 하지만 방금 지나간 큰 고래조차도 거대한 우주 안에서는 큰 차이가 없다는 것을 느낀다. 밑줄을 긋고 싶다. 어린이들과 우주에 대해 잠시 이야기를 나누었다. 어린이들은 과학이나 우주에 대한 관심이 커서 할 얘기가 많았다. 이야기를 나누면서 마음에 남았는지 공책에 이 문장을 쓴 어린이도 있다.

아모스는 온갖 생명체의 아름다움과 신비함에 취해서
데굴데굴 구르다가, 갑판에서 떨어져 바다로 빠지고 말았어.
"살려 주세요!" 아모스는 필사적으로 로우던트를 붙들고 소리쳤어.
그러나, 로우던트는 아모스의 손에서 벗어나서 돛을 활짝 펴고
미끄러지듯이 나아가더니 더는 보이지 않게 되었어.
(11~12쪽)

"어, 뭐야? 말도 안 돼요. 그렇게 열심히 배를 만들었는데 그냥 사라지는 거예요?"

"로우던트를 힘들게 만들었는데 쉽게 헤어진다는 게 그래요."

"좀 있다가 파도에 밀려서 로우던트가 아모스한테 올 거 같아요."

"그렇지…… 아모스가 정말 열심히 배를 만들었지. 그런데 때로는 우리가 정성을 다한 것도 이렇게 잃어버리거나 사라질 때가 있지 않을까?"

아모스에게 닥친 불행은 어이없다. 파도에 배가 뒤집힌 것도 아니고 자신의 실수로 위기를 맞는다. 어린이들은 혹시나 하고 다음 이야기에 귀를 기울인다. 하지만 상황은 막막하다. 구명조끼는커녕 붙잡을 막대기 하나 없이 해변에서 몇천 킬로미터 떨어진 바다 한가운데 떠 있다.

"얘들아, 작가는 왜 이런 상황에 주인공을 던져놓은 걸까? 선생님은 참 궁금해. 어떻게 생각하니?"

"살다 보면 갑자기 기쁜 일 생기다가 갑자기 불행한 일이 생기기도 하잖아요. 그걸 표현하고 싶었을지도 몰라요."

"그래, 아모스가 얼마나 막막한 상황인지 더 생각해보자. 육지에서 몇천 킬로미터 떨어져 있다고 하는데 몇천 킬로미터면 얼마나 먼 거리일까? 일단 강릉에서 주문진까지는 얼마나 되는지 생각해보자."

"……"

"강릉에서 주문진은 20킬로미터, 강릉에서 서울은 200킬로미터 정도 되지, 수천 킬로면 어마어마한 거리지."

"아……"

생쥐, 고래를 만나다

깊은 외로움 속에서 죽음의 문턱까지 이른 아모스는 다행히 고래를 만난다. 지친 아모스는 고래에게 집으로 데려다주기를 부탁한다.

"고래가 아모스의 부탁을 못 들어줄 거 같아요. 7대양 고래 대표 회의에 늦으면 안 되잖아요."

"저는 호기심이 참 중요한 거 같아요. 아모스가 호기심이 없었으면 바다로 나가지 않았고 보리스도 만나지 않았을 거 같아요."

"그 뒤는 어떤 이야기일지 빨리 알고 싶어요."

"아모스와 보리스가 항해를 하다가 새로운 곳을 갈 거 같아요."

"아모스는 집에 안 가고 보리스와 같이 가게 될 거 같아요."

아모스의 섬세하고 풍부한 감성에 어린이들이 젖어들기 바라는 마음으로 저마다 아모스가 되어 세심하게 주변을 관찰해보자고 했다. 아모스가 바다를 느꼈듯이 우리는 도시를 느껴보는 것이다. 주변의 움직임, 소리, 모습, 냄새……. 현우가 시 수첩에 이렇게 썼다.

> 아모스가 되어 아름다운 것을 찾으니
> 시들어가는 나무가 보인다.
> 처음뿐 아니라 늦가을 마지막 모습도
> 아름답다는 생각이 든다.
> (고현우)

주말에는 식구들에게 『아모스와 보리스』 이야기를 들려주기로 했다. 로우던트가 있다면 어떤 물건을 싣고 싶은지 식구들 생각을 들어보는 것도 좋겠다고 했다. 책을 읽는 동안에는 늘 읽은 내용을 그날그날 식구들에게 이야기하도록 한다. 이런 습관이 들어 부모님과 책 이야기를 나누는 어린이가 늘고 있다.

• 엄마에게 『아모스와 보리스』 책 이야기를 읽은 데까지 들려드렸다.
  나는 보리스가 가야 하는 회의가 어떻게 될지 궁금하고 아모스가 집에
  어떻게 도착할지 궁금했다. 엄마는 배에 싣고 갈 열 가지를 말씀하셨다.
  책, 리코더, 물, 펜, 거울, 간식, 식량, 메모지, 묵주, 담요를 갖고 간다고
  하셨다. 나는 식량, 베개, 이불, 침대, 보물지도, 아끼는 인형, 우산 백 개,
  옷, 장난감, 집을 가져갈 거다.

책을 더 많이 읽어서 느낌을 쓸 때 잘 써야겠다. 『아모스와 보리스』가
어떤 이야기인지 더 알고 싶다. (전진우)

배를 타고 여행을 간다면 꼭 가져가고 싶은 다섯 가지
돈 | 써야하니까
친구 | 혼자 가면 심심해서
공책, 연필 | 무엇을 봤으면 적으려고
카메라 | 그 순간을 남기려고
옷가지 | 옷을 갈아입으려고
침대는 빌리면 된다고 하셨다. (원소윤 할머니)

몸짓으로 표현하기

인상 깊은 장면을 골라 정지 장면으로 표현하는 시간을 가졌다. 모둠별
로 의논하여 장면을 정하고
연습한 뒤 발표를 했다. 아모
스가 배를 만드는 장면을 표
현한 모둠도 있고, 로우던트
가 아모스를 떠나는 장면을
표현한 모둠도 있었다. 로우
던트가 사라진 걸 안타까워
하는 어린이들 마음을 알 수
있었다.

낮에는 배를 만들고 밤에는 배 타는 방법을 연구하는
아모스가 인상 깊다고 했다. 어린이들은 배 만드는
과정을 네 가지 몸짓으로 보여주고 있다.
관객으로 앉은 어린이들은 감탄했다.
정지 장면만 보고도 무엇을 하는지 바로 맞추었다.

아모스가 배를 만드는 장면이다. 검정 옷을 입은 어린이와 바로 앞에 회색 옷을 입은 어린이는
어느 정도 완성된 배를 표현했다. 나머지 어린이들은 모두 아모스가 되어 배 만드는 작업을 하고 있다.
표현이 흥미롭다.

로우던트와 고래, 아모스를 표현했다. 퍼런 잠바 위에 엎드린 어린이가 멀어져가는 로우던트다.
검정 잠바를 뒤집어쓴 어린이는 행운의 여신처럼 다가온 보리스다. 앉아 있는 어린이는 아모스다.
이 모둠은 아모스가 로우던트에서 멀어지지 않았다면 보리스를 만나지 못했을 거라고 했다.
그래서 이 장면이 중요하다고 말했다.

고래는 중요한 회의를 뒤로하고 아모스를 뭍으로 데려다주기로 한다.

물론 귀찮지 않아. 오히려 영광인걸.
세상에서 어떤 고래가 너처럼 희한한 동물을 알 기회를 얻게 되겠니!
자, 내 위에 올라타렴. (17쪽)

"보리스가 회의에 가지 않고 아모스를 데려다준다니 놀라워요!"

"고래가 바쁘다고 그냥 갈 줄 알았는데 반전이에요. 고래가 이렇게 착한 줄 몰랐어요."

어린이들은 반반이었다. 흐름상 해피엔드가 되려면 보리스가 아모스를 뭍으로 데려다주는 게 맞다. 하지만 '아이보리 코스트'라는 지명까지 말하며 7대양 회의에 가야 하는 보리스 처지도 생각하지 않을 수 없다. 보리스가 중요한 회의를 무시할 수 없을 거라는 생각도 많이 한 듯했다. 아모스는 보리스의 도움을 얻었기에 보리스가 위험에 빠졌을 때 구해줄 이유가 있었다. 하지만 보리스는 그저 어려움에 처한 아모스를 돕는다.

"그런데 얘들아, 보리스처럼 조건 없이 누군가를 돕는 일에 대해 어떻게 생각하니?"

"누구를 도우면 보람을 느끼는 거 같아요."

"그런 일 있잖아요. 누군가 어려움에 빠질 때, 예를 들어 강에 빠진 사람을 보고 뛰어들어 구해주는 거요."

"그래, 여러분이 아는 허준도 병든 사람을 돕다가 과거시험을 놓치게 되었잖아."

"맞아요!"

보석처럼 빛나는, 끝없이 친절한

이제 아모스와 보리스가 둘만의 우정을 나누는 시간이 펼쳐진다. 이들은 일주일 동안 깊이 교감하며 우정을 나눈다. 아모스와 보리스의 우정을 묘사하고 설명하는 작가의 문장은 아름답고 유려하다. 구어체로 된 문장은 부드럽고 따뜻하다. 작가의 내레이션을 듣는 기분이 들기도 한다.

> 아모스의 집 근처의 해안에 닿기까지는 일주일이 걸렸지.
> 그동안에, 아모스와 보리스는 서로에게 깊이 감동하게 되었어.
> 보리스는 아모스의 가냘픔과 떨리는 듯한 섬세함, 가벼운 촉감,
> 작은 목소리, 보석처럼 빛나는 모습에 감동했지.
> 아모스는 보리스의 거대한 몸집과 위엄, 힘, 의지, 굵은 목소리,
> 끝없는 친절에 감동했고.
> (20쪽)

보리스와 아모스의 성격을 표현한 구절을 읽은 뒤 잠시 멈추어 보리스와 아모스가 가진 아름다운 면면을 정리해보았다.

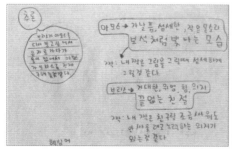
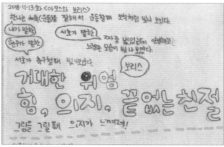

인물을 표현하는 낱말들은 낭만적이면서 격조가 있다. 아모스와 보리스를 표현한 낱말에서 짝과 어울리는 낱말을 골라보았다. 낱말을 골랐으면 공책에 고른 까닭을 쓴 뒤 짝에게 설명해주었다.

"효진이가 독서록을 쓴 거 보니까 섬세한 거 같아요. 그리고 효진이는 창피하고 부끄러워하면서도 발표를 열심히 하는 게 보리스 같은 의지가 있는 거 같아요."

"유정이는 어떤 일을 시작하면 끝까지 해내요. 보리스 같은 의지가 있고 긍정적이에요."

"희서가 꼼꼼하게 그림을 그릴 때 보리스 같은 의지가 느껴져요."

"한나가 친구를 격려하고 충고하는 모습을 보면 고래의 위엄이 느껴져요."

"하윤이는 피구나 축구를 할 때 친구들이 골키퍼, 부중대장으로 나가려 하지 않으면 잘 나가줘요. 배려심이 있어요. 보리스의 친절함을 닮은 거 같아요."

보석처럼 빛나는 모습, 떨리는 듯한 섬세함은 일상에서 쓰지 않던 표현이다. 이들 구절과 낱말로, 따뜻한 눈과 마음으로 짝을 바라보았다. 그리고 찾아낸 장점을 짝에게 들려주었다. 아모스와 보리스가 진심으로 존중하고 사랑하면서 찾은 표현들은 어린이들 마음을 움직인 듯했다.

이제 둘은 헤어질 때가 되었어. 해변에 도착한 거지.

보리스가 말했어. "우리가 영원히 친구로 남게 되면 좋겠다.

우린 영원히 친구가 될 수는 있지만, 함께 있을 순 없어.

너는 육지에서 살아야 하고, 나는 바다에서 살아야 하니까.

그래도 난, 절대로 널 잊지 않을 거야."

(22쪽)

여기까지 읽고 쉬는 시간이 되었다. 여자 어린이 둘이 이 문장을 베껴 쓴다. 문장이 마음에 든다고 했다.

어린이들에게 사진을 보여주었다. 사진 속 예지와 효진이는 열심히 문장을 베껴 쓰고 있다. 아쉬움, 부러움을 내비치는 어린이가 보였다. 얼굴빛에서 읽을 수 있었다. 전날 읽었던 문장을 한 번 더 읽어주었다. 두 어린이가 베껴 썼던 문장이다. 어린이들은 아주 진지해졌다.

"선생님, 더 천천히 읽어주시면 안 돼요?"

효진이와 예지가 쓴 문장이어서 더 그랬을지도 모른다. 천천히, 아모스와 보리스가 이별한 장면까지 읽었다.

"끝난 거예요?"

상심한 듯 준우가 묻는다.

"조금 남았단다. 들어보렴."

널 절대 잊지 않을 거야

여러 해가 지나고 허리케인이 불어닥치면서 보리스는 아모스가 사는

144

마을의 해변까지 밀려온다. 피해를 알아보려고 해변가로 나온 아모스는 죽어가는 보리스를 만난다.

"아, 어떡해!"

"아모스가 보리스를 구할 거 같아요!"

"아모스는 어떻게 할까? 짝끼리 의논해봐요."

잠시 후 발표를 했다.

"아모스는 쥐 천 마리를 데려와서 보리스를 바닷가로 밀어줄 거 같아요."

"아모스가 죽을힘을 다해 보리스를 바닷가로 굴릴 거 같아요."

"아모스가 보리스에게 위험이 닥칠 줄 알고 미리 크레인을 만들어 놓았을 거 같아요."

"아모스가 배도 만들었고 하니까 포크레인을 만들어서 바닷가로 밀어줄 거 같아요."

"그런데 시간이 부족하니까."

"생쥐가 보리스를 밀기 힘드니까 보리스 주변 모래를 파면 물이 생기니까 그걸 뿌려주고……."

"아모스가 배 만든 거 보면 만들기를 잘하고 좋아하는 거 같아요. 그래서 몇 년 동안 만들어놓은 여러 가지 것들을 이용할 거 같아요."

느낌

- 아모스와 보리스가 다시 만나면 좋겠다. 정말로! (서홍진)
- 아모스가 보리스를 살려줬는데 조금만 늦었으면
  보리스는 말라 죽었을 것이다. (최서호)
- 아모스와 보리스가 세상에 둘도 없는 우정을 쌓아갈 거 같다. (최은서)

아모스와 보리스는 서로 만날수
없다는 것을 알고 있었지. 서로를 절대로
잊지 않으리란 것도 알고 있었어.

〈다 읽은 느낌〉
짐승도 은혜를 갚는대 사람이 못갚으면 되겠
나?

쉬는 시간이 되었다. 현수도 효진이가 쓴 그 문장을 쓰겠다고 했다.

"궁금해요! 얼른 보여주세요!"

궁금해 견딜 수가 없다는 듯 읽어달라고 야단이다. 다음 장면을 펼쳤
다. 코끼리 세 마리가 보리스를 바다 쪽으로 밀어 넣는다.

"아, 코끼리구나!"

"귀여워요!"

"전혀 예상하지 못했어요."

흥분이 가라앉자 마지막 장면을 읽었다. 다시는 만날 수 없는 아모스
와 보리스의 이별을 그린 문단이기에 더없이 느리고 차분하게 읽었다.

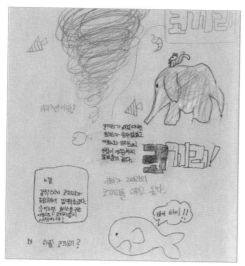

"안녕, 보리스!" 보리스도 천둥처럼 소리를 질렀어.

"안녕, 아모스!" 보리스는 파도 속으로 사라졌어.

아모스와 보리스는 서로 만날 수 없다는 것을 알고 있었지.

하지만, 서로를 절대 잊지 않으리란 것도 알고 있었어.

(32쪽)

"다 읽었단다."

어린이들은 와, 손뼉을 쳤다. 감동에 젖은 듯했다. 이야기가 끝났다는 사실에 크게 아쉬움을 드러내는 어린이도 있다. 감동이 사라지기 전에 붙잡으려는 듯 바삐 쓰고 그리는 어린이도 보였다. 지금 이 순간의 감정을 간단하게 써보자고 했다. 나도 보드판에 그림을 그렸다. 마지막 문장도 썼다. 어린이들도 덩달아 그림을 그리고 내가 쓴 문장을 따라 썼다.

쉬는 시간에 내가 그린 그림 한쪽에 뭔가 덧붙이고 싶은지 그림을 그리고 글을 쓴 어린이도 있다.

"진정한 우정은 무엇을 사주고 뭘 다 해주는 게 아니고 진짜 도움이 필요할 때 마음을 알아주고 위로해주는 거 같아요. 그런 친구가 진정한 친구인 거 같아요."

바윰이는 중요한 것을 깨달은 듯 상기된 얼굴로 소감을 말했다. 아모스와 보리스 같은 우정을 나누고 싶다고도 했다.

소감

- 이 책은 친구를 더 소중하게 생각하게 만든다.
  빠져드는 느낌이 있어서 재미있었다. (황지영)
- 슬픈 거 같기도 하고 신기한 거 같기도 하다.
  해피엔딩이어서 기쁘다. 우정이 가장 중요한 거 같다고 느꼈다. (최은서)
- 조금 아쉽다. 이제 보리스와 아모스는 서로 다시는 못 만날 거 같다.
  이게 마지막 인사가 아닐까? 나도 친구들에게 더 잘해주어야 할 거 같다. (임예지)
- 아모스와 보리스가 헤어져서 슬프다. 뒷이야기가 있으면 사고 싶다.
  너무 빨리 끝난 거 같다. 감동했다. (최 찬)
- 살짝 아쉽다. 다른 작가들이 생각하지 못하는 이야기를 만든 거 같다.
  그리고 진정한 우정은 무엇을 사주고 그러는 게 아니라 친구가 도움이 필요할 때
  도와주는 것이 진정한 친구라는 것을 이 책을 통해 알게 되었다. (최서윤)

슬픈 거 같기도 하고 기쁜 거 같기도 하다는 표현을 썼다. 아모스와 보리스가 헤어진 일은 슬픈 일이다. 하지만 영원한 우정을 얻었다는 사실에 진한 감동을 느낀다. 어린이들은 아모스와 보리스가 간직한 우정을 갖고 싶을 것이다. 누구에겐가 잊히지 않는 소중한 존재가 되고 싶다. 아름다운

문장을 베껴 쓰던 효진이는 공책에 이렇게 썼다.

- 고래와 생쥐는 만나지 못한다는 걸 알게 됐다.

  만날 순 없지만 우정은 영원하다.

  만남은 오래가지 못한다는 걸…….

  나도 지금 4학년이지만 이제 곧 5학년이 되고 중학생이 되고

  고등학생이 되고 대학생이 되면 지금 친한 친구들을 자주 못 만날 수도 있다.

  만나면 언젠가 헤어진다. 모든 것은 없어진다.

  계속 만나고 싶어도 계속 옆에 있을 수는 없고 언제가는 헤어진다.

  만남은 헤어짐이다. (이효진)

ⓒ 강승숙

우정을 다시 생각하는
시간

11월, 친구들하고 헤어질 시간이 다가왔다. 효진이 글에서 그런 시간을 예감하는 쓸쓸함이 묻어난다. 『아모스와 보리스』는 효진이에게 특별하게 다가갔을 것이다. 친구를 얻지 못해 고민하던 효진이가 2학기에 들어 친한 친구가 생겼다. 효진이는 먼저 친구에게 다가가는 데는 서툴다. 하지만 한 번 어울리면 아모스나 보리스처럼 이야기를 잘한다. 그래서인지 친구랑 꼭 붙어서 이를 닦는다. 방과 후에도 종종 남아서 놀거나 이야기를 나눈다. 언제까지라도 친구와 꼭 붙어 있고 싶은 듯 보인다.

효진이는 책을 다 읽고 마지막에 '헤어짐'이라는 핵심어를 골랐다. 까닭을 자세히 덧붙였다.

• 친구와 재미있게 놀다가 헤어질 때 가슴이 조마조마하고 불안하다.
  근데 아모스나 보리스는 영원히 못 만나니까 얼마나 슬플까.

오랫만에 생긴 친구, 효진이는 그 친구와 우정을 지키고 싶다. 늘 같이 있으면서 말이다. 하지만 어쩌면 이루어질 수 없다. 아무리 친한 친구여도 영원히 같이 있을 수는 없다. 예전에 친하던 친구는 전학을 가버렸고 아모스와 보리스도 헤어졌다. 그래서 효진이는 지금 간직하고 있는 우정이 더없이 소중한 것이다.

빙고 칸을 그리고 핵심어 여섯 개를 골라 썼다. 다 쓴 뒤에는 짝과 질문하고 답하는 시간을 가졌다. 마지막으로 친구가 쓴 핵심어 여섯 개 가운데 가장 마음에 드는 낱말을 골라 초록색 나뭇잎 스티커를 붙여주었다.

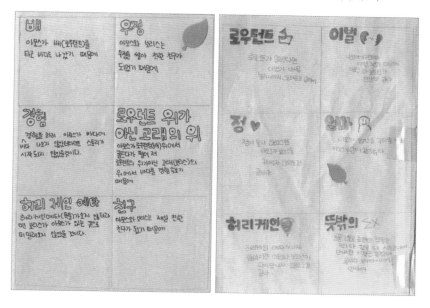

사진 한 장으로 기억해보는 아모스와 보리스

사진 삼십여 장을 칠판에 붙였다. 한 장 한 장 붙일 때마다 어린이들은 감탄한다. 사진을 갖고 싶다고도 했고 사진에 나오는 음식을 먹고 싶다는

151

말도 했다. 사진에 나오는 장소에 가
고 싶다며 수선을 떠는 어린이들도
있었다. 모둠별로 나와서 사진을 살
펴보는 시간을 가졌다. 『아모스와
보리스』의 주제와 가까운 사진, 책
을 읽고 난 느낌을 표현한 사진, 또
는 주인공과 닮은 사진을 마음속으
로 고르라고 했다. 딱 한 장을 고르
기로 했다.

"사진을 보니까 너무 많은 생각이 떠올라서 한 장을 고르는 일이 힘들
어요."

"두 장 고르면 안 될까요?"

생각을 정리하는 활동이라서 곰곰이 생각해보고 딱 한 장만 고르게
했다. 그리고 포스트잇에 느낌을 써서 사진에 붙였다. 일찍 활동을 마친 어
린이들은 친구가 고른 사진과 포스트잇에 쓴 글을 들여다보면서 흥미로운
듯 이야기를 나누었다.

"책의 주제를 사진에서 고르니까 새롭고 흥미로워요."

"같은 사진을 골라도 생각이 달라 재미있었어요."

한 장 더 고르고 싶다며 조르는 어린이들에게는 기회를 더 주었다. 대
부분 활동을 일찍 마친 어린이들이었다.

모래시계 사진

- 시계는 돌아가지만 모래시계는 중심에 따라서 시간이 바뀐다.
  시계를 눕혀서 시간을 멈출 수 있는데 시계가 멈추면 시간이 몇 시인지 모른다.
  일 년과 비교하면 일주일은 짧은데 아모스와 보리스는 그 짧은 시간에 우정을
  만들었다. 대단하다. (최 찬)
- 모래시계는 아모스와 보리스가 보낸 일주일이란 시간을 나타내고 영원한 우정의
  시간이라는 것을 나타내는 거 같다. (장현수)
- 아모스가 살아가는데 시간은 흐른다. '로우던트'에서 떨어져 죽을 수도 있었는데도
  시간이 흘렀다. 죽었으면 시간은 흐르지 않았을 거다.
  보리스가 아모스를 살려주어서 시간이 흐른다.
  아모스가 죽었으면 아모스의 시간은 흐르지 않고 멈추었을 것이다.
  하지만 아모스가 살아서 시간은 계속되었고 보리스를 살려줄 수 있었다.
  이런 시간이 없었으면 모든 게 달랐을 거다. (최서호)

가마솥 사진

- 아모스가 보리스를 구해줄 때 둘의 우정이 가마솥 불처럼 따뜻했다. (최서윤)

황금알 사진

- 아모스와 보리스는 황금처럼 빛나는 우정을 가지고 있다.
  서로 만나지는 못하지만 마음만은 함께 빛나는 삶으로 나아가고 있다. (정하윤)
- 아모스와 보리스의 우정이 따뜻해서 우정의 알이 나와서 친구가 된 거 같다.
  (백은서)

열쇠와 자물쇠 사진

- 열쇠와 자물쇠처럼 아모스와 보리스의 우정은 연결되어 있고 사이가 좋다. (구하늘)
- 열쇠와 자물쇠는 떨어지지 않는 아모스와 보리스의 우정이다. (서홍진)

두 마리 북극곰 사진

- 아모스와 보리스가 끝없는 사랑을 한 거 같다.
  이 북극곰도 서로 껴안고 있고 너무 아름다운 거 같았다.
  아모스와 보리스가 함께 사랑하고 있는 거 같다. 아모스와 보리스가 같은
  동물이라면 이렇게 껴안을 것이다.
  서로 사랑하며 우정과 사랑이 끝없이 이어지도록…… (이효진)

 ## 꽃씨신문 31호에 실린 부모님 답글

서연이가 책을 사고 싶다고 해서 서점에 갔습니다.
책을 고르는 서연이의 모습에서 책을 사랑하는 것이 느껴졌습니다.
학교에 그 책을 가지고 다니면서 읽는 모습을 보니
마음이 뿌듯해졌습니다. (김서연 어머니)

아모스, 보리스와 닮은 점 찾기 : 민서-아모스랑 닮아서 수영을 잘해요.
민서 형-보리스처럼 똑똑하고 용감해요. 아모스와 보리스를 읽고
인상 깊은 장면을 온몸으로 표현한 것이 인상적입니다. (최민서 어머니)

소윤이가 아모스와 보리스 이야기를 들려주었습니다.
아모스와 친구들이 힘을 합쳐서 뭍에 올라온 보리스를 바다에
돌려보낸 부분이 감동적이었습니다. (원소윤 어머니)

『아모스와 보리스』는 친구에게 친절을 베푸는 이야기로 친구의
소중함을 알게 합니다. 영원한 우정을 느끼게 해줍니다. (전진우 어머니)

『아모스와 보리스』를 함께 읽으면서 우정에 대해 다시 생각하는 시간을 가졌네요. 아저씨도 어렵고 힘들 때 곁을 떠나지 않고 함께 지켜준 친구들이 있어요. 자주 만나지는 못하지만 오랫동안 마음 변하지 않고 잘 지내는 친구들입니다. 꽃씨반 친구들 모두 아모스와 보리스처럼 변하지 않는 좋은 친구들이 되었으면 좋겠습니다. (백은서 아버지)

주문진에서 만난 3학년 어린이들하고 생일잔치 때면 그간 읽은 그림책으로 연극을 했다. 한번은 어떤 모둠이 『아모스와 보리스』로 종이 인형을 만들어 연극을 했다.

책읽기가 이렇게 학급행사로 이어지는 것은 멋진 일이다. 어린이들은 책이 자신들과 가까이 있다는 것을 자연스럽게 느낄 것이다.

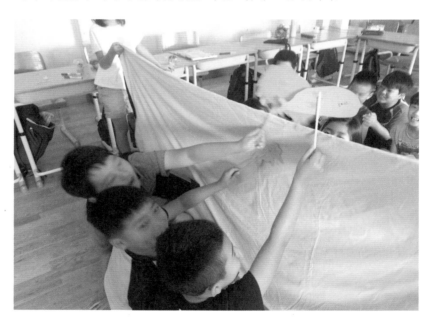

어린이들이 만드는 나만의 로우던트

    12월, 미술시간이다. 어린이들이 그동안 읽은 문학작품을 가지고 조형 작품을 만들고 싶다고 했다. 워턴의 집, 만복이네 떡집이 등장했다. 그 가운데 가장 공들여 만든 작품은 단연 로우던트를 만든 작품이다. 아모스의 집도 만들고 싶어서 아예 로우던트 안에 아모스의 방까지 만들었다. 친구들에게 작품을 만든 까닭과 과정을 설명하는 중이다.

    『아모스와 보리스』를 읽은 뒤 어린이들은 종종 그들의 이야기를 꺼낸다. 나 역시 종종 어린이들에게 '항해'라는 낱말을 쓴다. 아모스와 보리스의 바다는 인생을 상징한다고 볼 수 있다. 그런 점에서 보면 교실 또한 아모스와 보리스의 바다. 자연스럽게 4학년 일 년 우리들의 항해가 되는 것이다. 꽃씨반 일 년간의 항해, 그리고 오늘 하루 항해를 하며 살아간다. 어린이들은 지금 자신만의 로우던트를 만들어가는 중이다.

책을 읽어주기 전에

• 모험, 탐구

호기심은 새로운 일을 시작하게 만들고 넓은 세계로 나아가게 한다. 아모스의 호기심이 그렇다. 아모스는 낭만적이면서도 지적인 인물이다. 그런 아모스가 모험을 위해 어떻게 배를 만들고 어떤 물건을 배에 싣는지 눈여겨볼 필요가 있다. 아모스처럼 항해를 준비하면서 배에 실을 물건 목록을 짜보면 좋겠다. 범선에 대해 알아보고 배를 그려보는 일도 해볼 수 있겠다.

• 우주와 나

아모스는 배 갑판에 누워 밤하늘을 보면서 자신이 거대한 우주 안에서 점과 같은 작은 생명체임을 깨닫는다. 세상 모든 것과 하나라는 것을 느낀다. 이 깨달음은 보리스와의 만남, 이별로 이어지는 과정에서 중요한 의미를 갖는다. 죽음에서 삶으로, 우정으로 이어지는 여행을 마친 뒤 아모스는 성숙한 존재가 되었을 것이다. 어린이들이 큰 시야에서 자신을 바라볼 기회를 갖도록 이끌어주면 좋겠다.

• 추억으로 이어지는 우정

아모스와 보리스는 겨우 일주일을 함께 보낸다. 하지만 우정의 농도는 진했다. 이들은 생활과 꿈을 이야기하고 서로의 빛나는 모습을 발견하며 감동한다. 죽음의 순간에 진심을 다해 도왔던 둘은 물리적 현실을 어쩌지 못하고 헤어진다. 이들에게 우정은 어떻게 남아 있을까? 이들을 보면서 우정에 대해 이야기해보면 좋겠다. 짝이나 친구의 빛나는 면을 찾아보는 활동도 하면 좋겠다.

• 예술 활동

인상 깊은 장면을 찾아 몸짓으로 표현하기, 그리고 사진자료에서 그림책과 관련된 이미지 찾기 활동을 했다. 책의 주제나 감상을 사진 이미지와 연결시키는 과정에서 어린이들은 그림책의 중요한 메시지를 떠올리게 된다. 포스트잇에 사진을 고른 까닭을 쓰고 감상활동을 했다.

함께 읽으면 좋은 책

『등대 소년 조르디』

안나 카리올리 글 | 마리나 마르콜린 그림 |
김현좌 옮김 | 봄봄출판사 | 2011

『고래들의 노래』

다이안 셸든 글 | 개리 블라이드 그림 |
고진하 옮김 | 비룡소 | 1996

빛바랜 요술이
찾아올 때

슬픔을 위로하는
공간

늦가을, 도서관 행사로 주문진초등학교를 찾았다. 떠나온 지 일 년여 만이다. 그사이 새로 단장한 학교가 조금은 낯설다. 어린이들과 즐겨 찾던 목련나무를 보니 그제야 내가 있던 곳이라는 실감이 들었다. 넓은 하늘을 보며 잠시 숨을 골랐다.

"선생님~!"

멀리서 어린이들 몇이 펄쩍 뛰며 손을 흔든다. 체육 활동을 하던 제자들이 반갑게 맞아준다.

도서관으로 갔다. 어떻게 변했을지 궁금하면서도 별 기대는 없었다. 사서와 통화하면서 온돌방을 없앴다는 소식을 들어서다. 온돌방이 없는 도서관, 상상하기 어렵다. 문을 열었다. 온돌 자리에는 맞지 않은 옷을 입은 듯 껑충한 탁자가 어색하게 놓여 있었다. 가슴 한쪽이 휑했다. 그곳에서는 더 이상 추억이 생겨날 거 같지 않았다.

"애들도 예전처럼 여기 안 찾아요."

사서는 아쉬워했다. 그 온돌방, 오후에 시간이 나면 그곳을 찾곤 했다.

사서가 일 좀 고만하라고 불러내는 날도 있었다. 온돌방을 담처럼 두르고 있는 책꽂이에는 그림책이 가득했다. 그곳에서 두 다리 뻗고 맘껏 그림책을 읽거나 사서와 돌봄교실 노선생님과 이야기를 나누곤 했다.

그곳 앉은뱅이책상에 둘러앉아 책모임을 했다. 낭랑한 목소리로 『프레드릭』(레오 리오니 지음)을 읽어주던 유선생, 초임 시절 만난 어린이 이야기를 구수하게 들려주던 홍선생, 작은 일에도 감동하며 눈물짓던 마음 여린 선생님들 모습이 사진첩을 펼치듯 떠올랐다.

『여우의 전화박스』(도다 가즈요 지음, 크레용하우스)를 가지고 이야기를 나누던 날이다. 우리는 아름답고 슬픈, 그러면서도 온기가 느껴지는 책이라고 입 모아 얘기했다. 이런 이야기는 누군가의 사연을 불러내곤 하는데, 아니나 다를까 선생님 한 분이 입을 열었다.

"제가 노량진 고시원에서 임용고시 준비를 했거든요……."

뜻밖이었다. 내게 고시원은 화재나 죽음을 동반하며 뉴스에나 오르내리는 단어였다. 지적에서 근무하는 선생님이 그런 고시원에 있었다니 믿기지 않았다. 선생님은 힘들게 임용고시를 준비하던 사연을 들려주었다. 『여우의 전화박스』를 읽지 않았더라면 그 이야기를 듣지 못했을 것이다.

고시원 생활에서 가장 힘들었던 시기는 시험에 떨어져 앞이 안 보였을 때라고 했다. 선생님은 한강까지 가본 적이 있다는 놀라운 고백을 했다. 지나간 일이지만 저마다 가슴을 쓸어내렸다. 선생님은 한강까지 갔던 절박한 상황에서 어떻게 벗어날 수 있었을까.

"엄마 생각을 했어요."

목소리가 흔들렸다. 듣는 이들도 먹먹해졌다. 어머니와 함께한 추억, 절절한 어머니의 사랑을 떠올리면서 선생님은 다시 시작할 수 있었다. 선생님은 아기 여우를 잃은 뒤 온몸이 젖도록 울던 엄마 여우의 마음을 이미 알았던 것이다.

동화 한 편으로 우리는 지난날 추억을 꺼내어 보거나, 어머니 마음을 뒤늦게 깨달으며 눈물지었다. 지금 생각해보니 책모임을 하던 온돌방은 '여우의 전화박스' 같은 공간이었다. 어머니의 사랑이 얼마나 따스한 빛을 내는지 느끼고 나눈 공간이었으니 그렇게 말해도 좋을 것이다.

이 작품은 분량이나 문체, 그림을 보면 분명 유년 동화다. 하지만 다루는 내용은 만만치 않다. 슬픔뿐 아니라 기쁨, 떨림 같은 감정을 깊고 부드러우며 섬세하게 그린다. 무엇보다 상실이 주는 슬픔과 이겨내는 과정을 현실과 판타지를 절묘하게 직조하여 아름답게 풀어냈다.

가족을 잇달아 잃게 되는 주인공 엄마 여우의 비극적 상황은 어린이들에게 당황스러울 수 있다. 하지만 외면하고 싶어도 죽음은 가까이 있다. 문학 작품으로, 가깝게 있지만 멀리하고 싶은 죽음에 대해 생각해보는 것도 뜻깊다. 어린이들에게 친구와 자신, 가족과 주변을 생각하는 시간이 될 것이다.

ⓒ 강승숙

'여우의 전화박스' 온작품읽기

읽기 준비운동

아침저녁으로 날이 차다. 마음을 따뜻하게 해줄 『여우의 전화박스』를 읽어줄 시간이 다가왔다.

크라프트지로 만든 작은 공책을 나누어주었다. 어린이들은 귀여운 강아지라도 얻은 듯 이리저리 보고 만진다. 겉장에 제목을 썼다. 제목이 재미있다. 영화 '신과 함께'를 떠올리며 '책과 함께'로 지은 어린이도 있고 『책 먹는 여우』(프란치스카 비어만 지음) 제목을 재치 있게 '책 먹는 강아지'로 바꾼 어린이도 있다. 『화요일의 두꺼비』 주인공에서 힌트를 얻어 '워턴의 책상'이라고 쓴 어린이는 친구들의 부러움을 샀다. 겉장에 제목이나 제 이름조차 쓰지 않겠다는 어린이도 등장했다. 공책 디자인이 너무 마음에 들어 아무 흔적도 남기기 싫다는 게 이유다. 그 어린이는 대신 속표지를 만들었다. 어쩌면 공책 표지 하나 꾸미는데 이렇게 다른지 모르겠다.

늘 도화지로 독서공책을 만들어 쓰다 늦가을에 이르러서야 문구점에

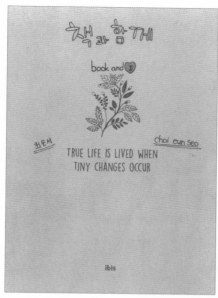

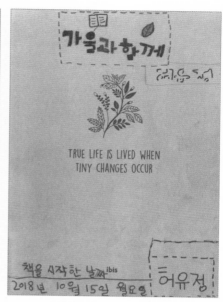

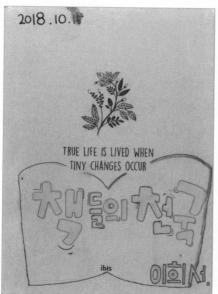

서 산, 모양 갖춘 공책을 나눠준 까닭이 있다. 3월부터 좋은 공책을 주면 어린이들이 귀한 것도 잘 모르고 표현도 서툴 게 분명했다. 한편으로 도화지로 작은 독서공책을 만들면서 독후감수첩을 모으는 재미도 괜찮겠다고 생각했다. 시간이 흘러 어린이들은 표현의 즐거움도 알고 능력도 어느 정도 갖추었다. 새 공책을 받을 때가 된 것이다. 공책을 꾸미느라 한 시간이 훌쩍 지나갔다. 준비운동을 제대로 한 셈이다.

『여우의 전화박스』 표지를 보여주었다. 파스텔로 그린 듯 부드러운 눈빛의 여우는 세상을 품을 듯 포근하다. 따스한 눈길로 아기 여우를 바라보는 모습이 『아기 여우와 털장갑』(니이미 난키치 지음)의 어미 여우와 닮았다. 혹시 여우를 싫어하거나 꺼림칙하게 여기던 이들도 이들 그림책의 표지를 본다면 무장해제될 것이다. 『여우 누이』류의 이야기를 들으면서 여우를 무섭거나 교활하게만 여겨온 저간의 생각을 지울 만하다.

표지를 보면서 짐작한 내용을 공책에 두세 문장 쓰고 짝과 이야기를 나누도록 했다.

"감동적인 이야기일 것 같아요."

찬이가 참지 못하고 급하게 말했다. 바움이도 번쩍 손을 든다. 뭔가를 찾은 듯한 얼굴이다.

"엄마를 잃어버린 아기 여우가 엄마를 막 찾다가 산에서 내려왔는데 이상한 박스가 있는 거예요! 그런데 무엇이든 다 아는 여우 할아버지가 이것은 다른 사람과 이야기를 할 수 있는 기계라고 말해요. 아기 여우는 뭔가 생각난 듯 전화를 걸어서 엄마를 찾을 거 같아요."

지영이는 몇 가지 단서를 가지고 흥미로운 추론을 했다.

• 산에 살던 여우가 길을 잃어버리고 도시로 내려오게 된다.

도시에 숨어 살던 여우는 들판에 가만히 서 있는 전화박스를 보게 되고

그곳에서 놀다 숨어 사는 곳으로 들어갔다.

하지만 사람들은 여우의 털을 보고 흔적을 찾아낸다.

결국 여우는 사람들에게 들켜 잡힐 위기에 처한다. (황지영)

현수는 전화박스가 타임머신이 되어서 그걸 탄 아이가 어머니 곁으로 가는 따스한 이야기일 거 같다고 했다. 그림이 주는 분위기가 그런 이야기를 떠올리게 한 듯하다. 여우가 구미호 같은 여우짓을 할 거 같다는 이야기도 나왔다. 그 이야기를 듣고 잠시 여우 이야기를 했다.

일본은 우리와 달리 여우를 좋게 생각한다. 문학작품에도 여우가 사랑스러운 주인공으로 등장하는 일이 많다. 『여우 세탁소』(미타무라 노부유키 지음)에 나오는 여우 부부는 엉뚱하면서도 다정하다. 한 번쯤 그 세탁소에 옷을 맡기러 가고 싶다. 『노란 양동이』(모리야마 미야코 지음)에는 사랑스런 주인공이 나온다. 주인공은 너무나 갖고 싶은 양동이를 줍게 되지만 주인을 기다린다. 결국 양동이는 사라지고 추억만 남는다. 일본 동화 「여우 곤」의 주인공은 몹시 짓궂다. 오해로 인해 죽게 되는데 좀처럼 잊히지 않는 진한 슬픔을 남긴다.

일본에 이런 작품이 있는 반면 우리에게는 여우를 긍정적으로 그린 작품이 많지 않다. 일본과는 다른 문화와 지리적 환경 때문일 것이다. 다행히 우리 작품 가운데 여우에게 깊은 연민을 갖게 하는 동화가 있다. 이상권 작가의 「호랑 할매와 여우 목도리」다. 사람들이 여우를 싫어하게 된 안타까운 사연을 잘 풀어냈다. 선생님이 읽은 뒤 어린이들에게 입말로 들려주어도 좋겠다. 김기정 동화 「상냥한 여우씨와 식구들」도 재미있다. 등장하는 여우는 옛이야기 속 머리 좋고 으스스한 캐릭터를 간직하고 있다. 그러면서도 넉살 좋고 천연덕스럽다. 주인공 꼬마가 여우에게 연민을 느끼게 되는 결말이 인상 깊다.

첫 시간은 공책 표지를 꾸미거나 어떤 이야기일지 짐작해보면서 느긋하게 시간을 보냈다. 이제 어린이들은 선생님이 책을 읽어줄 시간을 기다리면서 머릿속으로 이야기를 꾸미고 상상할 것이다.

슬픔에 공감하는 힘

> 아빠 여우는 아기 여우가 태어나자마자
> 병들어 죽고 말았답니다.
> (6쪽)

이 문장을 읽자 진서가 놀란 듯 동그랗게 눈을 떴다. 지난해 병을 앓다 돌아가신 아버지를 떠올렸나 보다. 상담을 할 때 진서 어머니는 진서가 한동안 밤에 무서워 잠을 못 잤다고 했다. 든든하게 자신을 지켜주던 아빠의 부재가 진서 마음에 두렵거나 무서운 감정을 갖게 한 거 같다. 이런 진서 마음을 알기에 아빠라는 말이 나오거나 죽음이라는 단어가 나오는 글을 다룰 때에는 조심한다. 이야기 들머리부터 등장하는 인물이 죽자 다른 어린이들도 당황하는 기색이다.

> 응, 여우는 요술을 부릴 수 있대. 올빼미 아저씨가 그랬어.
> 호호호, 그건 거짓말이야.
> 엄마는 아무리 주문을 외워도 요술을 부릴 수 없는걸.
> (12쪽)

엄마 여우는 아기 여우 때문에 슬픔을 이길 수 있었다. 아기 여우는 온갖 재주를 피우며 엄마를 기쁘게 한다. 이 장면은 무척 다정한 묘사로 어린이들에게 깊은 인상을 남긴다.

 • 특급뉴스! 아기 여우, 아주 높이 세운 엄마 꼬리를 뛰어넘다.

안타깝게도 이렇게 사랑스러운 아기 여우마저 시름시름 앓더니 훌쩍 엄마 곁을 떠난다. '아주 싸늘해지고 말았어요.'라고 읽었을 때 어린이들은 아기 여우가 죽었다는 것을 이해하지 못한 듯했다. 잇달아 등장인물이 죽는 일을 상상할 수 없었던 것이다. 어, 하면서 갸웃거리던 어린이들은 다음 문장을 읽자 겨우 알아차렸다.
　"그럼 엄마만 주인공이네요?"
　"어떻게 한꺼번에 다 죽어요!"
　"그래, 안타깝지……."

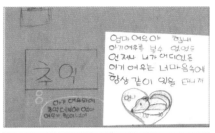

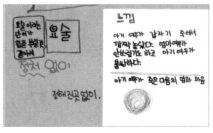

“아빠 여우도 죽고 아기 여우도 죽었으니 더 나쁜 일이 생길 수 없을 거 같아요!”

“올빼미 할아버지가 아기 여우에게 여우는 요술을 부릴 수 있다고 했으니까, 엄마 여우가 아기 여우를 다시 살릴 수 있을 거 같아요.”

기적이 일어나기 바라는 어린이들 마음이 느껴졌다. 어떻게든 반전을 바라는 어린이들은 이전에 읽은 문장에서 올빼미 할아버지가 아기 여우에게 들려준 ‘요술’이라는 말을 찾아내어 추론을 했다. 문명화된 세상은 인간 세상뿐만이 아닌 듯했다. 여우 세상에서도 요술이라는 말은 더 이상 통용되지 않는 옛이야기 속 빛바랜 단어였다. 어린이들이 긍정적인 힌트를 찾으려 애쓰는 모습을 보면서 내가 다 미안했다.

“엄마 여우가 왜 이렇게 큰 슬픔을 잇달아 겪는지 선생님도 작가에게 묻고 싶어요.”

“동물도 슬픔을 느낄 수 있다는 것을 알리기 위해서 그런 거 아닐까요?”

“엄마의 사랑과 슬픔이 얼마나 큰지 알리려고 한 거 같아요.”

어린이들은 떠오르는 생각이 많은지 공책에 한참 뭐라고 썼다. 이럴 때는 읽기를 잠시 멈춘다. 슬쩍 보니 진서는 올빼미 할아버지를 '예언자' 같다고 공책에 썼다. 앞으로 엄마 여우가 요술을 부릴 수 있다고 예언한 존재라고 생각한 것이다. 진서는 '예언자' 같은 낱말을 좋아했다. 특별한 힘을 가진 존재를 우러르는 마음이 있는 게 틀림없다.

몇 년 뒤에 아기 여우가 다시 태어날 거 같다며 엄마 여우의 슬픔이 여기까지 느껴진다고 쓴 어린이도 있다. 여우에게 위로의 말을 건네거나 엄마 여우의 슬픈 마음을 짙푸른 색으로 표현한 어린이도 있었다. 엄마 여우가 눈앞에 있기라도 한 듯 '아기 여우는 네 마음에 있으니 슬퍼하지 말라고' 토닥이듯 쓴 글도 눈에 들어왔다. 어린이들은 엄마 여우의 슬픔을 진심으로 함께 슬퍼하는 듯했다.

• 중요 문장 ; "우리 아기 여우가 즐거우면 엄마도 즐거워!"

공책에 이 문장을 중요한 문장으로 골라 쓴 어린이들이 여럿 있다. 어린이들은 이 문장을 보면서 엄마의 사랑을 다시 확인하는 듯했다.

책을 읽다 멈추고 칠판에 낱말을 썼다. 낱말 뜻을 어린이들에게 묻기도 하고 설명해주기도 했다.

공책 정리는 퍽이나 자유롭다. 어린이들은 이야기를 들으면서 자신만의 방식으로 그림을 그리거나 글을 쓴다. 줄거리를 간추려 쓰는 어린이도 있고 인물에게 질문을 하거나 느낌이나 생각을 쓰는 어린이도 있다. 읽어주기가 끝나면 보통은 핵심어를 고른다. 그리고 고른 까닭을 쓴다.

핵심어 고르는 일은 중요하다. 핵심어는 어린이가 책을 어떻게 이해했는지 잘 보여준다. 핵심어로 주제를 찾을 수도 있고 몇 개의 핵심어를 가지고 줄거리를 간추리거나 독후감을 쓸 수도 있다. 핵심어를 쓸 때 처음에는 책에 나오는 낱말을 쓰게 하지만 차차 책 밖에서도 찾도록 안내한다. 자신의 느낌이나 생각을 담은 낱말을 찾게 하는 것이다.

핵심어를 여러 개 쓸 때에는 기준을 몇 가지 정해주기도 한다. 인물의 마음이나 성격, 앞으로 일어날 일, 이야기의 분위기를 나타내는 색이나 물건이 그 예다. 한 인물을 정해서 그 인물에 대한 핵심어를 네 개 고를 때도 있다. 어린이들이 쓴 핵심어를 보면 같은 낱말이어도 설명이 저마다 다르다. 핵심어를 고른 까닭을 적다 보면 설명하는 힘이 자란다.

핵심어

- **슬픔** - 아기 여우가 죽어서 엄마는 슬프다.
- **아기 여우** - 아기 여우가 무언지 엄마 여우에게 힌트를 준 거 같다.
- **점프** - 아기 여우가 죽어서 슬픈데, 엄마 여우는 아기 여우가 점프하는 장면을 생각해서 기운을 차릴 거 같다.
- **엄마 여우만 홀로 인생을** - 엄마 여우 혼자 남아서 인생을 잘 살 수 있을지 걱정된다.
- **추억** - 아기 여우와 함께한 추억 때문에 엄마 여우는 힘이 난다.

엄마 여우가 되어 일기를 쓴 어린이도 있다. 책을 한 권, 두 권 읽어가다 보니 어린이들 표현 방식에 나름의 개성과 취향이 보인다. 그래서 어린이들이 쓴 독후공책을 거두어 보는 일은 늘 즐겁다.

- 엄마 여우의 일기

오늘 아침 아기 여우가 죽었다.

아빠 여우도 죽었는데 나는 어떻게 살지!

며칠 울고 일어나 걸었다. 그런데 어떤 불빛이 보였다.

뭔가에 이끌리듯 그쪽으로 갔다.

(원소윤)

아기 여우가 죽어 너무 슬프지만 사내아이가 있어 내 마음을 달래준다.

전화박스에 불이 깜빡깜빡거리고 내 마음도 조금씩 깜빡거린다.

전화박스 불이 꺼졌다. 고장이 났다.

제발 고쳐졌으면 하는 마음에 나도 모르게 전화박스로 둔갑했다.

사내아이가 이야기를 하자 같이 이야기를 해주었다.

나도 이제 열심히 살아야겠다.

(최 찬)

주말신문에 실린 감상 글을 보고 찬이 어머니가 답글을 써주셨다. 이제 새로운 책읽기에 들어가면 부모님도 어린이들 못지않게 전개될 이야기를 궁금해한다. 부모님 답글을 보면 어린이들이 쓴 감상 글에 기대와 흥미를 갖는 게 느껴진다. 부모님의 관심은 다시 어린이들을 격려하고 고무시킨다.

『여우의 전화박스』를 읽으면서 어린이들이 엄마 여우의 마음이

되어보기도 하고 용기와 희망을 보태주는 모습이 예쁩니다.

절망과 슬픔 속에서 엄마 여우가 어떻게 삶을 헤쳐나갈지

뒷이야기가 궁금해지네요.

(최 찬 어머니)

'죽음'을 어떻게 이야기할까

초등학교를 졸업하기 전 80퍼센트가 넘는 어린이들이 가까운 사람의 죽음을 경험한다는 보고서가 있다. 전체의 5퍼센트 정도는 만 15세 이전에 부모의 죽음을 경험한다고 한다. 교육 현장에서 어린이를 이해하는 데 필요한 중요한 통계다. 사랑하는 사람의 죽음뿐 아니라 애완동물의 죽음도 어린이들에게는 큰 슬픔과 스트레스가 된다. 우리 반 어린이 스물다섯 가운데 부모의 죽음을 경험한 어린이는 셋이다. 부모를 잃은 어린이를 늘 관심 갖고 살펴왔지만 특별한 시간을 내어 위로하는 시간은 갖지 못했다.

문득 떠오르는 일이 있다. 2014년 어머니 상을 치르고 일주일 만에 학교에 갔을 때다. 수업을 마치고 슬픔에 젖어 멍하니 있는데 여자 어린이 넷이 손에 피켓을 들고 우르르 교실로 들어왔다. 피켓에는 '선생님 힘내세요!', '선생님 사랑해요!'라고 적혀 있었다. 어린이들은 나를 자리에 앉히더니 스마트폰으로 '아이유'의 '너의 의미'를 틀었다. 그리고는 조르르 서서 노래를 부르기 시작했다. 노래를 부르면서 피켓을 흔들었다. 어쩔 줄 모르고 앉아 있던 나는 어느 순간 몰려오는 감정을 주체하지 못하고 그냥 어린애처럼 흑흑 울어버렸다. 어린이들은 우는 나를 엄마처럼 달래주었다. 그 일은 큰 위로와 힘이 되었다.

글을 쓰면서 부모님의 죽음 같은 큰 슬픔을 겪은 어린이를 위로하는 시간을 갖지 못한 일이 떠올라 못내 아쉽다. 다행인 것은 책을 읽은 이야기, 어린이가 겪은 슬픔을 주말신문에 실어서 마음을 나누려고 했던 일이다.

서호가 사랑하는 햄스터를 잃었을 때다. 그 씩씩한 어린이는 며칠 동안 쉬는 시간에도 놀지 않고 책상에 엎드려 있었다. 급식도 제대로 먹지 못하고 슬픔에 젖어 있었다. 어떤 친구는 오버한다고 말했다. 그 어린이는 친구의 아픔을 어떻게 위로할지 몰라 어색했을지도 모른다. 서호를 보면서 애완동물의 죽음 또한 얼마나 큰 슬픔과 상실감을 주는지 새삼 생각하게 되었다. 서호 이야기를 당시 주말신문에 실었다. '선생님 이야기'에 쓴 사연은 친구들이 서호를 이해하는 데 도움이 된 듯했다.

선생님 이야기

수요일 아침. 서호가 다른 날과 다릅니다. 자리에 시무룩 앉더니 맥없이 책상에 엎드립니다. 주변을 맴도는 친구들이 있지만 반응이 없습니다. 곧 눈물이 터질 듯한 얼굴입니다. 걱정이 되어 무슨 일이 있느냐고 물었습니다.

"햄스터가 죽었어요……."

말하는 서호 눈가가 젖어 들었습니다.

"아유, 어쩌다가…… 아팠나 보구나."

"아니에요. 나이 들어 죽었어요."

서호가 키웠던 햄스터가 제 수명을 다한 듯했습니다. 둘레에 있는 친구들에게 오늘만큼은 서호를 많이 위로해주라고 했습니다.

슬픈 기분은 종일 이어지는 듯했습니다. 시간마다 발표하던 모습은 온데간데없이 발표도 거의 안 했습니다. 모든 생명은 죽는다고, 좋은 곳으로 갔을 거라고 말해주었습니다. 위로가 되기에는 아무래도 부족했습니다. 집에 가면 할아버지가 햄스터를 묻었을 수도 있다고 운동장 나들이 시간에 말했습니다. 흐려지는 말끝에 슬픔이 묻어나는 듯했습니다.

이튿날, 조금 기운을 차린 모양입니다. 시 공책을 가져오더니 시를 씁니다.

죽은 햄스터에 대한 시를 쓰겠구나 짐작했습니다.

햄스터의 죽음
- 최서호

우리 집 햄스터
죽었다.
왜 죽었을까?
햄스터가 죽으니
내 마음도 죽었다.

서호는 햄스터가 수명이 다해 죽었다는 걸 이미 알고 있습니다. 그런데도 햄스터가 왜 죽었을까? 묻습니다. 지금도 살아있기를 바라는 마음이 읽힙니다. 간절한 만큼 누구라도 붙잡고 묻고 싶은 마음도 엿보입니다. 안타까운 일입니다. 선생님을 포함한 모든 생명은 한번 태어나면 반드시 죽습니다. 4학년 3반 우리들의 지금 이 시간이 더욱 소중한 까닭도 바로 여기에 있습니다.

하루하루 장맛비가 이어지나 했습니다. 그런데 느닷없이 태풍이 오며 곳곳에서 재산과 큰 인명 피해를 보았다는 뉴스가 들려옵니다. 그런 소식을 들으며 폭풍처럼 변화하는 시간을 보냈을 서호를 생각해봅니다. 햄스터는 떠났어도 즐거웠던 시간과 멋진 추억은 서호가 성장하는 데 더없는 밑거름이 될 듯합니다. 울적할 때마다 햄스터와 함께했던 즐거웠던 일을 떠올리기 바랍니다.
(꽃씨신문 18호, 2018. 7. 6. 금)

주말신문에서 서호 이야기를 모두 관심 있게 읽은 듯했다. 학급 친구들과 부모님은 위로의 마음을 담아 이렇게 답장을 적어 보냈다.

- 최서호가 키우던 햄스터가 죽어서 좋은 데 갔을 거 같다.

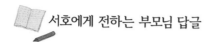 **서호에게 전하는 부모님 답글**

선생님 이야기를 읽어보니 키우던 햄스터가 죽어서 서호가
속상하고 많이 슬펐을 거 같네요.
서호가 햄스터와 즐거웠던 일을 생각하면서 힘을 냈으면 좋겠습니다.
(허유정 어머니)

이번 주에 햄스터가 세상을 떠났다는 슬픈 소식이 실렸네요.
그렇지 않아도 얼마 전에 서호가 진우에게 전화를 했어요.
햄스터가 숨을 십 분째 안 쉬고 있다고 죽은 거 같다고 말해서
우리도 너무 슬프고 걱정이 되었어요.
서호는 얼마나 더 놀라고 마음의 상처를 입었을까 하며
어떻게 위로해야 할지 생각했어요.
햄스터에 대한 서호의 큰 사랑이 느껴집니다. 우리 서호 힘내세요!
(전진우 어머니)

서호가 햄스터를 떠나보내며 많이 슬펐을 거 같아요.
찬이도 키우던 고양이를 외가댁으로 보낼 때, 제일 예뻤던

새끼 강아지를 다른 곳으로 입양 보낼 때 그랬답니다.
이별은 쉽지 않지만 받아들여야 하고…… 오늘을 소중히 여기며
지금을 열심히 살아가자, 또 배웁니다.
(최 찬 어머니)

책을 읽는 기간에 서윤이 할아버지가 돌아가셨다. 서윤이는 할아버지
상을 치르기 위해 제주도에 다녀왔다. 서윤이는 슬픔이 컸는지 그 마음을
일기에 담았다.

• 할아버지가 생각나는 오늘
오늘 할아버지가 돌아가셨다. 폐렴 때문이다.
할아버지가 돌아가셨다는 소리를 들었을 때 마음이 찡하고 울컥했다.
그래서 눈물을 흘리며 비행기를 타고 장례식장에 갔다.
아침을 먹고 오지 않아 김치찌개, 수육, 미역국 등을 맛있게 먹었다.
그런데 할아버지가 좋아하는 수육을 보니까 할아버지 생각이 나서
마음이 아팠다. 장례식장에 할아버지 사진이 걸려 있어서 또 생각났다.
그래서 오늘은 할아버지 생각이 많이 나는 날이다.
할아버지가 돌아가시기 전 잘해드릴 걸 후회가 된다. (최서윤)

서윤이는 활달하고 표현력이 풍부한 어린이다. 연세가 많은 할아버지
였기에 아버지를 잃은 진서보다는 할아버지 이야기를 하는 데 덜 부담이
되었을지도 모른다. 서윤이 일기를 주말신문에 실었다. 밥을 맛있게 먹으면
서도 할아버지가 좋아하는 음식을 보고 슬퍼하는 장면이 뭉클하게 다가온

다. 진서는 서윤이 글을 읽으면서 서윤이의 아픔에 공감했고 아빠의 죽음을 떠올리며 답글을 썼다.

> • 최서윤, 네 마음을 몰라서 미안해. 네가 할아버지가 돌아가신
> 이야기를 써서 우리 아빠가 생각나…….
> 지금도 생각나서 마음이 어둠으로 떨어지고 찢어질 거 같아.
> (조진서)

놀라운 것은 서호나 진서가 죽음에 대한 감정을 극단으로 표현했다는 점이다. 서호는 햄스터가 죽으니 내 마음도 죽었다고 썼고 진서는 마음이 어둠으로 떨어지고 찢어질 거 같다고 했다. 감정을 날것 그대로 토해낸 어린이 글을 읽으면서 가까이하던 대상의 죽음이 어린이에게 얼마나 큰 상처를 주는지 깊이 느꼈다.

서호나 진서, 서윤이와 달리 이런 슬픔을 전혀 표현하지 않는 어린이도 있다. 그런 어린이는 집에서도 그런 감정을 나눌 기회가 없거나 자신의 감정을 들어줄 누군가가 없을 수도 있다. 슬픈 감정을 드러내지 않는 어린이를 어떻게 도와야 하는지 고민이다.

진서 글을 읽고 가만히 불러 답글을 신문에 실어도 되느냐고 물었다. 진서는 좋다고 했다. 끝없이 슬픔을 느끼고 표현하면서 진서 마음이 조금씩 단단해지는 거 같았다. 진서는 그날 읽은 내용에서 '슬픔'을 핵심어로 골랐다.

> • 저는 아빠를 잃은 가족이어서 '아빠'라고 말하면

아빠를 보고 싶게 돼요. 그래서 '슬픔'을 골랐어요. (조진서)

진서가 마음을 표현하면서, 작은 도움이라도 줄 수 있게 되었다. 진서는 조금씩 달라졌다. 3월에는 글씨가 깨알 같아서 도무지 알아볼 수 없었다. 2학기에 들어서면서 진서 글씨에 힘이 생기고 알맞게 커졌다. 물론 다시 작아지기도 한다. 작아진 글씨는 진서 마음으로 보였다. 그럴 때는 '내가 눈이 안 좋아서 너무 작은 글씨는 읽기 어려워, 조금만 크게 써줄래?' 하고 부탁한다. 진서는 깜빡 잊었다는 듯 아! 하면서 얼른 지우개로 지우고는 크게 쓰곤 했다.

진서는 주말신문에 쓴 글을 꼼꼼하게 읽고 친구를 칭찬하거나 위로한다. 아버지의 죽음은 수시로 진서를 슬픔에 젖게 하지만 한편으로 진서 마음을 깊게 만든 듯하다. 진서는 늘 친구를 돕는 일에 나서고 친구의 아픔에 공감한다.

원고를 쓰면서 죽음을 다룬 책을 찾아보았다. 좋아하는 그림책 크리스티앙 볼츠의 『나비 엄마의 손길』이 떠오른다. 녹슬고 낡은 재료를 가지고 콜라주 기법으로 표현한 그림책은 엄마의 죽음을 일상에서 유머러스하게 다루었다. 어린이들에게 비교적 편하게 읽어줄 수 있다. 『오소리의 이별 선물』(수잔 발리 지음)은 한 사람의 죽음이 무엇을 남기는지, 누군가의 죽음 이후 삶은 어떻게 이어지는지 철학적 고민을 던진다. 어린이들과 이야기를 많이 나눌 수 있고 연극을 하기에 좋은 책이다. 에마뉘엘 위스망 페랭의 『아이들에게 설명하는 죽음』은 검색을 하면서 찾았다. 저자가 열한 살 딸과 다양한 상황의 죽음을 두고 나눈 대화를 책으로 엮은 것이라고 한다. 읽어볼 생각이다.

지금 생각해보니 진서가 김미혜 시인의 『아빠를 딱 하루만』(창비)을 읽었으면 어땠을까 하는 생각이 든다. 이런 책을 권하는 일은 조심스럽다. 다행히 진서가 2학기에 들어서서 아버지에 대해 이야기할 때가 많아 이 시집을 같이 읽거나 학급 어린이들과 함께 감상해도 괜찮았을 거 같다. 여건이 되면 죽음을 다룬 그림책과 시를 가지고 수업을 해보고 싶다. 뒤늦게 민서를 위해, 할아버지가 돌아가신 서윤이를 위해 시를 골라보았다.

인터넷 깔아 주세요
― 김미혜

가슴에 폭탄이 생겼다고
터질 것 같다고
편지를 썼어요.

보낸 편지함에 쌓인 편지
아빠가 언제 읽나요?

인터넷 깔아 주세요.
하늘나라에도.

나한테 하고 싶은 말
아빠 편지함에도 쌓였을 거예요.
―『아빠를 딱 하루만』 (창비)

슬프지만 아름다운 기적

● 『여우의 전화박스』가 기대된다.

책도 날 기다리고 있고 나도 책을 기다리고 있다.

앞으로 어떤 내용이 나올까? (이효진)

책에 실린 그림 여러 장을 복사용지 한 장으로 편집해서 어린이들에게
나눠주었다. 지난 시간에 여우가 마음에 들어 그리고 싶다는 어린이가 여
럿 있어서다. 어린이들은 복사 자료를 보고 여우를 그대로 따라 그리거나
오려 붙이고는 색을 칠했다.

우리 아기 덕분에 엄마는 그동안 참 행복했단다.

그래, 기운을 내야지……

(18쪽)

추억은 슬픔을 주기도 하고 힘이 나게 만들기도 한다. 지난 시간으로 되돌아갈 수 없다는 엄연한 사실은 끝없이 슬픔에 젖게 한다. 하지만 떠난 존재가 무엇을 바라는지 생각하면 힘을 낼 수 있다. 엄마 여우는 아기 여우와 함께한 추억을 밑거름 삼아 살아보려 애쓴다. 쉽지 않지만 엄마 여우는 털고 일어선다. 아직 온전치 않은 마음으로 정처 없이 걷는다. 그러다 저물녘에 불빛이 흘러나오는 전화박스를 본다. 여우는 어쩐지 마음이 훈훈해진다.

"선생님, 고만 읽어요!"

어린이들은 더 읽지 말라고 주문했다. 쓸 게 많고 할 것도 많다고 했다. 조금 쉬었다. 드디어 엄마 여우가 전화박스를 만났다. 아기 여우의 죽음 이후 누군가를 쓸쓸히 기다리던 엄마 여우에게 한 줄기 빛이 나타난 것이다. 전화박스가 문명과의 소통을 상징한다면 산과 여우는 야생을 상징한다. 작가가 야생의 공간으로 들어간 전화박스와 어린이, 그리고 여우를 엮는 방식이 참으로 환상적이다. 엄마 여우는 전화박스 안 사내아이를 보게 된다.

사내아이는 또랑또랑한 목소리로 씩씩하게 말하더니,

수화기를 딸깍 내려놓고는 전화박스 밖으로 깡충 뛰어나왔어요.

그러고는 통통통 튀어 가듯 어디론가 가 버렸죠.

엄마 여우는 깜짝 놀랐어요.

사내아이의 뒷모습에서 꼬리가 살랑살랑 흔들린 거 같았거든요.
(22쪽)

"정말 슬픈가 봐요."

"엄마 여우가 아기 여우를 많이 그리워하는 거 같아요."

사내아이는 늘 같은 시간에 전화박스에 들어가 병원에 있는 엄마에게 전화를 건다. 엄마 여우는 꿈을 꾸듯, 사내아이를 아기 여우로 여기며 위안을 얻는다. 그리고 몇 번의 통화를 엿들으며 사내아이가 병든 어머니를 걱정한다는 사실을 알게 된다. 어린이들은 이 장면들을 보면서 그리움이 얼마나 간절한 감정인지, 헤아릴 수 없이 깊은 감정인지 느끼는 듯했다.

"사내아이가 아기 여우 아닐까요?"

어린이들은 쉽게 미련을 버리지 못하는 듯했다. 아기 여우가 어떻게든 살아나거나 다시 태어나기를 소망하는 것이다. 어린이들이 생각하는 동화의 문법이기도 하다. 아쉽게도 바람은 이루어지지 않는다. 하지만 놀라운

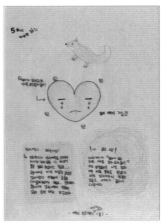

일이 어린이들을 기다리고 있었다.

어느 날 전화박스가 고장 난다. 사내아이를 위해 무언가 하고 싶었던 엄마 여우는 간절함 끝에 자기도 모르게 전화박스로 둔갑한다. 그리고 자신의 품 안에 든 사랑스런 사내아이와 처음이자 마지막 통화를 한다.

"지금 엄마 여우 기분은 좋을 거 같아요. 매일 멀리서만 듣다가 자기 품속에서 말하는 사내아이 목소리를 들어서요."

효진이는 공책에 스스로 질문을 하고 답을 달았다.

- **질문** - 엄마 여우는 요술을 믿지도 않았는데 어떻게 요술을 부린 걸까?
- **답** - 마음이 간절해서? 사내아이가 슬퍼할 거 같으니 진심으로 도와주고 싶어서?
  (이효진)

요술은 끝났다. 사내아이는 엄마가 있는 도시로 영영 떠났다. 엄마 여우는 쓸쓸함과 추위를 견디기 힘들어 고장 난 전화박스로 들어간다. 그 순간 기적이 일어난다. 고장 난 전화박스가 엄마 여우를 위해 남은 힘을 짜내어 불을 밝혀준 것이다. 엄마 여우는 아기 여우에게 전화를 건다. 물론 아기 여우 목소리는 들리지 않았지만 엄마 여우는 따뜻한 기운을 얻는다. 아기 여우가 언제까지나 살아있다고 생각하게 된다.

전화박스 빛도 사라지고 엄마 여우는 다시 혼자가 되었다. 하지만 전과 달리 슬픔에 빠져 있던 엄마 여우가 아니다. 엄마 여우는 누군가에게 빛이 되었고 자신 또한 빛을 얻었다.

아기 여우가 다시 살아나지 않았기에 어린이들은 여전히 마음이 아리다. 그래도 마음에 온기가 남는다.

"감동적이어서 가슴이 출렁거려요."

"그동안 엄마 여우는 한 번도 요술을 부리지 못했잖아요. 그런데 엄마 여우가 너무 간절해서 여우 가문의 조상이 요술을 부리게 해준 거 같아요."

"마지막에 전화박스가 스스로 불을 켠 게 마음에 와닿았어요. 엄마 여우가 얼마나 슬퍼했으면 전화박스가 그랬을까 생각하니까 참 착한 전화박스라는 생각이 들어요."

이야기는 끝났다. 엄마 여우가 혼자 남았기에 여전히 아쉽다. 그런데도 감동과 재미를 느끼는 까닭은 무얼까? 이야기가 아름답기 때문이다. 사내아이는 엄마 여우가 일으킨 요술을 모른 채 떠났다. 엄마 여우 역시 전화박스가 만들어낸 요술을 모른다. 책을 읽은 독자만이 그 비밀을 알고 있다. 그래서 어린이들 마음이 감동으로 출렁인 것이다.

작가는 우리가 살아가면서 자신도 모르게 요술을 부려 누군가를 돕고 있다는 사실을, 또는 자신도 모르게 요술 같은 도움을 받고 있다는 것을 말하고 싶었던 건 아닐까. 그래서 찬이가 쓴 '나도 열심히 살아야겠다'는 말이 진심으로 다가온다.

> 하지만 엄마 여우가 까맣게 모르는 사실이 있었어요.
> 전화박스가 엄마 여우를 위해서 마지막 남은 힘을 다 짜내어
> 불을 밝혀 주었다는 것을…….
> 금방이라도 꺼져 버릴 거 같았던 엄마 여우의 마음속에
> 등불을 다시 밝혀 주었다는 것을요.
> 전화박스 불빛 아래, 엄마 여우의 행복한 얼굴이
> 환히 비치고 있었어요.
> (87쪽)

어린이들은 마지막 문장을 다시 불러달라고 했다. 우리는 다 같이 그 문장을 썼다.

네 개의 핵심어와 '빛나는 핵심어' 하나

공책에 네 칸을 그리고 핵심어 네 개를 썼다. 다 쓴 어린이는 짝과 이야기를 나눈 뒤 짝이 쓴 핵심어 가운데 가장 마음에 드는 것을 골라 예쁜 스티커를 붙였다.

- 가족, 이사, 엄마 여우의 마음, ★ 희망
  사내아이한테서 여우 꼬리가 보였기 때문에, 실제로 있지는 않았지만 그래도
  엄마 여우한테 작은 희망이 되었다. (이희서)

- 요술, 사내아이, 주인공, ★ 전화박스의 마지막 힘
  마지막에 전화박스가 가엾은 엄마 여우를 위해 불을 밝혀주었다는 구절이 슬프기도
  하면서 제일 중요하다고 생각한다. (구하늘)

- 한 줄기, 미래, 진정한 행복, ★ 엄마 미소
  희망의 끈을 놓아버린 엄마 여우가 아이를 보고 흐뭇해졌다.
  엄마들은 아이들이 커가는 것만 보아도 기쁜가 보다. (고현우)

- 사내아이, 슬픔, 아기 여우, ★ 전화박스
  금방이라도 꺼져버릴 거 같았던 엄마 여우 마음속에 등불을 켜 주었다. (노경호)

- 전화박스, 희생, 잃다, ★ 즐거움
  아기 여우가 살아있었을 때 엄마 여우가 '우리 아기가 즐거우면 엄마도 즐거워!' 하고
  말한 것이 인상 깊다. (이효진)

- 깜빡, 전화박스 안, 눈물, ★ 시간
  엄마 여우가 시간을 되돌릴 수 있다면 얼마나 좋을까! (황준우)

- 희망, 아기 여우, 요술, ★ 추억

  엄마 여우와 아기 여우의 추억이 정말 아름답다. 추억을 떠올려 엄마 여우가

  슬픔을 이겨내면 좋겠다. (황지영)

- 희망, 요술, 전화박스, ★ 아이

  엄마 여우가 아기 여우를 잃었을 때 유일하게 버팀목이 돼주었다. (허바윰)

- 아기 여우, 추억, 전화박스, ★ 감정

  엄마 여우가 감정을 컨트롤해서 슬픔을 잘 다스렸다. (최서호)

- 전화박스, 희망, 추억, ★ 사실

  엄마 여우가 모르는 사실이 있다. 고장 난 전화박스가 엄마 여우를 위해서

  마지막 남은 힘을 다해 불을 켰다는 사실! (원소윤)

공책에 쓴 느낌

- 아기는 네 마음속에 살고 있으니까 혼자 버틸 수 있어!

- 엄마 여우는 새로운 아빠를 만나 새로운 삶을 시작하지 않을까?

- 현우는 마지막이 슬프다고 한다. 나는 슬프면서 기쁜 거 같다.

  모든 것은 언젠가 사라진다. 하지만 아기 여우가 죽은 것은 안타깝다.

- 전화박스가 온 힘을 다해 엄마 여우를 도운 것이 인상 깊어!

- 사내아이가 "엄마가 있는 도시로 이사를 갈 수 있게 됐어!" 하고 말할 때

  나도 엄마 여우처럼 충격을 받았다.

  그래도 엄마 여우가 행복한 얼굴을 하면서 이야기가 끝나 다행이다.

 부모님 글

서연이가 점점 책을 읽는 즐거움을 알아가는 것 같아 너무 좋습니다.

좋은 책을 사달라고 해서 같이 책을 골라볼 계획입니다. (김서연 어머니)

엄마 여우가 아기 여우를 잃은 슬픔에 털이 모두 젖었다는 부분이
가슴 아팠고 아이에게서 꼬리를 본 것으로 착각했다는 것,
아이를 위해서 전화박스로 변한 것, 전화박스가 엄마 여우를 위해
마지막 힘을 다해 불을 밝혀준 것이 감동적이었습니다. (원소윤 어머니)

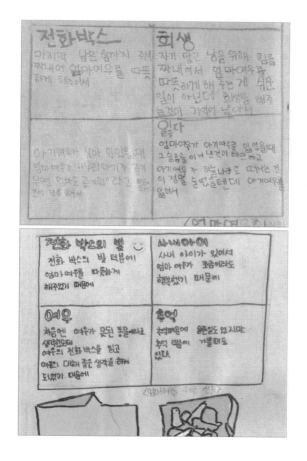

따뜻한 빛을 내어주는
시간들

홀로 남은 엄마 여우를 위한 선물

이야기는 끝났지만 홀로 남은 엄마 여우가 아직도 눈에 밟힌다. 어린이들도 어쩌면 그럴지 모르겠다. 미술시간에 마음에 남은 여운을 표현해보는 시간을 가졌다. 우리는 색종이로 엄마 여우를 위한 선물을 만들었다. 색종이는 한 장만 쓰기로 했다. 가위를 쓰지 않고 손만 써서 표현하는 활동이라 어린이들이 처음에는 힘들다고 했지만 결과물을 보더니 만족해했다.

소윤이는 엄마 여우를 위해 따뜻한 옷과 침대를 만들었다. 따뜻한 옷을 입고 자면서 꿈에서라도 아기 여우를 만났으면 좋겠다는 생각이 들어 있는 듯했다. 진서는 요즘 역사에 관심이 있다. 그래서 그런지 조선시대 남자가 입는 두루마기를 색종이로 만들었다. 그리고는 엄마 여우가 이 옷을 입으면 사람으로 변신해서 조선시대로 갈 수 있다고 적었다. 거기서 사람들이 무엇을 하는지 구경도 하고 평생 살라고 덧붙인다. 추억의 사진첩과 그림책을 만든 어린이도 있다.

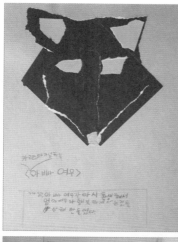

카르페키지픽?
〈아빠 여우〉

자연으로 여우가 다시 한번 돌아서
엄마 여우와 해볼 수 있는 능력을
살려 만들었다

집에서 포근한
침대와 맛있는
밥 머 오라고
이 인형을 만들었
습니다

f·ox

침대 따뜻함, 여우 밥그릇

사건첩

여우 즐거운 기억하고
먹스, 지리를 알게 해주기
위해

그로 마당
아기 여우가 죽으면 엄마 여우가
울음짓 마서 아기 여우 인형을
만들었다

아기 여우와 전화할수없는
전화박스

엄마 여우가
전화해도
변신!

꼬리

엄마 여우
가 우지
못하게
재밌게
놀려 놀려
놀게
할려
고 이
아

〈엄마 여우를 위한 선물〉

엄마 여우를 위해 작은 연주회를 열다

『여우의 전화박스』를 읽고 며칠이 지났다. 어린이들이 좋아하는 음악시간이다. 그간 익힌 노래를 리코더로 몇 곡 연주했다. 리코더 가락 1, 2가 어우러지면서 이루는 화음은 참 듣기 좋았다. 연주를 하는 어린이들은 음악에 젖어 진지해 보였다. 문득 엄마 여우를 위한 작은 연주회를 열면 어떨까 하는 생각이 들었다.

"실력이 많이 늘었네! 우리 혼자 남은 엄마 여우를 위로하는 연주회를 열면 어떨까? 지금 연습하고 있는 곡도 좋고 다른 곡도 괜찮아. 의논해서 곡 정하고 연습하렴."

어린이들은 내 제안을 환영했다. 바닥에 둥글게 앉아 의논하는 모둠, 책상에 모여앉아 연습하는 모둠, 어떤 곡을 골랐는지 궁금하다. 연주하기 전에 어떤 곡을, 왜 골랐는지 소개했다. 엄마 여우를 위해 고른 곡이니 설명은 중요했다. 칠판에 모둠이 정한 곡 이름을 썼다.

- 1모둠 — 할아버지 시계
- 2모둠 — 할아버지 시계
- 3모둠 — 섬 집 아기
- 4모둠 — 가을 아침
- 5모둠 — 에델바이스
- 6모둠 — 이 몸이 새라면

연주가 시작되었다. 한 모둠씩 연주를 끝낼 때마다 잔잔한 감동이 이어

졌다. 모둠마다 연주곡을 고른 까닭이 인상 깊었다.

　두 모둠씩 공연을 마치고 소감을 나누었다. 찬이는 3모둠이 연주한 '섬 집 아기' 가사에 '자장노래'라는 말이 나와서 엄마 여우에게 아기 여우에 대한 추억을 떠올리게 해주는 곡으로 잘 어울린다고 했다. 진기는 4모둠이

'가을 아침'을 골랐다고 했을 때 조금 의아했다고 말했다. 그런데 알고 보니 가사에 위로하는 내용이 있어서 공감이 갔다고 했다.

'할아버지 시계'를 고른 모둠은 시간을 되돌려서 아기 여우와 함께했던 추억의 시간으로 엄마 여우를 돌아가게 해주는 노래 같아서 골랐다고 했다. 어린이들은 그 말을 듣고 감탄했다. '이 몸이 새라면'을 연주한 모둠은 현수가 설명을 했다. 현수는 새가 영혼을 인도하는 동물이라서 아기 여우가 좋은 곳으로 갈 수 있도록 인도하는 것이니 엄마 여우가 좋아할 거라고 했다. 곡에 대한 설명을 듣고 연주를 들으니 감동이 더 커졌다. 연주가 조금 서툴러도 모두 진지하게 들었다. 곡을 고른 까닭을 설명할 때에는 끄덕이거나 감탄했다.

마무리를 하면서 연주회에 대한 소감을 물었다. 바융이는 상기된 얼굴로 음악을 동화하고 연결하니까 아주 좋은 활동이 된 거 같고 나중에 이런 방법은 여러 가지 생각을 하는 데 도움이 될 거 같다고 했다.

📖 주말신문 부모님 답글

독서와 연극과 음악이 하나로 연결되며 어우러지는 경험을 하였네요.
늘 학교에서 무엇을 배우는지 한마디로 표현할 수 없다던 홍진이 말이
이제 이해가 됩니다. 꽃씨반 어린이들이 등장할 선생님 시집도
벌써부터 기대가 됩니다!
(서홍진 어머니)

책을 읽고 나서 느낌을 글로 적고 몸으로 표현하고 악기로 연주하는

활동을 하니 3반 꽃씨반 어린이들은 작가이며 배우이며 연주가네요.
좋은 책을 벗 삼아 꿈 많은 예술가가 되네요.
(최 찬 아버지)

살아가면서 누구나 크고 작은 슬픔을 겪는다. 우리 어린이들도 이미 그런 일을 겪었거나 앞으로 겪을 것이다. 그런 순간 엄마 여우처럼 자신에게 남아 있는 기적 같은 힘을 찾아내기 바란다. 그러면 때로 누군지 알 수 없지만, 전화박스 같은 존재가 빛을 내줄 것이다.

어린이들의 일상 공간인 교실 또한 여우의 전화박스 같은 공간이 되면 좋겠다. 힘들고 지친 어린이들을 위해 선생님이 전화박스처럼 힘을 다해 빛을 비추어주면 좋겠다. 어린이들도 따스한 빛을 내어줄 것이다.

©강승숙

책을 읽어주기 전에

- 아빠 여우에 이어 아기 여우까지 갑작스레 죽게 되어 어린이들은 놀란다. 일상에서 느닷없이 찾아오는 죽음에 대해 생각하는 시간을 가져보면 좋겠다.

- 엄마 여우는 아기 여우와 함께했던 시간을 떠올리며 힘을 얻는다. 추억 때문에 슬프지만 그 추억이 힘이 되기도 한다. 추억을 만드는 일이 얼마나 값진 일인가를 생각해보면 좋겠다.

- 빛바랜 전설이 되어버린 요술, 이 요술이 간절한 바람 속에서 되살아난다. 엄마 여우가 전화박스로 둔갑하고 고장 난 전화박스가 엄마 여우를 위해 불을 밝힌다. 이 장면이 주는 의미를 이야기 나누면 좋겠다. 자신을 위로할 줄 아는 엄마 여우를 두고도 나눌 이야기가 많을 듯하다.

- 신문지나 색종이로 엄마 여우를 위해 선물을 만들거나 인상 깊은 장면을 연극으로 표현해 보자. 아기 여우와 엄마 여우를 위한 연주도 좋고, 이들을 위로하는 시를 쓰거나 알맞은 시를 골라 낭송해도 좋다.

함께 읽으면 좋은 책

죽음을 다룬 이야기

『할머니가 남긴 선물』

마거릿 와일드 글 |
론 브룩스 그림 | 최순희 옮김 |
시공주니어 | 1997

『나비 엄마의 손길』

크리스티앙 볼츠 지음 |
이경혜 옮김 | 한울림어린이 |
2008

『오른발, 왼발』

토미 드 파올라 지음 |
정해왕 옮김 | 비룡소 | 1999

여우가 나오는 이야기

『멧돼지가 기른 감나무』

이상권 지음 | 김성민 그림 |
사계절 | 2007

『토통 여우』

이마에 요시토모 지음 | 김용철 그림 |
햇살과나무꾼 옮김 | 사계절 | 1999

『울어버린 빨간 도깨비』 중 「여우 곤」

토리고에 신 엮음 | 마상용 그림 |
서은혜 옮김 | 창비 | 2001

『여우 세탁소』

미타무라 노부유키 지음 |
구로이와 아키히토 그림 |
한영 옮김 | 책읽는곰 | 2011

『아기여우와 털장갑』

니이미 난키치 글 |
구로이 겐 그림 |
손경란 옮김 | 한림출판사 |
1998

길을 떠날 때, 성장한다

< 지리산 호랑이 >

천연물은 호랑이 사냥꾼 사냥이 쥐이기 포수를 안내면 지리산 백야 계곡 운감

호랑이로 발지새 → 원수 효자 → 호방글 박포수, 아내에게 사내 낳으면 효포 → 흠 메고 지리산 너슬위 출산 → 기상되어도 오지X → 후레자식 논리. 우리아버지는 ? → 10살되면 알리라 → 서앙 갈, 활쓰기 없음 → ₩ 才 → 아버지 이야기, 떠난다고 이어 들술배끼 도앙 산봉암사 도승 → 10년위에 오림, 오면 재주 시림

· 세가지 시림
20살청건 돌아온지 문도 열지X → 3가지 시험 → 어머니 똥통이 둘때오면 활오 쏘아 구멍, 다시 쏘아 막게, 물싸지X 감나무위 → 통과 길솜씨 신뻘 쏘이지 않고 잠기, 벌통더니 걸온바가같이 가랑가득 별 → 기창 위두르니 별↓ → 도슬성력 고양이 사랑재지붕 너머 던지고, 땅 닿기전 목 메기 → 효포 고양이 언전투 조문 → 재회 반족거올가지고 지리산 향해분름

· 아버지를 찾아서
한술만에 지리산 → 나를메끼 그~ " 노래하는 지켓군 → 불은 앉는데 담배피우니 → 쌓고 대는데 벌통 → 호포 조문 소나무위 → 회살깩는 호랑이 → "대선한 총씨 ~ 긋 아래 → 호랑이 울음
오른알다리 절뚝 달아나 → 미월내방 → 호랑이 대월, 궁리 → 땟가따라라, 어둑 → 호랑이 산봉우리, 내 아에 걸려도는군 → 천길 방떠러지앞 (떠어내릴걸까) → 골자기 숲 커다란 가마 → 도술 구름강타고 기대하느냐 → 2봉, 나쁜 기운 5개 → 예쁜처녀랑 물통이 우문 (독사이독) → 이 물 먹여 재운위 장아막음 → 아름다운 반해 올라라 → 개소 제 학 익

우리 옛이야기
읽기

  예닐곱 살쯤 때였을 것이다. 할머니는 심심하다고 조를 때마다 호랑이 이야기를 들려주셨다. 아버지 원수를 갚으러 호랑이 굴을 찾아가는 아들 이야기는 들을 때마다 가슴 서늘했다.

  어떤 장면은 지금도 생생하다. 아들은 호랑이를 잡으려고 무예를 닦는데 무대가 우리 집 뒷산이었다. 할머니 이야기를 듣다 보면 이야기의 무대는 종종 내가 잘 아는 공간이 되곤 했다. 그렇게 상상했다.

  무술을 연마한 아들은 어머니 앞에서 시험을 치렀다. 어머니 허락이 떨어져야 길을 떠날 수 있었던 것이다. 아들은 바닥에 뾰족한 바늘을 주르르 세워놓고 보란 듯이 그 위를 걸었다. 아들이 바늘 밭을 건널 때면 내 발바닥이 찌릿찌릿했다. 바늘은 햇살을 받아 눈부셨다.

  어른이 되어 재미있는 호랑이 이야기를 여러 편 읽었다. 하지만 어릴 때 할머니가 들려준 이야기만큼 으스스하고 재미있는 이야기는 아직 없다. 물론 앞으로도 찾기 어려울 것이다. 책으로 읽은 이야기는 할머니의 목소리와 주름진 얼굴에 드리워진 표정을 도저히 당해낼 수 없기 때문이다.

할머니가 들려주신 이야기가 마음에 남아 있듯 내가 만나는 어린이에게도 기억에 남을 이야기를 주고 싶었다. 한때는 재미난 옛이야기를 읽으면 수첩에 적어두었다. 입말로 들려줄 이야기 몇 편은 간직하고 싶어서다. 하지만 읽어줄 그림책이나 동화에 옛이야기를 펼칠 자리는 자꾸 뒤로 밀렸다.

어린이들에게 즐겨 들려주는 이야기는 『반쪽이』와 『해와 달이 된 오누이』, 『아기장수 우투리』, 『바리데기』, 『손 없는 색시』다. 『반쪽이』는 새 학기 첫날 읽어주기도 한다. 몸은 반쪽이지만 지혜와 뚝심으로 어려움을 헤쳐나가는 반쪽이는 어린이들이 친구로 삼을 만한 멋진 인물이다.

『아기장수 우투리』는 안타깝고 슬픈 이야기다. 이 이야기는 각별히 아끼는 이야기로 해마다 어린이들에게 들려준다. 영웅의 면모를 지녔지만 끝내 소망을 이루지 못하는 우투리는 어린이 마음에 깊은 여운을 남긴다. 마지막 장면을 읽어줄 때 3학년 건우는 책상에 엎드려 한동안 일어나지 못했다. 바위가 열리는 순간 모든 것이 물거품처럼 사라지는 슬픔을 감당하기 어려웠던 것이다. 그날 저녁, 만화만 보던 건우는 처음으로 엄마 손을 이끌고 서점에 갔다. 그리고 다음 날 장수처럼 의기양양하게 『아기장수 우투리』를 품에 안고 왔다.

2018년, 4학년 어린이에게 들려줄 만한 옛이야기를 찾고 있을 때였다. 책을 고를 때에는 국어 교과서를 훑어보곤 하는데 마침 2학기 국어 교과서에 『오늘이』(서정오 글, 봄봄)가 실려 있다. 우리 신화가 실려 있어 몹시 반가웠다. 하지만 『오늘이』를 이야기로 읽는 것이 아니었다. 만화영화로 보면서 영화 감상법을 공부하게 되어 있다. 조금 섭섭했다.

미리 『오늘이』 영상을 보았다. 캐릭터도 이야기도 그림책 『오늘이』하고 차이가 있었다. 이야기 차례가 뒤바뀌고 줄거리도 달랐다. 만화영화로 표현하는 과정에서 감독의 해석과 의도에 따라 어느 정도 변형은 있을 수밖에 없다. 하지만 『오늘이』가 본래 품고 있는 주제와 거리가 있는 듯하여 아쉬움이 컸다. 만화영화는 오늘이가 신이 되는 과정과 그 여정이 갖는 의미를 충분히 보여주지 못했다. 아무래도 어린이들에게 만화영화를 곧바로 보여주는 건 무리가 있다는 생각이 들었다. 원래 이야기를 먼저 읽고 만화영화는 나중에 보기로 했다.

『오늘이』는 출전이 〈원천강본풀이〉로, 제주도의 무속에서 구전되던 본풀이의 하나다. 제주도 무속의 경우 대부분 다른 본풀이는 신의 내력에 대한 이야기로 되어 있다. 하지만 〈원천강본풀이〉는 점술의 기원과 내력을 설명하는 이야기이다 보니 굿에서 직접 노래로 불리지 않는다고 한다. 이런 이야기를 굿에서 노래로 부르지 않았다니 무척 아쉽다.

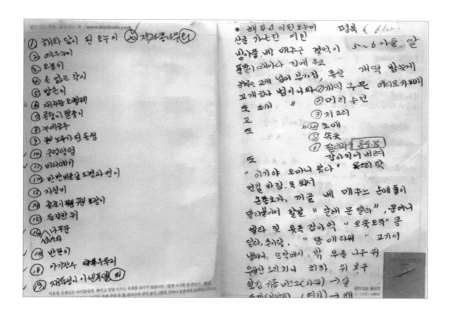

'오늘이' 온작품읽기

첫 시간이다. 어린이들에게 『오늘이』 만화영화를 보기 전 그림책을 보여주겠다고 했다. 계절의 시작을 알려주고 계절을 관리하는 중요한 우리 신 이야기니, 원래 이야기를 알아야 만화영화도 제대로 감상 할 수 있다는 점을 일러두었다. 어린이들은 얼른 영상을 보고 싶은 마음이 있었지만 조금 기다려야만 했다. 그림책 표지를 보여주었다.

"오늘이가 사람 이름이죠?"

"그렇지"

"앉아 있는 게 어릴 때 오늘이고 서 있는 사람이 나중에 큰 오늘이 같아요."

"조그만 여자아이가 오늘이고 어른은 연잎을 씌워주는 거 보니까 도와주는 선녀?"

"오, 그것도 괜찮은 해석이다."

옛날 옛적, 넓고 넓은 강림들 한복판에 한 여자아이가 살았어.

그 아이는 부모도 없고 형제도 없이 혼자 살았지.

성도 없고 이름도 없고, 나이가 몇 살인지도 몰랐어.

(2쪽)

"와, 어린아이가 어떻게 혼자 살아요!"

"누군가 도와줄 거 같아요."

"이 이야기가 신화라고 했잖아요. 그러면 오늘이가 신이니까 특별하게 사는 거 같아요."

어린이들은 오늘이가 신이기 때문에 특별한 삶을 살게 될 거라고 짐작했다. 오늘이가 어떤 인물인지 짐작할 만한 단서를 찾아보았다. 먼저 '강림들'을 살펴보았다. 이야기에서는 단순히 지명으로 나온다. 그런데 사전을 찾아보니 신이 인간 세상으로 내려온다는 뜻을 갖고 있다. 이렇게 되면 강림들은 인간 세상으로 내려온 오늘이가 사는 들판이라는 말이 될 것 같다. 강림들이 뭔가 특별한 공간이 될 수밖에 없다는 생각이 든다.

바리데기가 버려진 뒤 학의 도움을 받은 것처럼 오늘이도 길짐승과 날짐승의 도움을 받는다. 오늘이는 사람들이 '오늘 만났다'고 해서 지어준 이름이다.

어느 날, 오늘이를 늘 지켜봐주던 백주할머니가 부모님 이야기를 들려준다.

"얘야, 오늘이야. 네 어머니 아버지는 원천강 부모궁에 살고 있단다.

강림들 북쪽 흰 모래땅을 찾아가면 길을 가르쳐 줄 사람이 있을 게다."

(4쪽)

"오늘이 부모님은 왜 오늘이를 이렇게 혼자 살게 했을까?"

"오늘이가 동물이나 자연과 어울려 사는 힘을 길러주려고 그런 거 같아요."

"혼자 살아가는 힘을 기르게 하려고 그런 거 같아요."

어린이들은 중요한 것을 찾아냈다. 앞으로 길을 떠날 오늘이에게 강림들 생활은 중요하다. 보이지 않게 도움을 주는 존재가 있지만 강림들은 오늘이 스스로 동식물을 알아가면서 어울리고 살아가는 방법을 터득하는 곳이기도 하다.

"선생님은 문득 여러분이 살고 있는 교실이나 집이 강림들 같다는 생각도 드는데……."

"그러면 선생님이 학이나 백주할머니?"

"선생님도 여러분 부모님도 백주할머니지요!"

"와!"

"그러면 우리가 지금 공부하고 노는 것도 부모궁을 찾아가기 위해 준비하는 거네요?"

"그렇다고 볼 수 있지! 여러분은 오늘이처럼 여러분만의 길을 떠날 준비를 하는 거지요."

종이 인형으로 등장인물 만들기

주말에 짬을 내어 종이 인형으로 등장인물을 만들었다. 오늘이와 장상도령, 용, 그리고 연꽃님과 선녀를 차례로 만들었다.

종이 인형을 만든 까닭이 있다. 『오늘이』를 읽어주면서 고민이 생겼기

때문이다. 첫날 읽어주면서 보니 어린이들이 생각만큼 크게 흥미를 느끼는 거 같지 않았다. 예전에 『오늘이』를 읽을 때에도 조금 심심하다는 생각은 했다. 그게 마음에 걸려 그간 어린이들에게 『오늘이』를 읽어주지 않았다. 『삼신 할머니』, 『염라대왕을 잡아라』, 『바리데기』 같은 이야기를 읽어주었다.

『오늘이』는 『바리데기』나 『구렁덩덩 신선비』처럼 주인공이 길을 떠나면서 겪는 일들이 그다지 드라마틱하지 않다. 바리데기처럼 약수를 구하기 위해 댕기머리 총각에게 아들을 셋이나 낳아주는 일도 겪지 않는다. 『구렁덩덩 신선비』에 나오는 셋째 딸처럼 신랑을 찾기 위해 신랑의 새 여자와 호랑이 눈썹 가져오기 같은 내기를 하지도 않는다. 우투리처럼 활을 쏘며 적과 겨루다 죽는 일도 없다. 오늘이는 걷다가 새로운 인물을 만나면 길 안내를 받고 고민을 들어주겠다고 약속하는 게 전부다.

강림들에서 외롭게 지낸 일, 먼 길을 걸어 부모궁을 찾아가는 일은 어린 오늘이에게 상상하기 어려울 만큼 힘든 일이다. 하지만 오늘이의 여정은 실감 나게 드러나지 않는다. 어쩌면 모든 것이 순조롭게 흘러가는 것처럼 보이기도 한다. 〈원천강본풀이〉에는 오늘이가 원천강에 이르렀는데 문지기가 냉정하게 가로막자 쓰러져 통곡한다고 나와 있는데 그림책은 그 부분마저 생략했다. 이렇게 다른 이야기와 견줄 때 고생담이 약하다 보니 아슬아슬하거나 안타까운 감정을 자아내는 것 또한 덜할 수밖에 없다.

다른 이야기를 놔두고 굳이 『오늘이』를 고른 것은 교과서에 실려 있다는 점이 크게 작용했다. 교과서 밖 작품으로 책읽기를 몇 차례 한 터라 교과서에 실린 작품을 다루어야겠다는 마음도 있었다. 시작을 했으니 재미있게 읽고 싶었고 『오늘이』는 충분히 들려줄 가치가 있었다.

그런데 이상하게 종이 인형을 만들다 보니 오늘이에게 마음이 갔다. 호기심도 생겼다. 그래서 〈원천강본풀이〉 관련 자료를 찾아보기도 하고 『오늘이』 이야기를 해석한 자료도 찾아보았다. 신화가 제주에 온전한 형태로 많이 남아 있는 까닭도 궁금하여 알아보았다. 제주도 무속의 굿에서 신화가 구전된다고 한다. 대부분 다른 지역에서 '굿'은 노래와 춤, 연기 같은 요소는 강하지만 신화를 구송(소리 내어 읽거나 외움)하는 전통은 거의 없다고 한다. 그런데 제주도 굿에서는 한 번의 굿에서 무려 열 개 이상의 신화를 구송한다고 한다. 굉장하다. 이런 사실을 알고 나니 『오늘이』가 많은 이야기와 의미를 품고 있다는 생각이 들었다.

『오늘이』 앞부분은 그림책을 읽어주었지만 그 뒤는 입말로 들려주기로 했다. 줄거리를 간추렸다. 중얼중얼 연습도 해보았다. 오늘이 이야기를 노래로 부르면 좋겠다는 생각도 들었다. 어떤 대목은 북 장단이라도 치면서 들려주면 좋겠는데 그렇게는 못하고 어설프지만 입말로 들려주기로 했다. 종이 인형을 만들면서 어린이들이 이야기에 더 즐겁게 몰입할 거라는 기대를 가졌다.

입말로 이야기 들려주기

스티커 자석을 붙인 오늘이 종이 인형을 칠판에 붙였다. 종이 인형을 본 어린이들은 바짝 호기심을 보였다.

"와, 그거 선생님이 만들었어요? 진짜 잘 만들었어요!"

"그래, 선생님이 주말에 종이 인형으로 만들었어. 칠판에 그리려니 시간도 걸리고. 오늘이가 가는 길이 계속 이어지니 인형을 만들어 움직이면 좋겠다는 생각을 했거든."

바위산과 언덕, 그리고 정자에서 공부하는 장상도령 인형도 하나하나 칠판에 붙였다. 그림을 그리고 인형을 붙이고 옮기면서 이야기를 들려주었다. 주말에 줄거리를 익혀 연습을 했지만 자꾸 까먹어서 슬쩍슬쩍 적어놓은 것을 보았다. 연습 부족이다. 하지만 그림을 그리면서 인형을 옮겨 붙이다 보니 이상하게 흥이 났다. 어린이들도 공책에 오늘이가 걸어간 길을 그리고 인물을 그렸다. 오늘이가 원천강에 이르는 대목에서 잠시 읽기를 멈추었다.

정자에서 글을 읽는 처녀에게 물었지.

"아가씨 아가씨, 글 읽는 아가씨. 원천강 부모궁은 어디로 가나요?"

"저기 구름 걸린 바위산을 넘어 단물 솟는 우물을 찾아가면 길을 가르쳐 줄 선녀가 있을 게다."

(12쪽)

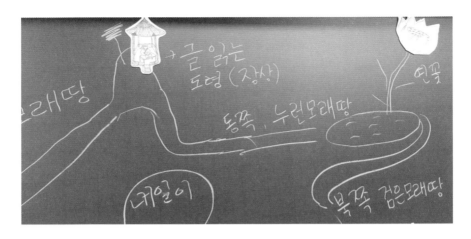

"얘들아. 보통 옛이야기에 나오는 여자는 베를 짜거나 빨래를 하는데 오늘이 이야기는 좀 다르지?"

"맞아요, 『손 없는 색시』에서도 색시가 베를 잘 짜잖아요. 그런데 여기에서는 내일이 아가씨가 베를 짜지 않고 글을 읽어요."

어린이들이 이 부분을 두고 더 생각해볼 수 있도록 제주도 이야기를 아는 대로 조금 들려주었다. 물질을 하며 생산 활동에 참여하는 제주 여자, 그리고 뭍에서 떨어진 섬 지역 사람들의 어려움이나 소망에 대해서 이야기했다.

"선생님 이야기를 듣고 나니까 제주도는 여자가 다른 지역보다 독립적이어서 내일이 아가씨처럼 글공부하는 인물이 나오는 거 같아요."

"신사임당도 공부하는 여자였잖아요, 제주도에도 공부하는 여자가 있었을 거 같아요."

'여자가 해녀 일만 하지 말고 공부해서 과거 시험을 보았으면 하는 바람이 있었던 거 같다'는 말도 나왔다. 남자들은 배를 타다가 죽는 일이 많아서 여자가 많았다는 제주도에서, 여자가 공부를 하는 일은 불가능에 가까웠을 것이다. 하지만 뭍에서 귀양 오는 선비들이 있었으니 공부하는 사람들을 볼 수 있었을 테고 강인한 제주 여자들은 공부하는 삶을 꿈꾸었을지도 모르겠다.

오늘이는 부모궁을 찾아가는 여정에서 장상도령, 연꽃님과 용, 내일이 아가씨, 선녀를 만난다. 만나는 인물마다 원천강 부모궁에 어떻게 가는지 도움을 받았다. 오늘이 또한 인물이 갖고 있는 고민을 해결해주기로 약속하거나 도움을 준다. 어린이들은 궁금한 게 많았다. 소윤이는 오늘이가 보따리를 들고 가는 게 보이는데 한 번도 풀어보지 않으니, 그 안에 뭐가 들었을지 궁금하다고 했다. 소윤이는 보따리 안에 식량, 수첩, 옷, 짚신, 깃털과 먹물 같은 게 들어 있을 거 같다고 했다.

잠시 멈추어 궁금한 내용을 공책에 쓰고 답도 적어보았다. 그런 뒤 짝과 이야기를 나누었다.

궁금한 점	스스로 찾은 답
• 내일이 아가씨와 장상도령이 어떤 글을 읽고 있는지 궁금하다.	• 제주도가 섬이니까 바다에서 살아남는 법을 읽고 있을 거 같다.
• 강림들에 버려진 오늘이가 어떻게 말을 배웠는지 궁금하다.	• 오늘이 이름을 오가다 만난 사람들이 지어주었다고 했는데 그 사람들이 하는 말을 보고 따라 하면서 배웠을 거 같다.
• 3천 년 동안 용이 되지 못한 이무기는 어떻게 여의주가 세 개나 있을까?	• 이무기가 다른 이무기의 여의주를 훔쳤을 거 같다.
• 오늘이 부모는 왜 오늘이를 혼자 내버려 뒀을까?	• 혼자 사는 힘을 기르게 하려고 한 거 같다.
• 왜 오늘이 부모님은 부모궁에 있는 오늘이가 알아서 떠날 때까지 기다려주었을까?	• 오늘이의 부모님은 오늘이가 알아서 떠날 것을 알고 있었기 때문이다.

　　어린이들은 뜻밖에 오늘이가 강림들에서 혼자 살아간 일, 또는 부모궁에 찾아갔다가 21일 만에 다시 부모를 떠나게 된 일을 두고 그리 반감을 갖지 않는 듯했다. 비록 부모가 오늘이와 함께하지 못하지만 학이나 백주할머니를 통해 오늘이를 지켜주고 있다고 믿는 듯했다. 그러한 믿음은 어린이들이 부모님께 갖는 깊은 신뢰에서 오는 것일 수도 있다는 생각이 들었다.

　　오늘이가 강림들에서 원천궁까지 가는 길에 만난 인물이 많아서 헷갈린다는 어린이들이 있었다. A4용지 한 장을 작은 칸으로 나누어 오늘이가 거쳐 간 장소와 인물을 손글씨로 썼다. 그리고 복사를 해서 아코디언북을 만들었다. 미니 아코디언북에 정리하면서 어린이들은 이야기에 더 흥미를 느끼고 흐름을 잘 이해하는 듯했다.

도와준 사람들의 부탁을 들어주는 오늘이

　　오늘이는 드디어 원천강 부모궁에 도착하여 부모님을 만난다. 부모님과 꿈같은 시간을 보내다 스무하루가 되자 떠나겠다고 한다.

> **"어머니 아버지와 함께 천 년이고 만 년이고 살고 싶지만,**
> **오다가 부탁받은 것이 있어서 그만 가 봐야겠습니다."**
> (25쪽)

"오늘이가 부모궁에 오기까지 도와준 사람들의 부탁을 들어주려고 부모님을 떠나는 게 대단해요."

"원천강을 떠나는 것은 누구의 의지였을까?"

"오늘이요."

"그럼, 여기서도 오늘이 부모님은 가라고 하지도 붙잡지도 않네, 왜일까?"

"오늘이가 스스로 때를 알고 떠나는 거라고 생각한 거 같아요."

"여러분도 언젠가는 때를 알고 부모님을 떠나게 될 때가 있을 거예요."

"부모님이랑 끝까지 살고 싶어요!"

"당연히 그런 마음이 들겠지. 하지만 독립적인 삶을 위해서는 때가 되면 떠나야 해. 오늘이처럼!"

핵심어

- **마음씨** – 오늘이는 마음씨가 좋고, 그 착한 마음으로 지나올 때 만난 신들의 부탁을 들어주었다. (정하윤)
- **오늘이 부모님** – 오늘이의 부모님이 지켜주지 않았다면 이런 긴 모험을 할 수 없었다. (이희서)

215

오늘이는 부모님께 받은 답을 가지고 강림들로 돌아갔다. 가서 만났던 인물들에게 하나하나 답을 준다. 오늘이는 이무기와 연꽃님에게 답을 주고 구슬과 연꽃을 얻는다. 내일이 아가씨를 장상도령과 만나게 해주면서 글을 그만 읽고 혼인을 하면 복을 누릴 거라고 전한다.

"선생님, 사람이 살아가면서 혼인이 정말 중요한 거 같아요."

"맞아요, 공부도 중요하지만 결혼을 해야 자손을 낳잖아요."

"이무기가 욕심을 버리니까 문제가 해결되잖아요. 그걸 보면서 욕심을 버리는 게 중요하다는 생각을 했어요."

"사람이 잘 살려면 혼인도 해야 하고 공부도 열심히 해야 하고 욕심도 버려야 하는 거 같아요."

오늘이는 도움받은 이들에게 답을 주기 위해 강림들로 돌아온다. 그리고는 예전처럼 동물 친구들과 어울려 춤추고 노래하다 옥황궁으로 올라가 선녀가 된다. 그림책은 여기에서 이야기를 마친다. 오늘이가 옥황신녀가 되어서 인간 세상 곳곳을 다니며 원천강 조화를 전해주는 장면은 보여주지 않는다. 원천강 조화는 사계절의 조화, 시간의 조화로 볼 수 있다. 의미 있는 장면이라고 생각하여 어린이들에게 이야기로 들려주었다.

• 그림책에 나오지 않은 장면
오늘이는 자기가 살던 마을로 들어가 백씨부인을 찾아간다.
백씨부인에게 부모님 만난 일과 오가면서 겪은 일을 모두 이야기하고
뱀한테 받은 여의주 한 개를 드린다. 백씨부인은 예전의
외로운 소녀가 아닌, 성장한 오늘이를 꼭 안아주었다.
그 후 오늘이는 옥황상제의 부름으로 하늘나라 선녀가 되어

원천강을 돌보며 사계절 소식을 세상에 전하는 일을 맡게 된다.
한 손에 여의주를, 또 한 손에 연꽃을 든 채로.
- 네이버 지식백과 문화콘텐츠닷컴(제공처 한국콘텐츠진흥원)

그림책과 달리 오늘이는 단순히 선녀가 된 것으로 그치지 않고 부모가 하던 일을 이어받는다. 원천강을 돌보며 사계절 소식을 세상에 전하는 일을 맡게 된 것이다. 〈원천강본풀이〉를 풀이한 글을 보면 오늘이를 '시간의 신'으로 표현하기도 한다. 부모님이 오늘이에게 사계절을 모두 보여주는 장면을 두고 오늘이가 부모님과 일 년을 같이 지냈다고 해석하는 사람도 있다. 흥미롭다.

내가 생각하는 오늘이

- 오늘이가 선녀가 될 줄 몰랐고 오늘이가 되게 지혜로운 거 같다.
- 나 같으면 부모님이랑 오래오래 같이 살려고 할 거 같은데 부모궁에 오기까지 도와준 사람들의 부탁을 들어주려고 다시 떠난 게 대단하다.
- 오늘이가 어머니 아버지를 찾아 떠나는데 그때 오늘이 마음이 참 굳고 용감한 거 같다.
- 여기 나온 등장인물 모두 잘 되어 좋았고 신화를 읽어보니 재미없을 줄 알았는데 재미있었다. 그리고 하늘에 간 선녀, 오늘이, 용이 된 이무기, 혼인한 장상 부부, 연꽃 모두 소원을 이루어 축하해!
- 교훈이 한 가지가 아니야, 여러 가지 색다른 이야기, 연관성 있는 캐릭터들! 오늘이, 사계절을 관리하고 알려주셔서 감사합니다.

저마다 길을 찾아서

오늘이의 기나긴 여정을 돕기 위한 몸짓

읽기를 마치고 책상을 가장자리로 밀었다. 어린이들은 오늘이가 부모궁을 찾아가는 긴 여정에 필요한 물건이 되어 오늘이를 돕기로 했다. 오늘이가 며칠을 걸었을지 하루에 얼마나 걸었을지, 물이나 양식은 어떻게 구했으며 잠은 어떻게 잤는지 자유롭게 이야기를 나누었다. 여전히 백주할머니의 도움이 있었을 거라는 이야기도 나오고, 강림들에서 지낸 경험이 있어서 자연에서 먹을 것과 잠자리를 구했을 거라는 이야기도 나왔다. 이야기에 드러나지 않았지만 오늘이의 고충을 상상하면서 표현을 했다.

교실 바닥에 연극할 때 쓰는 검은 천을 죽 펼쳤다. 연극 막으로 쓰는 천을 바닥에 펼치자 말 그대로 분위기가 달라졌다. 흰 천은 흰 모래, 검은 천은 검은 모래라고 했다. 검은 천이 짧은 듯하여 무릎 담요를 이어 붙였다. 보라색 요가 매트도 이어 붙였다. 진기가 먼저 나섰다. 진기는 천연덕스럽게 검정 천 옆에 누웠다.

"침대 같아요!"

"평상인데……."

진기는 평상이 되어 몇 날 며칠을 걷고 있는 오늘이를 잠시 쉬게 하고 싶다고 했다. 진기 설명에 공감이 되는지 어린이들이 고개를 끄덕였다. 뜨거운 모래땅을 몇 날 며칠 걸어간 오늘이가 마음에 걸렸던 모양이다.

"이야기를 읽으면서 가장 인상 깊은 장면을 떠올려보자. 오늘이, 또는 다른 인물이 되어도 좋아요."

현우 표현도 아주 흥미로웠다. 한눈에 보아도 선인장이라는 걸 알 수 있었다. 현우는 선인장 즙으로 오늘이가 갈증을 덜기 바라는 마음을 표현했다. 바윰이는 감탄한 듯 생각지 않은 표현이었다며 현우를 칭찬했다.

선녀가 된 오늘이 상상해보기

인물의 모습을 상상해보는 활동을 했다. 의자에 무릎 담요를 척 걸치자 어린이들은 마법사의 다음 행동을 기다릴 때처럼 궁금해했다. 의자를 가리키며 말했다.

"지금 하늘에서 일하던 오늘이 선녀가 왔단다. 보이니? 오늘이 선녀의 모습을 한번 잘 관찰해보고 어떤 옷, 어떤 소품을 걸치거나 들고 있는지, 인상은 어떤지 이야기해보렴."

어린이들은 인물과 관련된 중요한 물건이나 상징물을 잘 기억하고 있었다. 그리고 선녀의 모습을 나름의 배경지식을 가지고 무리 없이 설명했다. 다른 때는 잠잠하던 어린이들이 이 활동을 할 때 활발하게 발표하는 모습은 두드러진 변화였다.

- 선녀들이 하는 머리를 했고 핑크 치마에는 반짝이가 있어요.
- 왼손에는 구슬 달린 지팡이를 들었고 오른손에는 붓을 쥐고 있어요.
- 물이 담긴 작은 항아리를 들고 있어요.
- 핑크 치마에 노랑 저고리를 입었다고 누가 말했는데 저고리에 오방색 노리개를 달았어요.
- 뒤쪽에 큰 부채가 있어요.
- 핑크색 치마를 입었고 긴 머리예요.
- 오른손에 종을 들었어요. 사계절의 시작을 알리는 종이요. 그리고 여의주와 연꽃을 가지고 있어요. 선녀의 상징이지요. 연꽃잎을 한 장씩 떼어 뿌리면 백성들이 행복해져요.

만화영화 감상

드디어 15분 분량의 만화영화를 보았다. 한 번에 쭉 보지 않고 중간에 멈추면서 이야기를 나누었다. 처음부터 만화영화를 보았다 해도 어린이들은 제법 흥미로워했을 것이다. 그런데 이미 오늘이 이야기를 읽었기 때문에 어린이들은 나름의 기준을 가지고 이야기와 만화영화를 비교하고 있었다.

그림책에 나오는 캐릭터와 만화영화 캐릭터는 아주 달랐다. 이야기 순서도 달랐다. 화면은 숨 가쁘게 변했다. 만화영화는 캐릭터가 멋진 데다 속도감 있고 음악이 들어가서 재미있다는 어린이도 있었지만 대체로 책 이야기에 더 점수를 주는 듯했다.

만화영화와 비교해보기

- 만화영화가 너무 재미 쪽으로 가서 내용도 부족한 거 같고 감동이 사라진 것 같다. (허바울)
- 만화영화는 강림들이 아니라 원천강에서 이야기를 시작해서, 또 부모가 아니라 학을 찾으러 가서 뜬금없었다. 그리고 선녀도 없어서 재미가 떨어진다. (최서호)
- 만화영화는 캐릭터가 멋있고 귀여웠지만 이야기 차례가 원래하고 달라지고 등장인물도 바뀌고 속도도 빨라서 내용을 이해하기 어려웠다. (최은서)
- 책이 더 진지하고 내용이 자세해서 좋은 거 같다. (허유정)

어린이들은 『오늘이』 이야기를 들으면서 점점 오늘이를 좋아하게 된 듯하다. 나 역시 예전에 혼자 읽을 때하고는 색다른 맛을 느꼈다. 함께 읽는 데서 얻는 즐거움과 발견인 듯하다. 이제는 『오늘이』를 좋아하는 우리 이야기 목록에 넣을 생각이다.

- 『오늘이』를 다 읽고 애니메이션을 봤다.
  애니메이션은 책과 완전히 다르다.
  우리는 『오늘이』를 가지고 놀이도 했다.
  책과 만화영화, 놀이 등 다 재미있다.
  (전진우)

사계절의 신 오늘이에게 소원 빌기

마지막 활동으로 오늘이에게 도움을 주고 싶은 것 한 가지, 부탁하고 싶은 것 한 가지를 포스트잇에 썼다. 어린이들이 진지하게 글을 쓰는 동안 의자에 체크무늬 무릎 담요를 씌웠다. 그리고 오늘이 그림책을 세워두었다. 어린이들은 글을 쓰는 대로 담요와 책 표지에 포스트잇을 붙였다.

오늘이에게 주고 싶은 것

- 커다란 물탱크를 드리고 싶어요.
- 사막이라서 덥고 목마르니까 물을 주고 싶어요.
- 계절에 대한 책을 주고 싶어요. 계절의 시작을 알리는 일을 하고 있지만 계절에 대해 더 잘 알면 부모님에게 도움이 될 거 같아서요.
- 기차역을 드리고 싶어요. 기차 타고 원천강을 빠르게 가게요.

부탁하고 싶은 것

- 오늘이님, 저는 우유와 음식을 골고루 먹어도 키가 자라지 않아요. 제발 도와주세요.
- 부탁드릴 것은 분수가 어려워요. 분수를 쉽게 해주세요.
- 친한 친구가 생겼으면 좋겠어요. 친구가 많이 없기 때문이에요.
- 선녀님, 제 동생은 언제 한글을 깨치고 똑똑해집니까?

아이들은 저마다 고민과 바람을 갖고 있었다. 키가 작아 고민인 어린이, 분수가 힘들어 걱정인 어린이, 동생이 한글을 깨치지 못해 애가 타는 어린이, 시험을 앞두고 근심에 싸인 어린이……. 어린이들은 진심을 담아 오늘이에게 소원을 비는 듯했다.

오늘이가 원천강 가는 여정에 도움이 될 만한 물건을 쓴 것도 참 재미있다. 아이들은 얼마나 먼지 헤아리기도 어려운 원천궁을 찾아 뜨거운 사막을 건너가는 오늘이를 떠올렸다. 양산을 주고 물도 주고 힘내라고 에너지 음료도 준다. 마음 급한 어린이들은 아예 양탄자와 날개를 준다. 기차나 자동차를 타고 가라고 말하는 어린이도 있다. 가장 재미있는 것은 개구리 신발과 낙타 신발이다. 오늘이가 개구리 신발을 신고 점프해서 원천강이 어디 있는지 볼 수 있게 해주고 싶었나 보다.

224

식구들에게 들려준 '오늘이' 이야기

『오늘이』 이야기는 자연스레 주말 숙제로 이어졌다. 식구들에게 『오늘이』 이야기를 들려주기로 했다. 우리 신화를 가정에서 나누고 그 뜻을 헤아려보는 일은 뜻깊다. 어린이들은 저녁에 식탁과 거실에서 식구들에게 이야기를 들려주었다. 그리고 부모님께 질문한 뒤 일기를 썼다.

- 식구들이 재미있게 이야기를 들은 거 같아 뿌듯해졌다.
  엄마는 이야기에서 천생연분이 있다는 것과 이무기가 너무 욕심을
  부려서 용이 못 된 걸 보고 지나친 욕심을 부리면 안 된다는 걸
  알았다고 하셨다. 재미있다.
  다 각자의 생각이 있어서 재미있다. (원소윤)

- 언니에게 『오늘이』 이야기를 했다.
  언니가 초롱초롱한 눈빛으로 들었다. 읽어주면서 내용을
  더 많이 이해할 수 있었다. 언니한테만 말해서 아쉽지만 다음에는
  모든 식구들 앞에서 『오늘이』 내용을 말할 계획이다.
  『엄마 사용법』과 『공룡 도시락』, 『세 강도』 등 선생님이 읽어주신
  이야기는 언니한테 다 들려주었다.
  언니한테 말해줄 이야기가 또 생기면 좋겠다. (최은서)

- 엄마한테 설명해줄 때 내가 한 번 더 선생님께 『오늘이』 이야기를
  듣는 거 같아 신기하기도 했고 새로운 느낌이 들기도 했다.

『오늘이』이야기를 한 번 더 복습한 거 같다.

가족에게 『오늘이』이야기를 설명하는 게 이렇게 재미날 줄은

꿈에도 몰랐다. (이희서)

• 부모님께 『오늘이』이야기를 들려드렸다.

내가 제일 좋아하는 책을 부모님께 들려드리니까 뿌듯하고 좋았다.

이제부터 내가 좋아하는 책이 있으면 꼭 이야기를 들려드려야겠다.

그리고 『오늘이』는 삶의 지혜를 담고 있는 책 같다.

참 많은 점을 『오늘이』에게 배워가는 것 같다. (최서윤)

• 오늘이 이야기를 엄마한테 들려드렸다.

엄마는 "누구나 이 세상에 태어날 때에는 본인만이 할 수 있는 중요한

일들이 있는데 오늘이는 잘 해내서 훌륭한 선녀가 된 거 같아.

우리 지영이도 오늘이와 같이 멋지게 해낼 거라고 기대해!" 하고

말씀하셨다. (황지영)

어린이들은 식구들에게 『오늘이』이야기를 들려주면서 책을 다시 읽는 듯한 즐거움을 맛보았고 이야기가 갖고 있는 중요한 메시지를 다시금 깨달은 듯했다.

부모님이 오늘이에게 주고 싶은 물건

• 발이 피곤하지 않게 운동화를 챙겨주고 싶어요. (백은서 어머니)

• 한 달 동안 먹고도 남을 물! (이희서 어머니)

- 수첩과 연필. 자신이 한 일을 기록할 수 있고 선녀 일을 할 때도 자신이 기록한 것을 보면 좋을 거 같아서. (구하늘 어머니)
- 도시락. 혼자 길을 떠나면 배고플 거 같아서. (최서윤 아버지)
- 지도. 원천강 가는 길에 길을 잘 찾을 수 있게. (홍진기 어머니)

부모님이 오늘이에게 부탁하고 싶은 것
- 우리 하늘이가 커서 뭐가 될지 알려주셔요! (구하늘 어머니)
- 애들이 공부 좀 하게 해주세요! (최한나 아버지)
- 오늘이 이름처럼 날마다 행복하고 싶어요! (백은서 어머니)
- 소윤이가 밥을 너무 천천히 먹어서 다른 사람 속도에 맞추어 먹었으면 좋겠어요. (원소윤 어머니)
- 춘천에 봄, 가을이 길어졌으면 좋겠어요. (최 찬 어머니)
- 찬이가 책을 많이 좋아하면 좋겠어요. (최 찬 아버지)

우리 신화를 어린이들에게 전하는 일

『오늘이』는 한 인물이 신이 되는 여정을 다룬 이야기이다. 동시에 행복을 찾아가는 이야기이며 성장해가는 이야기다.

이야기를 하면서 종종 굿에서 오늘이가 구송되는 장면을 상상했다. 이야기를 만든 제주도 사람들의 염원을 생각해보기도 했다. 바다 한가운데 놓인 섬 생활은 거칠고 힘겨웠을 것이다. 좀처럼 다루기 어려운 자연은 삶을 불안하게 했을 것이다. 그래서 사계절을 다루는 신을 맞이하여 그 신이 자신들을 돌봐주기를 바랐을지도 모른다.

준비가 부족하여 어린이들과 『오늘이』에 담긴 것을 충분히 나누고 다루지 못했다. 하지만 많은 것을 배우고 생각했다. 앞으로 우리 신화를 어린이들에게 조금 더 쉽게, 풍부하고 아름답게 전하는 일을 게을리하지 않아야겠다.

『오늘이』 읽기는 끝났지만 종종 오늘이 이야기를 나누곤 했다. 이름이 '오늘이'니 저절로 오늘이 얘기를 하게 된다. 오늘이처럼 우리 어린이들이 씩씩하게 걷고 공부하고 친구들과 서로 도우면서 자신의 길을 잘 찾아가기 바란다.

뒷이야기 하나

2019년도에 학교도서관을 새로 단장했다. 6개월간 준비하고 두 달 공사를 했는데 아주 멋진 공간으로 탄생했다. 도서관에 어울리는 이름을 새로 짓기로 했다. 가정통신문을 냈는데 도서관 이름으로 세 가지를 안내했다. '곰곰'과 '코를 킁킁', 그리고 '오늘이'다. 각각의 이름 아래 설명을 덧붙였다. 내심 오늘이가 많은 표를 얻기 바랐다. 다행히 부모님과 어린이들은 오늘이가 시간을 관리하는 신이라는 데 마음이 갔는지 가장 많이 꼽았다. 나랑 같이 오늘이 신화를 읽은 어린이들은 더없이 기뻐했다. 오늘이 신이 현실 공간으로 내려온 듯하다.

오늘의 도서관

아가는 바람이 불어도 꼼짝 안 하고,
전차가 와도 다시는 묻지도 않고,
코만 새빨개서 가만히 서 있습니다.

『엄마 마중』에서
이태준 글, 김동성 그림

책을 읽어주기 전에

- **이야기나 입말로 우리 신화 만나기**

  우리 신화 '오늘이'는 그림책으로 봐도 좋고 선생님이 『오늘이』를 읽은 뒤 이야기로 들려주어도 좋겠다.

- **오늘이의 행동과 마음 생각하고, 신이 되어가는 여정 알아보기**

  오늘이는 나중에 선녀가 되어 사계절을 관리하는 일을 맡는다. 오늘이가 강림들에서 혼자 지낸 일, 만난 인물들의 고민을 해결해준 일들이 오늘이가 신이 되는 과정이라고 볼 수 있다. 오늘이가 신이 될 만한 요소들을 찾아 이야기를 나누면 좋겠다.

- **이야기와 만화영화 견주어보기**

  이야기를 먼저 읽고 뒤에 만화영화를 보면서 각각의 특징과 잘된 점, 아쉬운 점을 생각해본다.

- **가족에게 이야기 들려주기**

  가족에게 오늘이 이야기를 들려주고 오늘이의 여정에 필요한 선물을 주고 소원을 비는 활동을 해본다. 이 활동을 하면서 어린이들은 오늘이 이야기를 한 번 더 되새기고 부모님은 우리나라 신 오늘이를 알게 된다. 선물하고 소원을 비는 과정에서 어린이와 부모님이 뜻밖의 교감을 하게 될 것이다.

『당금애기 바리데기』

최원오 글 | 이선주 그림 | 현암사 |
2010

『농사와 사랑의 여신 자청비』

임정자 글 | 최현묵 그림 | 한겨레아이들 | 2009

『구렁덩덩 신선비』

김중철 엮음 | 유승하 그림 | 웅진주니어 | 2009

『감은장아기』

이안 글 | 이윤선 그림 | 올파소 | 2013

내 인생의
조언자는 바로 나!

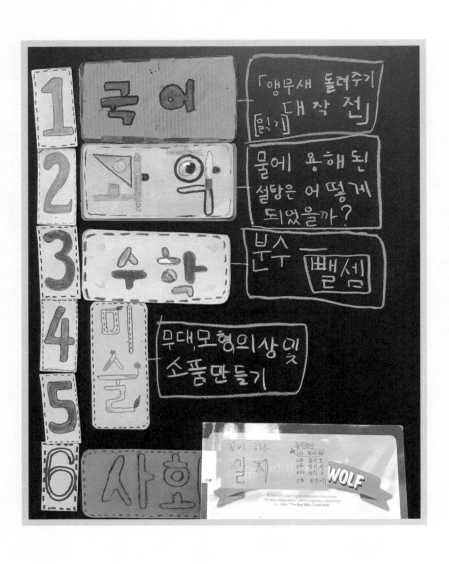

세상은 기쁨으로 가득하고,
그걸 즐기는 나로 가득하다

5월에는 장편을 읽기로 했다. 3, 4월에 그림책과 단편 동화를 여러 편 읽은 뒤라 장편을 시작해도 좋겠다는 생각이 들었다. 읽어줄 장편은 겨울방학부터 고르고 있었다. 긴 시간 읽을 책이니 미리 준비를 해야 한다.

언젠가 한 번쯤은 어린이들에게 읽어주고 싶었던 필리파 피어스의 『한밤중 톰의 정원에서』와 『아주 작은 개 치키티토』를 다시 읽었다. 이 동화들은 어린아이처럼 내 가슴을 뛰게 했다. 어린이 책이 얼마나 깊이 있는 세계를 갖고 있는지 보여준 책이다. 아, 그런데 세월이 흐른 탓일까. 안타깝게도 책을 읽으면서 예전 같은 감흥이 일지 않았다.

다시 보니 『아주 작은 개 치키티토』는 묘사와 심리 표현이 많다 보니 서사가 더디게 흐르는 듯했다. 어린이들이 흥미를 느낄까 의구심이 들었다. 판단하기 어려웠다. 여전히 고전의 미덕을 갖춘 좋은 책이지만 일단 뒤로 미룰 수밖에 없었다.

2학기에는 역사를 배우게 되니 『바보 온달』이나 『초정리 편지』(배유안 지음)는 어떨까 고민해보았다. 그러면서도 마음 한구석에는 매력적인 인물이 등장하는 소년소설을 읽어주고 싶은 마음이 있었다.

　근래에 인기 있는 진형민의 장편 동화, 잔잔한 목소리로 약하고 여린 대상을 그려내는 김양미의 『따로 또 삼총사』도 후보에 올려보았다. 진형민 작가는 지금 어린이들의 생활과 심리를 잘 다룬다. 탁구공처럼 톡톡 튀는 말맛과 뛰어난 심리 표현에 어린이들은 쏙 빠져든다. 하지만 나이가 들어 조금은 고루해졌을지도 모를 내 눈에는 가벼움이 걸렸다.

　『푸른 사자 와니니』(이현 지음)는 동물 세계를 다루고 있다. 어린 사자가 주인공으로 등장하는 이 작품은 한 인물의 고난과 성장, 독립기를 그리고 있다. 어린이들이 공감하고 흥미를 느끼기에 충분하다. 지루할 구간이 없을 만큼 재미있는 것도 이 작품의 장점이다. 하지만 자연 다큐멘터리에서 본 듯한 익숙함에 주저하게 된다.

　『우주로 가는 계단』(전수경 지음)처럼 미래 사회를 그린 작품도 살펴보았다. 전반부에서 칼 세이건의 『코스모스』 이야기를 하는데 다루는 세계가 제법 묵직하여 끌렸다. 하지만 등장하는 낱말이나 문장이 어렵고 후반부로 가면서는 모호한 느낌도 있다.

　책 한 권에 거는 기대가 너무 큰 걸까, 두루 읽어봤지만 좀처럼 결정을 내리기 어려웠다. 욕심부리지 말아야지 하면서도 두 달여간 읽을 책을 고르는 일이기에 자꾸 다른 책을 두리번거리게 되었다.

　시간은 흘렀고 어느덧 장편을 읽어줄 시기가 다가왔다. 후보로 고른 몇 권을 소개하면서 어린이들 의견을 듣기로 했다. 대략적인 설명을 한 뒤 의견을 들어보니 이것도 저것도 좋다고 한다. 별 도움이 되지 않았다. 그러다 가까스로 고른 책이 임지윤 작가의 『앵무새 돌려주기 대작전』(창비)이다. 고학년 어린이의 가정사와 우정을 다룬 작품으로 재미도 있고 생각할

거리도 많다.

　작품 속 주인공 마니 어머니는 성공이라는 목표에 붙들려 자녀가 가진 내적 힘과 소망을 읽지 못한다. 하지만 주인공 마니는 누군가에게 기대지 않고 자신을 인생의 조언자로 삼아 살겠다는 의지를 갖는다. 헬렌 켈러의 명언을 "세상은 기쁨으로 가득하고, 그걸 즐기는 나로 가득하다."로 바꾼 마니의 변화는 이런 면면을 잘 보여준다. 이야기는 성공적인 삶이 무언지 묻는다. 동시에 친구 간의 갈등, 이성 문제를 실감 나게 다루면서 어린 독자들로 하여금 자신의 일상과 고민을 돌아보게 한다.

ⓒ 강승숙

한 학기의 마지막, '장편 읽기'

한 달을 계획했던 책읽기는 두 달이나 걸렸다. 시간이 걸렸지만 초조해하지 않고 느긋하게 즐기며 책을 읽었다. 교육과정을 짜임 있게 재구성하지는 않았다. 성취 기준 가운데 구현할 만한 것은 책을 읽어가며 적절히 녹여내려 애썼다. 교과서를 다루어야 하는 상황에 이르면 잠시 읽기를 멈추고 교과서를 폈다.

교과서를 다루는 시간이 적을수록, 책을 읽는 시간이 더해질수록 국어시간을 좋아하는 어린이가 늘었다. 우리가 늘 해오던 일, 책을 읽으면서 중요 낱말 고르기, 추론하기, 느낌과 핵심어 쓰기는 시간이 흐를수록 능숙해졌다. 볼 만한, 멋진 공책들이 갈수록 늘었다. 책읽기를 마치는 날 공책 전시회를 하기로 약속했다.

책은 18장으로 나누어져 있다. 모두 119쪽이다. 각 장의 분량은 국어시간마다 한 장씩 읽기에 적당했다. 낭독극을 한 11, 12, 13장을 빼고는 내가 다 읽어주었다. 책은 늘 그렇듯 나만 갖고 있다. 시간이 흐르면서 어린이 몇은 책을 사거나 도서관에서 빌려왔다. 시립도서관까지 가서 책을 빌려온 어린이도 있다. 이렇게 책에 대한 궁금증으로 어린이들이 움직이는 일을 나는 늘 기다린다.

돌이켜보니 어린이들에게 장편을 읽어준 일이 많지 않다. 15년 전 처음으로 6학년 어린이들에게 『몽실 언니』를 읽어주었다. 짝 토의나 공책 정리 같은 건 없었다. 국어시간이 돌아오면 15분씩 그저 읽어주기만 했다. 우리는 읽으면서, 읽은 뒤 자유롭게 느낌을 나누었다. 어린이들은 제법 지루할 만한 장면에서도 흐트러지지 않고 이야기에 귀를 기울였다. 마치 라디오 연속극을 듣는 청중 같았다.

졸업을 앞두고 설문을 했다. 어린이들은 6학년 최고의 추억으로 『몽실 언니』 읽은 일을 꼽았다. 시간이 촉박하여 읽지 못한 50쪽 분량에 대해 짙은 아쉬움을 드러냈다. 50쪽은 대강을 간추려 들려주고 마지막 몇 쪽을 졸업식 전날 읽었다. 다 읽지 못했기에 더 아쉬운 첫 장편 읽기는 무척 낭만적인 추억으로 남아 있다.

그 뒤로 장편은 좀처럼 읽지 못했다. 책 읽어줄 시간은 늘 부족했고 읽어주고 싶은 책은 많았다. 나는 장편 대신 그림책이나 단편을 읽어주었다. 그러다 두 번째로 읽은 장편이 『마당을 나온 암탉』이다. 2016년 주문진초등학교에서 5학년 어린이들과 읽었다. 『몽실 언니』를 읽을 때하고는 많이 달랐다. 우리는 전지를 잘라서 병풍처럼 길게 접은 독서공책에 책 내용을 정리하면서 읽었다. 아코디언 공책은 어린이들의 다양한 재능과 개성, 생각을 엿보는 중요한 자료가 되었다.

그리고 세 번째, 올해 만난 5학년 어린이들과 『앵무새 돌려주기 대작전』을 읽었다. 늘 그렇듯 내가 책을 읽어주었다. 그런 방식은 거의 만족스러웠다. 그런데 이번에는 조금 달랐다. 책에 빠져들지 못하는 어린이들이 있었다. 느낌으로 안다. 어린이들이 집중하는지 재미가 떨어져 심드렁한지는 그냥 느낄 수 있다. 11장까지 읽으면서 강렬한 반응이 나올 때도 있었지만 무덤덤한 반응을 보일 때도 있었다. 그런 분위기를 감지한 날은 자다가도 깨면 생각을 했다. 뭐가 문제일까? 나 혼자 읽을 때는 분명 재미있었는데 읽어줄 때에는 이렇게 간극이 생긴다. 까닭이 무얼까? 그 까닭을 어느 정도 알아냈다.

일단 책 제목에 걸맞은 대작전이 잘 안 보인다. 『엄마 사용법』이나 『화요일의 두꺼비』같이 기상천외한 사건이 벌어지지 않는 것이다. 그저 주인공 마니가 집과 학교를 오가며 여러 대상과 자잘한 갈등을 빚을 뿐이다. 동생 차니가 몰래 가져온 듯한 앵무새를 사장님 댁에 돌려주는 일도 아직까지는 긴장감이 약하다.

인물이 여럿 등장하는 것도 집중력을 떨어뜨렸다. 『엄마 사용법』이나 『화요일의 두꺼비』는 주연급 배우 두세 명이 사건의 중심에 서 있고 사건의 진척이 빠르다. 하지만 『앵무새 돌려주기 대작전』에는 마니 엄마의 친자매 같은 쫑이 이모를 포함해서 마니네 가족 다섯과 수혁이네 가족이 넷이다. 마니 친구들도 수혁이 빼고 셋이나 된다. 등장인물이 열둘인 셈이다. 처음부터 인물 지도를 그려서 나누어주고 시작했다면 훨씬 좋았을 뻔했다.

마지막에 쫓기듯 책을 읽으면서 작품의 특징을 제대로 정리하지 못했다. 중간중간 대화가 많은 장은 어린이에게 배역을 준 뒤 읽게 했으면 어땠을까 하는 생각도 뒤늦게 들었다. 이런 상황은 고민에 고민을 더하게 했다. 갱년기 증세로 자다가 눈을 뜨면 다음 날 읽을 분량을 읽은 뒤 어디에 초점을 두고 질문을 할지, 토의를 할지, 또는 어떤 활동이 필요한지를 계속 생각했다.

너만 봐, 나의 장편

책을 읽기 전 크라프트지로 만든 공책을 나눠주었다. 독서공책이다. 그동안 어린이들은 도화지나 A4용지를 접어 만든 독서록을 썼다. 독서공책 정리에 제법 능숙해지자 이번에는 2,500원짜리 독서공책을 나눠주었다. 어린이들은 새 공책을 받고 몹시 좋아했다. 독서공책 이름을 지어보라고 하니 그럴듯한 제목이 줄줄이 사탕처럼 쏟아져 나왔다.

"책 이야기" "책과 함께" "책 속의 책" "단발 소녀의 책방"
"너만 봐 나의 장편 책"
"책은 비밀 친구" "사랑스러운 장편 이야기" "나의 첫 장편"
"책은 나의 비밀 친구"

드디어 새로 읽을 책 제목을 칠판에 썼다. 아주 천천히.
"어, 재미있을 거 같아요!"
제목이 썩 마음에 드는 눈치다.

"1. 어쩌다 앵무새를 가방에 넣어 올 확률"

1장 소제목까지 칠판에 쓰자 추론이 시작되었다.

• 앵무새가 버려져 있는데 어떤 사람이 주우려다가 고민하게 된다.
  그러다 결국 가방에 앵무새를 넣어 집으로 가지고 온다.

- 주인공이 등교할 때 어떤 앵무새가 살포시 가방에 앉았다.
  그 앵무새 주인을 찾아줄 거 같다.

마니 엄마의 명언 액자

책을 읽기 시작했다. 주인공 마니 엄마는 만만치 않은 엄마다. 집안 곳곳에 명언 액자를 붙여놓고는 식구들에게 하고 싶은 말을 명언으로 대신한다. 명언은 교실의 학습 목표 같은 것으로 식구들에게 무언의 압력을 주는 글귀다. 마니 엄마가 하는 말과 행동은 몹시 불편하지만 등장하는 명언들은 어린이들 마음을 끌기에 넉넉했다.

남이 깨 주면 달걀 프라이가 되지만 스스로 깨면 병아리가 된다.
-J. 허슬러 (8쪽)

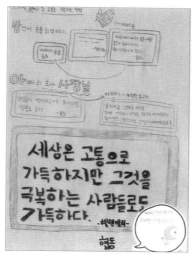

"와, 그럴듯해요!"

"스스로 깨면 병아리가 된다는 말이 마음에 들어요."

"그 명언 칠판에 적어주세요."

'스스로 깨면 병아리가 된다.' 이 말은 사춘기 기운이 꿈틀거리는 어린이들 마음을 건드린 듯했다.

여느 집과 다르지 않게 주인공 마니네도 문제가 있다. 동생 차니는 소아 우울증에 걸렸고 마니는 친구 문제로 골머리를 앓는다. 그런데 어느 날 차니 가방에서 앵무새가 나온다. 아빠 회사 사장님 댁에 다녀온 뒤다. 당연히 앵무새가 차니 가방에 들어간 배경과 앵무새를 돌려주는 방법에 관심이 쏠렸다. 급한 마음에 앵무새를 잡으려던 마니 아빠는 액자가 깨지면서 손을 다친다. 헬렌 켈러의 명언이 딱 들어맞는 상황이 되어가고 있다.

세상은 고통으로 가득하지만,

그것을 극복하는 사람들로도 가득하다. -헬렌 켈러

(26쪽)

보통 한 장을 다 읽거나 그날 분량을 읽고 나면 꼭 핵심어를 찾아 쓴다. 핵심어를 고른 까닭도 한 문장 정도 쓴다.

- **앵무새** - 아빠가 회장님네 앵무새를 애지중지하는 게 웃기다
- **심각한 친구 사이** - 세나와 마니 사이가 조금 심각한 거 같다. 앞으로 어떻게 될까?
- **술고래** - 아빠의 회사 사장님이 술을 많이 마셔서 술고래인 게 재미있다.
- **가족의 비밀** - 쫑이 이모는 마니의 친이모가 아니다. 이모는 부모가 돌아가시자 엄마랑 친해서 같이 살게 되었다. 그러면서 거의 한 자매가 되었다.
- **궁금** - 김경지, 세나, 쫑이 이모에게 너무 궁금증이 생긴다.

마니 엄마가 고른 명언은 하나같이 그럴듯하다. 어린이들은 이 명언들에 큰 호기심을 느끼고 있었다. 그 반짝거림을 놓칠세라 얼른 집에 걸어두고 싶은 명언을 찾아보자고 했다.

조사한 명언은 며칠에 걸쳐 발표했다. 발표하고 싶은 어린이들은 전날 세 명씩 신청을 받았다. 그 어린이들은 등교하면 조사해온 명언을 칠판에 썼다. 그리고 책을 읽기 전 발표했다. 소개하는 명언마다 괜찮다 보니 어린이들은 친구들이 조사한 명언을 죄 공책에 옮겨 썼다. 다혜는 'J. 허슬러', '헬렌 켈러', '플레' 등 유명한 사람들의 명언을 알게 되어 좋다고 했다. 특히 헬렌 켈러의 '세상은 고통으로 가득하지만, 그것을 극복하는 사람들로도 가득하다.'는 명언이 가장 인상 깊다고 했다.

'세상은 고통으로 가득하다.'는 말을 어린이들은 어떤 식으로 이해할까.

조금 들여다보면 5학년 어린이도 집안 일이나 친구 문제로 고민이 깊은 것을 알 수 있다. 서연이는 두어 달 전부터 친구 문제로 고민이 많다. 어떤 친구가 오로지 자기하고만 놀자고 하는데 서연이는 다른 친구하고도 어울리고 싶다. 그런데 마음이 여리다 보니 표현을 못하고는 끙끙 앓는다. 상담을 하면 눈물만 흘린다. 마니가 세나 때문에 힘들어하듯 서연이도 맷돌의 무게를 감당하고 있는 것이다. 고현우도 한동안 기운이 없다. 아버지가 어떤 사정으로 일 년간 일을 쉬게 되었다.

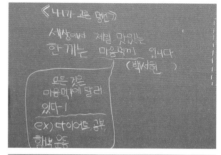

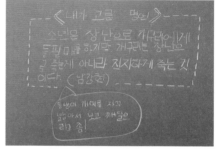

"실업수당은 나오는데요, 그걸로 제 학원비까지 내기는 힘들어요. 그래서 아빠가 다른 일을 구했는데 그 일이 너무 힘든 일이라 걱정이 돼요. 석면 제거하는 일인데 위험하잖아요. 어른들이 이렇게 힘들게 돈 버는 줄 몰랐어요."

어린이들이 조사해온 명언들이다.

소년들은 장난으로 개구리에게 돌팔매를 하지만
개구리는 장난으로 죽는 게 아니라 진지하게 죽는 것이다.

"동생이 개미를 많이 죽여서 반성하라는 뜻으로 이 명언을 골랐어요."

"우와!"

강현이 발표가 끝나자 친구들 감탄이 곳곳에서 터져 나왔다. 모두 강현이가 조사해온 명언을 공책에 베껴 썼다. 어린이들이 보고 쓰라고 얼른 그 명언을 칠판에 적었다. 강현이가 이런 명언을 어디에서 찾았는지 궁금해졌다.

이번에는 이현우가 고른 명언이다.

거기서 내뿜어지는 검고 악취 나는 연기는 밑바닥 모르게
깊은 갱 속에서 분출하는 지옥의 연기와 매우 비슷하다.
– 제임스 1세, 영국 왕

웃음이 터질 뻔했다. 도대체 도스토옙스키 작품에나 나올 법한 어둑한 풍경이 떠오르는 이런 명언이 어떻게 이현우 눈에 들어왔을까?

"아버지가 담배를 많이 피워서 담배를 끊었으면 하는 마음에 골랐어요."

"멋있다!"

뭔지 모르게 멋있다는 생각이 드는 건 나도 마찬가지였다. 여자 어린이 하나는 자기도 이 명언을 부모님에게 보여주고 싶다고 했다. 부모님이 담배를 피워서 걱정하는 마음이 컸던 것이다. 어린이들 공책에서는 유머러스한 명언, 철학적인 명언들이 줄지어 나왔다.

인생은 자전거를 타는 것과도 같다. 균형을 잡으려면 움직여야 한다.
– 아인슈타인

어린이는 모두 화가다. 나는 어린이처럼 그리는 데 80년이나 걸렸다.
– 피카소

명언을 조사하고 발표한 날 민서는 배움공책에 이렇게 썼다.

• 오늘 국어시간에 선생님이 책 읽어주시는 것을 듣고 명언을 썼다.
  명언이 그렇게 좋은 말인 줄 몰랐다. 나도 책에 나오는 것처럼
  명언을 써서 집에 걸어두고 싶다. (최민서)

인물 분석을 해보자

4장에서는 새로운 인물 수혁이가 등장한다.

이 층에서 사모님이 내려오는 것을 보고 엄마가 활짝 웃었다.
사모님 뒤로 비쩍 마르고 키만 훌쩍 큰 남자아이가
무표정한 얼굴로 따라왔다. 그 애가 허공에 대고 고개를 푹 숙였다.
아마 우리 엄마한테 인사를 한 모양이다. 나랑은 눈도 안 마주쳤다.
(46쪽)

모두 바짝 관심을 갖는다. 수혁이가 마니와 어떻게 관계를 만들어갈지 궁금한 것이다. 어린이들은 이들이 우정을 넘어 이성 간의 감정까지 갖길 바라는 듯했다. 여자친구가 있어서 은근히 친구들 부러움을 사고 있는 남자 어린이 하나는 이 책을 사보고 싶다고 했다.

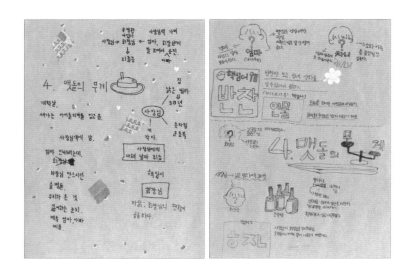

- 엄마 나다해의 여러 면과 아빠 회사 사장님의 모습이 드러나는 등
  많은 걸 알게 되니 점점 흥미가 생기면서 추론이 깊어진다.
  엄마는 살짝 자기중심적이고 아버지는 소심하고 불쌍하다.
  마니는 덩치 큰 5학년이고 동생 차니는 어린 장난꾸러기다.
  엄마들은 살짝 과대포장해서 말할 때가 있는데
  아이들을 위해서 그런 건 아닐까. (고현우)

현우는 마니 아빠가 앵무새 문제로 고민에 빠지거나 엄마한테 휘둘리
는 게 퍽이나 안타까운 모양이다. 그러면서도 다른 친구들과 달리 마니 엄
마를 무조건 부정적으로 보는 거 같지 않다. 하지만 대부분의 어린이는 마
니 엄마를 싫어했다. 마니를 힘들게 해서 싫은 것이다. 마니는 이미 어린이
들의 분신이 된 듯하다. 어쨌든 명언에 기대는 인물, 온가족의 대장처럼 군
림하는 마니 엄마에 대한 흥미는 클 수밖에 없다.

• 엄마는 아빠 승진에 신경을 너무 쓰면서 회장님 댁에 잘 보이려고 한다.

가족보다 돈에 대한 욕심이 더 많은 거 같다.

또 아빠는 엄마 뜻을 잘 따른다. 허당기와 멍청함이 조금씩 있지만

엄마보다 순수하다. 그리고 마니는 이렇게 아빠 일에 참견하는 엄마를

한심하게 생각하는 거 같고 사춘기 기운이 있는 거 같다.

또 차니는 내가 생각했을 때 어지러울 거 같다.

그 까닭은 싸우는 엄마, 아빠 때문이다. (박세아)

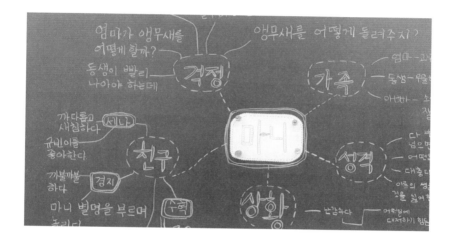

'핫시팅'으로 마니 엄마 소환하기

5장 '성공을 위해 앵무새 똥을 닦다'를 읽기 전 4장까지 읽은 이야기를 바탕으로 '핫시팅'을 했다. 불러낼 인물은 마니 엄마다. 비중 있는 인물이고 가족의 미래를 위해 강력한 계획을 세워 추진하는 캐릭터라 다루어볼 만했다. 무엇보다도 어린이들이 마니 엄마에게 갖는 불만이 커서 마니 엄마의

속마음을 알아보는 일이 필요했다. 물론 뒷장으로 가면 마니 엄마의 긍정적인 면이 나온다. 하지만 이 지점에서 이 인물의 강하고 과도한 행동의 이면을 짚어보는 일은 흥미로울 거 같다.

마니 엄마가 된 어린이들 셋은 친구들이 마니 엄마에게 갖는 불만이나 궁금증에 답할 준비를 해야 한다. 이런 활동이 처음이라 제법 생각을 풍부하게 표현하는 어린이들로 구성했다. 엄마 역을 맡을 어린이는 하루 전에 뽑았다. 배역을 맡은 어린이에게 친구들이 어떤 질문을 할지 예상해보고 답변을 준비하라고 했다. 다른 어린이들은 엄마에게 묻고 싶은 질문을 한두 가지씩 준비하기로 했다.

질문과 답변

질문자 | 엄마가 좋아하는 명언은 무엇인가요?
- 엄마1 | 플러의 명언, 바다에 빠져 죽은 사람보다 술에 빠져 죽은 사람이 더 많다는 명언이 마음에 들어요. 이걸 보면서 마니 아빠가 술을 끊게 되면 좋겠다는 생각이 들어요.
- 엄마2 | 나는 J. 허슬러의 묵직한 명언류를 좋아해요. 뭔가 마음에 와닿아요.

질문자 | 쫑이 이모하고는 어떻게 친하게 되었나요?
- 엄마 | 1학년 때 친구들한테 얻어맞고 있을 때 쫑이 이모, 그러니까 종희가 와서 그 친구들을 혼내줬단다. 그때부터 친자매처럼 친하게 지내게 되었어요.

질문자 | 남편이 부장 승진하는 걸 위해 애쓰잖아요. 승진하면 어떻게 해줄

건가요?

- 엄마1 | 사장님 댁에 신경 쓰면서 가족의 밥반찬을 소홀히 하고 그랬는데 남편이 승진하면 반찬을 더 맛있게 하고 사소한 일도 정성을 다해서 남편을 감동시킬 생각을 합니다.
- 엄마2 | 남편이 부장이 되면 일주일 동안 축하를 해주고 정성을 다할 생각이에요.

질문자 | 언제부터 명언에 의지하게 되었어요?

- 엄마 | 원래 명언을 좋아했어요. 그래서 집 안에 걸어두고 문제가 있을 때마다 식구들에게 설명하니까 모두 잘 이해하는 것 같았어요.

질문자 | 왜 사장님 댁에 가서 그렇게 과장된 행동을 했나요?

- 엄마 | 남편의 회사생활을 위해서 그렇게 했어요.

질문자 | 왜 자녀한테 엄하게 대하나요?

- 엄마 | 아이를 강하게 키워야 한다고 생각해요.

핫시팅은 흥미로웠다. 엄마 역을 맡은 어린이들은 친구들이 어떤 질문을 할지 예상하고 답변을 준비했다. 하지만 핫시팅을 시작하자 엄마 역을 맡은 친구들은 당황했다. 예상을 벗어난 날카로운 질문이 들어온 것이다. '돈이 좋아요, 명언이 좋아요?' 같은 단답형 질문이 아닌 '언제부터 명언에 의지하게 되었느냐?' 같은 질문이 나왔다. 그래도 고민 끝에 그럴듯한 답을 내놓아 질문자를 어느 정도는 만족시켰다. 관객 자리에 있던 친구들은 대체로 이 활동이 만족스럽다고 했다.

핫시팅을 마치고 난 소감

- 처음 해보는 활동이라서 잘 안 될 줄 알았는데 친구들이 꽤 수준 있는
  질문을 해서 놀랐어요.
- 엄마 역을 맡은 친구들이 좋은 대답을 해줘서 마니 엄마에 대한 궁금증이
  좀 풀린 거 같아요.
- 텔레비전 토크쇼 같아서 재미있었고 마니 엄마를 나쁘게만 생각했는데
  다른 시선으로 생각하게 되었어요.

핫시팅을 하면서 마니 엄마에 대해 호감까지는 아니어도 그런 행동을 하게 된 까닭을 추론해볼 수 있었다. 엄마라는 인물을 박제된 인물이 아니라 살아있는 인물, 나름의 고민을 하는 인물로 생각하는 기회가 된 듯하다.

5학년 어린이들의 관심사

어린이들은 갈수록 이야기에 더 흥미를 느끼는 듯했다. 관심의 중심에 앵무새보다는 마니와 수혁이가 있었다. 8장 제목 '뭐, 마니가 규빈이랑 사귄다고?'를 칠판에 쓰자마자 여기저기서 "우우~" 하는 소리가 터져 나왔다. 강현이는 쉼 없이 혼잣말로 추론을 쏟아냈고 그 말은 내 귀에까지 들어왔다. 강현이처럼 호기심 어린 얼굴은 곳곳에서 볼 수 있었다. 이번 장에 대한 기대감이 그만큼 크다는 것을 알 수 있었다. 이런 날은 쉬는 시간이 되어도 좀처럼 자리에서 일어나지 않는다. 공책 정리를 하거나, 여운 때문에 머뭇거리는 것이다.

"선생님, 2교시 국어시간에도 읽어주실 거예요?"

여자 어린이 셋이 다가와 물었다. 더 읽어줄 거라고 말하자 안심하며 놀이를 시작했다.

> 나는 세나의 오해를 풀어 주고 싶었다.
> 그래서 일부러 세나가 가는 캠프에 신청했다.
> 그런데 어찌된 영문인지 축구부 전지훈련에 간다던 규빈이가
> 그 캠프에 와 있었다. 세나는 나한테 절교 편지를 보냈다.
> 내가 규빈이를 좋아해서 캠프에 따라왔다고 생각하는 거 같았다.
> 세나는 규빈이에게 고백하려고 했는데 내가 망쳤다고 했다.
> (85쪽)

8장까지 읽고 나서 짝 토의를 했다. 이야기가 마음에 들었는지 '시작!' 이라는 말이 떨어지기도 전에 짝 토의를 하는 어린이들이 눈에 들어왔다. 짝 토의를 마치고 몇 팀이 발표했다. 발표는 방금 나눈 이야기를 거의 그대로 말하면 된다. 이런 방식은 발표하는 쪽에서도 부담이 적고 듣는 어린이도 연극을 보듯 하여 재미있다.

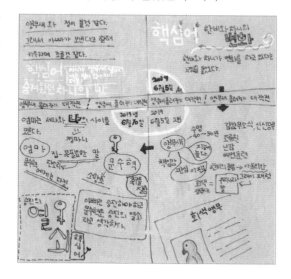

세나와 규빈이, 마니가 얽힌 상황을 해석하고 추론하는 이야

기가 많이 나왔다. 강현이는 마니가 선머슴 같아서 규빈이가 편하게 생각하는 거 같은데 그 때문에 세나가 마니를 자꾸 오해하는 거 같다고 했다.

한경이는 세나를 보면서 자기를 힘들게 했던 예전 학교 친구가 떠올랐다고 했다. 한경이는 자신을 질투하던 그 친구 때문에 상처를 받았다. 한경이는 세나에게 질투 좀 하지 말고 친구가 왜 그렇게 행동하는지 먼저 생각하라는 말을 하고 싶다고 했다.

핵심어, 느낌, 추론

- **아프리칸 그레잇 페럿** – 마니가 도서관까지 가서 앵무새에 대한 책을 찾아보는 걸 보니 앵무새에게 애정이 생긴 건 아닐까 생각이 든다.

- **절교** – 세나는 마니에게 진실을 물어보지 않고 절교했다.

- **규빈이 속마음** – 규빈이가 마니를 좋아해서 옆자리에 앉은 줄 알았는데 여자 중에서 편해서 옆에 앉았다고 하니 너무 아쉬웠다.

- **이어줌** – 마니가 세나와 친해지고 싶어서, 마니는 규빈이와 세나를 이어주고 규빈이는 마니와 세나를 이어줄 거 같다. 수혁이와 마니가 친해지고 세나는 규빈이와 친해질 거 같다.

- 규빈이가 마니를 좋아하는 거 같고 세나는 규빈이를 좋아하는 거 같다. 책이 드라마 같다. 세나가 슬플 거 같다.

- 경지가 마니 넘어졌을 때 괜찮냐고 물어서 마니를 좋아하는 거 같다는 생각이 들었다. 친구 이상으로 관심을 갖는 게 아닐까 하는 생각이 든다.

마니와 세나, 수혁이와 마니, 규빈이 관계는 5학년 어린이들의 친구와 이성에 대한 관심사를 잘 보여준다. 우리 반 여자 어린이들은 크게 세 그룹으로 나뉘어 어울린다. 그 가운데 한 그룹에서 두세 달 동안 서로 삐치고 절교하는 일이 여러 차례 일어났다. 작품 속 세나의 행동은 어이없어 보이

기도 하지만 실제 우리 어린이들 모습이다.

친구를 사귀면 단둘이 있고 싶어 한다. 상대 친구가 다른 아이랑 노는 걸 보면 바로 삐치고, 절교하는 일이 벌어지기도 한다. 그런 어린이들도 책 속 세나의 행동은 바람직하지 못하다고 생각한다. 세나를 보면서 자신을 들여다보는 계기가 되면 좋을 거 같다.

친구들이 다 알도록 대놓고 친하게 지내는 남녀 짝꿍이 있다. 그런 친구들을 부러워하는 어린이도 있다. 아직 남자친구에게 별 관심을 받지 못한다고 생각하는 여자 어린이는 규빈이가 마니 옆에 앉은 것이 '좋아서'가 아님을 몹시 섭섭해했다. 마치 자기 일처럼 안타까워했다.

마니에게 선물하는 시

그걸로 끝이었다. 어떻게 문수혁과 헤어졌는지,
어떻게 집에 왔는지 기억나지 않는다.
엄마는 다른 사람 앞에서 꼭 내 흉을 본다.
종이 이모랑 있을 때는 괜찮지만,
사모님이나 다른 사람들과 있을 때 그러면 정말 짜증 난다.
그래도 어른들 앞이니까 꾹 참았다.
그런데 문수혁 앞에서까지 그래야 하나?
창피해서 죽을 것 같다.
방에 걸린 헬렌 켈러가 나를 노려보았다.
"내가 세상은 고통으로 가득하다고 말했잖아."라고 하는 것 같았다.
(82쪽)

이런저런 일로 힘들어하는 마니를 위해 시를 찾아 선물하는 시간을 가졌다. 우리 반은 한동안 목요일 아침 10분 독서 시간에 시집을 읽었다. 그렇게 읽은 시 가운데 마음에 드는 한 편을 골라 시 공책에 옮겨 썼다. 이번에는 특별히 마니에게 주고 싶은 시를 고르기로 했다.

민건이는 성명진 시 〈친구〉를 골랐다. 마니랑 수혁이가 서로 친하게 지내면 좋겠다는 생각에서 골랐다고 한다. 책을 읽는 내내 우리 반 어린이들은 마니와 수혁이 관계에 깊은 관심을 드러내곤 했다. 제법 얌전한 부류에 속하는 민건이도 다르지 않았다. '그 후 날마다 우리는 서로의 곁에 있었다.'라는 문장이 마음에 든다고 했다. 마음이 따뜻해지는 구절이다.

상미는 민경정의 〈저녁에〉를 골랐다. 마니가 학원과 공부에 얽매이지 않고 더 행복하게 지냈으면 하는 마음도 들었고, 가족이 잘 느껴지는 시라서 골랐다고 했다. '가족이 잘 느껴지는'에 밑줄을 긋게 된다. 상미는 여덟 살 때 아버지가 갑작스레 돌아가셨다. 나들이할 때 상미는 그 얘기를 무심한 듯 말했다. 마음 한편에는 슬프고 아린 마음이 숨어 있을 것이다. 상미는 지금 남은 가족과 잘 살고 싶다. 언제까지나 현관 앞에 식구들 신발이 정답게 놓여 있는 풍경을 보고 싶은 것이다. 정겨운 시인데 코끝이 찡해진다.

서호는 이상교 시 〈뚱뚱한 애〉를 골랐다. 친구를 곧잘 놀리던 장난꾸러기 서호가 이 시를 골랐다니 뜻밖이다. '뚱'자만 들어도 깜짝 놀라는 시 속 주인공을 보면서 서호는 뚱뚱한 마니를 떠올린 듯하다. 친구들이 마니한테 뚱뚱하다는 말을 하지 않으면 좋겠다고 썼다. 물론 서호는 이 시를 고른 뒤에도 짓궂은 다른 남자 어린이와 다를 바 없이 친구들을 놀리곤 한다. 그래도 시를 고르기 전과는 다르지 않을까, 놀림 받은 친구 마음을 한 번쯤 더 생각할 것이다.

시 집에서 보물 찾기		2019년 3월 30일 무료일 이름 (조)다 혜)
시집 제목	시랑 먼저 놀거야♥	지은이 강승숙

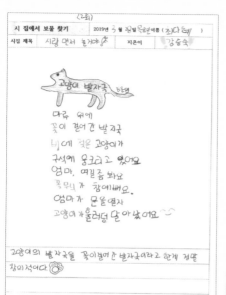

고양이 발자국 ᄇᆞ로면

다른 위에
꽃이 떨어진 발자국
비에 젖은 고양이가
구석에 웅크리고 있어요
엄마, 여길 좀 봐요
꽃무늬가 참예뻐요.
엄마가 문을 열자
고양이가 흐르렁 닫 났어요 ~

고양이의 발자국을 꽃이떨어간 발자국이라고 한게 정말
창의적이다. 🐾

시 집에서 보물 찾기		2019년 4 월 11일 이름 (최 문서)
시집 제목	나도 예쁜꽃이 되고싶다	지은이 이정민 (6학년 5만원, 20쪽)

이환

이정민

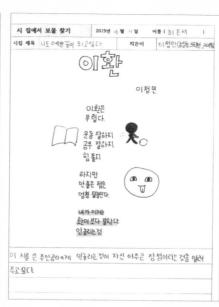

이환은
부럽다.

운동 잘하지
공부 잘하지
힘 좋지

하지만
만풀은 점은
엄청 잘본다.

네가 이러는
환이 보다 잘한다.
알굴리는것

이 시를 쓴 주인공에게 안풀리는것이 자신 아주큰 장점이라는 것을 알려
주고싶다

2019.6.25 5학년 2반 9번
반소하

· 풍풍한 애 ·

'풍풍한 애'

아이들은 나를
그렇게 부른다.

'풍' 자만 들어도
내 귀는 쫑긋 놀란다.

아이들이
'풍풍한 애' 대신
"인소화!"
불러주면 좋겠다.

시집제목 고양이가 나 대신
지은이 이상교

(시를 읽고 난 느낌) 나도 애들이 내 이름을 부르지 않고
별명가르고 부를 때가 있다 애들아 내 이름 좀 불러줘!

우리 식구

네가 이 개
주인이야?

아니..... 나는
주인 아니야.

그럼? 개가
네 주인이야?

아니! 우리는
한 식구야.

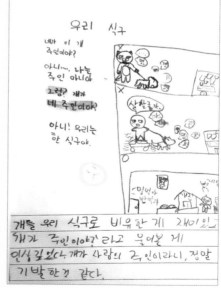

개를 우리 식구로 비유한 게 재미있
개가 주인이야? 라고 물어볼 게
인상깊었다 개가 사랑의 주인이라니, 정말
기발한겉 같다.

은혁이는 김개미의 〈장롱 속으로 들어간다〉를 골랐다. 은혁이는 종종 멋진 그림이나 문장으로 친구들을 감탄하게 만드는데, 고른 시 역시 남다르다. 시는 가까웠던 사람이랑 멀어지는 마음을 어두운 장롱 속으로 표현한다. 한낮에도 깜깜한 밤이 필요한 시 속 화자는 깊은 동굴 같은 옷장에 들어가 외투 자락을 벌리며 친구 이름을 부른다. 절실하다. 은유와 비유로 일관하는 시는 끝없는 상상을 불러온다. 은혁이는 마니가 세나와 친했던 때를 생각하며 이 시를 골랐다. 은혁이는 둘 사이가 좋아지기를 바란다고 했다.

목요일 아침독서 시간이면 시집을 읽고 마음에 드는 시를 고르곤 했다. 시집 한 권에서 열 편 이상 읽은 뒤 마음에 드는 시를 고르는 활동이다. 어린이 대부분은 이 활동을 하면서 시와 더 친해졌다고 했다.

어린이들이 고른 시를 맛보는 즐거움은 내게도 있었다. 어린이들이 고른 시는 때로 감탄할 만했다. 고른 까닭을 쓴 글도 읽을 맛이 있었다. 애초 의도는 유명한 시인이 시를 엮듯 우리도 엮은이가 되어보자는 것이었다. 그런데 활동을 하다 보니 뜻밖의 소득이 생겼다. 고른 시를 통해 어린이가 갖고 있는 남다르고 새로운 면을 발견하게 된 것이다. 중요한 교육자료였다.

아버지를 잃은 어린이 둘은 죽음을 글감으로 한 시를 고르기도 했다. 한 어린이는 가정 폭력이 드러나는 시를 골랐다. 그 어린이는 아버지가 술을 드시면 평소와 달리 크게 화를 내서 많이 놀라고 힘들어했다. 시는 어린이 마음을 위로해주고 대변해주는 또 하나의 목소리가 되고 있었다.

11-13장은 낭독극으로

낭독극을 한다고 하니 술렁거린다. 연극을 좋아하는 어린이들은 '극'자만 붙어도 신이 난다. 연습할 시간을 주면 좋았을 텐데 자료를 나누어주고 곧바로 낭독극에 들어갔다. 어쩔 수 없이 유창하게 책을 읽는 어린이들이 배역을 맡았다. 책상을 앞쪽에 배치해서 라디오 방송국 같은 무대를 만들었다. 복사 자료는 학급 어린이 모두에게 나눠줬다.

칠판에 '낭독극'이라고 쓴 뒤 시작했다. 배역을 맡은 어린이들은 긴장한 듯했지만 침을 꼴깍 삼킬 만큼 실감 나게 읽었다. 듣는 어린이들도 사뭇 진지했다. 진작 이렇게 할 걸 하는 생각이 드는 순간이었다.

해설을 맡은 어린이 셋은 한 문장씩 돌아가며 읽었다. 해설이 셋이라 더 흥미롭다. 두세 문단을 읽고 나면 잠시 멈추었다. 이야기의 흐름이 끊기지 않도록 알맞은 시간을 찾아야 했다. 읽다가 멈추면 어린이들은 읽은 부분까지 느낀 점, 핵심어, 마음에 드는 문장 등을 썼다. 이번에는 자료를 준 터라 복

해설 - 허바움 · 고현우 · 박세아, 이모 - 남강현, 마니 - 이현우, 경지 - 장우석

사 자료에 줄을 긋거나 마음에 드는 내용을 찾아 공책에 옮겨 쓰기도 한다.

> "야, 넌 아니지. 내가 있잖아.
> 너희 엄마 야단쳐 주지, 밥 사 주지,
> 갈 곳 없으면 재워 주지.
> 이렇게 친절하고 돈 많은 친구가
> 어디 흔한 줄 알아? 넌 복 터진 거야!"
> (124쪽)

강현이가 이모 역을 맡아 읽을 때에는 수시로 웃음이 터져 나왔다. 빠른 목소리로 어찌나 술술술 읊어대는지 드라마에 나오는 아줌마 수다를 보는 듯했다. 강현이가 남자라는 사실을 잊을 만큼 진짜 그 인물 같았다. 읽기를 마치고 의견을 들었다.

낭독극 후기

- 허바움 | 이렇게 낭독극을 하니까 무슨 내용인지 알기 쉽고 그래서 더 실감이 났어요.
- 박세아 | 역할을 나누어서 하니까 실감이 났고 새로웠어요. 다 같이 해보니까 내가 부족한 것도 알 수 있었어요.
- 장우석 | 다음에 다른 친구들이 낭독극을 해주면 재미있을 거 같고 더 잘해줄 거 같아요.
- 이현우 | 낭독극을 하니까 재미있고 우석이가 경지를 잘 표현해서 재미있었어요. 그런데 경지 대사가 별로 없어서 아쉬웠어요.

주말에는 식구들에게 주간에 읽은 내용을 들려주는 숙제를 낸다. 숙제를 하는 어린이는 많지 않지만 주말신문에 싣기 때문에 친구들에게 영향을 준다. 신문이 나가고 나면 자극을 받았는지 다른 어린이가 숙제를 해 온다. 이번 주에 못 하면 다음 주간에 하면 된다.

• 엄마한테 『앵무새 돌려주기 대작전』을 들려주었다.
  엄마는 앵무새 '한비'가 어떻게 될지 진짜 궁금하다고 했다.
  엄마가 자신이 마니였다면 세나와 싸우거나 인연을 끊었을 거 같다고 했다.
  또 엄마가 마니 가족이었다면 죄송하다고 말하고
  한비를 돌려줄 거 같다고도 했다.
  엄마와 이렇게 대화를 하니 엄마와 친구가 된 거 같았다.
  엄마 말을 들어보니 공감이 가기도 했고 재미있기도 했다.
  선생님과 엄마에게 이 얘기를 꼭 하고 싶다.
  선생님, 이 책을 읽어주셔서 정말 고맙습니다.
  엄마, 오늘만큼은 내 친구가 되어주셔서 고마워요! (최예슬)

『앵무새 돌려주기 대작전』을 얘기해달라 했더니 강린이가
"듣고 싶습니까?" 하고 묻기에 "네" 하고 대답했습니다.
강린이가 정마니 아빠가 사장님네 집 문 앞에 앵무새를 놓고 오려다가
CCTV 때문에 못 했다며 다음이 기대된다는 이야기를 해주었습니다.
강린이가 들려준 줄거리를 들으며 오늘도 행복하게 하루를 마감합니다.
(김강린 어머니)

우정에 대하여

11장을 읽으며 우리는 진정한 우정에 대해서 생각할 계기를 얻었다. 마니는 엄마가 냉정하고 일에만 관심 갖는 사람이라고 생각해왔다. 하지만 좋이 이모는 마니가 모르는 엄마와의 지난 이야기를 들려준다.

> "내가 고등학교 2학년 때 교통사고로 우리 부모님이 돌아가셨어.
> 남겨진 재산도 없이 나 혼자였지.
> 그때 너희 엄마가 날 자기 집에 데려가더니
> 앞으로 같이 살 거라고 선언하더라.
> 자기가 쓰는 거 나랑 딱 반씩 나눠 쓰겠다며.
> 지금도 너희 할머니 할아버지가 기막혀 하셨던 표정이 눈앞에 선해.
> 사실 제일 놀란 건 나였어.
> 반쯤 넋이 나간 나를 일으켜 세우고 나를 대신해 사람들과,
> 내 삶과 싸워 줬어······."
> (125-126쪽)

마니 엄마는 외로운 친구를 위해 4년제 대학에 갈 수 있는데도 좋이 이모와 2년제 대학을 간다. 부모 잃은 친구가 혹여 슬프고 외로울까 봐 조심하고 또 조심했던 것이다.

좋이 이모와 마니 엄마의 우정을 보며 고등학교 때 친구가 떠올랐다. 여름날 공부하면서 우리 반은 종종 하드나 쭈쭈바를 사다 먹었다. 그런 날은 50원씩 걷었다. 그 시절 몹시 형편이 어려웠다. 50원이 없어서 막막했다.

하드 살 돈이 없다는 걸 친구들이 알까 봐 불안했다. 누구한테 돈 빌릴 주변머리도 없었고 빌린다 해도 값을 형편이 아니었다. 그런 사정을 짐작하고 선미는 조용히 다가와 50원을 두고 갔다. 여름 내내 하드 먹는 날이면 친구는 50원을 내 책상에 두곤 했다. 세월이 흘렀지만 친구가 베푼 인정은 좀처럼 잊히지 않는다.

우리 어린이들은 지금 이렇게 저렇게 친구를 만나면서 우정을 만들고 있다. 친구를 찾지 못한 어린이도 있고 이미 친한 친구를 찾은 어린이도 있다. 깊은 우정은 어울려 맛있는 것을 먹고 어울려 논다고 생기는 건 아닌 듯하다. 마니 엄마가 쫑이 이모에게 했듯 나의 옛 친구가 그랬듯 상대의 마음을 헤아릴 때 생긴다고 믿는다. 마침 세아가 우정에 대한 시를 썼다.

좋은 친구들
　　　　　　　　－ 박세아
억울해, 억울하다고!
억울함을 같이 억울해해 주는 친구들
착한 우리 반
서로 달래주는 친구들
좋은 친구들!

남자 어린이 하나가 어떤 일로 다른 반 선생님께 호되게 야단맞았다. 그 어린이는 많이 울었고 친구들은 곁에서 같이 속상해하며 달래주었다. 그걸 본 세아가 시를 썼다. 울고 있는 친구를 달래주고 위로해주는 친구들 모습이 그림 같다. 이런 순간들이 쌓이면서 우정은 깊어질 것이다.

어린이 마음에 담긴 문장들

11, 12장까지 읽고 인상 깊은 문장을 골랐다. 책을 읽으면서 핵심어와 인상 깊은 문장을 고르다 보면 주제를 이해하는 데 도움이 된다. 마음에 드는 문장 고르기는 책에 대한 감상 활동인데, 고른 문장마다 어린이들 마음을 비추고 있어서 흥미롭다.

> 별걱정을 다 한다. 난 부모도 없고, 가진 것도 별로 없지만
> 이렇게 맛있는 거 많이 먹고 배 두드리며 누워 있으니
> 얼마나 행복한지 모르겠다.
> (118쪽)

은서가 고른 문장이다. 은서는 마니가 엄마 말을 듣고는 성공해야 행복해진다는 생각을 갖고 있었는데, 가진 것이 별로 없는 이모가 진짜 행복을 알려준 거 같다고 했다. 민건이 역시 은서가 고른 문장과 맥을 같이하는 문장 '친구가 한 명도 없다는 것은 진짜 불행한 거지.'를 골랐다. 이 책의 작가는 마니 엄마와 수혁이 엄마를 한 축으로 하고 마니 아버지와 좋이 이모를 다른 축으로 하여 행복이 무언지 고민하게 한다. 그러면서 좋이 이모의 행복관에 무게중심을 두었는데 은서는 그걸 찾아냈다.

> 그렇다고 엄마가 널 사랑하지 않는 게 아니야.
> 사실 엄마는 널 많이 믿고 의지해.
> (127쪽)

윤서와 한경이가 고른 문장이다. 한경이는 가족에게 무관심한 줄만 알았던 마니 엄마의 따뜻한 면이 확 드러나는 문장이라고 했다. 윤서와 한경이 말고도 엄마의 진심이 드러난 문장을 고른 어린이들이 많다. 한나는 '엄마가 매일 앵무새 챙기고 새장 청소하는 거 같던데. 넌 몰랐어?'(125쪽)를 골랐다. 엄마의 마음, 새로운 모습을 알게 되어 기쁜 듯했다. 문학작품을 읽으면서 우리는 한 인물의 다양한 면모를 만나게 된다.

민서는 마니를 믿기 때문에 차니를 맡겼다고 쫑이 이모가 전한 말에 마음이 꽂힌다. 여기서 민서는 엄마가 마니에게 사과하는 즐거운 상상을 한다. 상상의 공간은 부엌이고 식구들이 잠든 때다. 엄마는 마니에게 네 말을 무시하고 차니만 아껴서 미안하다고 한다. 마니 역시 엄마를 나쁜 엄마라고 생각해서 죄송하다고 말한다. 영화의 한 장면을 보듯 생생하게 묘사했다. 민서가 고른 문장은 어른에게 위로받고 싶어 하는 어린이 마음을 생각하게 한다.

핵심어

- **전래 우정** - 이모와 엄마가 옛날부터 쌓아온 오랜 우정이 전래동화 같아서 '전래 우정'이라고 말해주고 싶다.
- **혼자** - 문수혁이 원치 않게 혼자가 되어버린 거 같아서 안타깝다.
- **관계** - 마니네 가족이 서로 조금씩 가까워지고 있는 거 같다.
- **난 엄마의 앵무새** - 수혁이는 학교 축구부에 들어간 것을 자신의 실력 때문으로 알고 있었다. 그런데 엄마가 손을 써서 그렇게 되었다는 걸 알게 되었다. 거기에다 축구부에서 왕따를 당하자 수혁이는 자신을 '엄마의 앵무새'라고 생각하게 된다.

우리 가족 숨겨진 면 찾아보기

종이 이모를 통해 마니는 엄마의 숨겨진 면을 알게 되었다. 우리도 마니처럼 가족의 속마음이나 숨겨진 면을 모를 때가 있다. 마니가 종이 이모를 통해 엄마의 또 다른 모습을 발견했듯 우리도 엄마, 아버지의 새로운 면, 몰랐던 점을 알아보기로 했다. 부모님의 숨겨진 면을 알기 위해서는 마니처럼 누군가에게 전해 듣는 방법이 있다. 하지만 이 방법은 당장 하기에 어려운 점이 있어서 관심 있게 살펴보는 방식을 쓰자고 했다.

• 엄마의 새로운 모습 찾기

나는 지금까지 엄마와 12년 동안 살았다. 그래서 웬만한 건 엄마에 대해
잘 안다. 엄마는 겉으로 볼 때 약간 감성이 풍부하고 장미 같은 분위기를
가지고 있다. 하지만 나와 같이 공부할 때는 화를 좀 자주 내신다.
내가 공부를 하다 장난을 쳐서 혼나는 것일 수도 있다.
하지만 엄마를 계속 보면 엄마는 화내는 것도 매력이 있고
되게 지혜로우시다. 나는 오늘 느꼈다. 우리 엄마가 말씨도 고우시고
숨겨진 매력이 있다는 것을 오늘 한 번 더 느꼈다.
그래서 나는 우리 지혜로운 엄마한테 태어난 것에 만족한다.
오늘 엄마한테 '저를 태어나게 해주셔서 감사합니다.' 하고 말할 것이다.
(김서연)

• 엄마의 숨겨진 면

오늘은 엄마의 숨겨진 면을 알아봤다. 엄마의 숨겨진 면을 생각해

266

보았는데 생각이 나지 않았다.

그런데 일요일에 회사에서 컴퓨터 본체를 가지고 오셨다.

아빠가 조립하실 줄 알았는데 엄마가 하셨다.

엄마가 기계를 별로 잘 만지지 못하는 줄 알았는데 아빠보다 기계를 더 잘 만져서 조금 놀랐다. 나는 엄마의 숨겨진 면을 알았다.

(나윤서)

서연이와 윤서는 관심을 가지면서 엄마를 새롭게 느낀다. 이렇게 조금만 더 관심 있게 살펴보는 것만으로도 그간 생각하지 못했던 인물의 면면을 발견할 수 있다.

드디어, 둘만의 시간이 찾아오고

13장은 어린이들 마음을 두근거리게 했다. 그토록 바라던 순간이 다가왔기 때문이다. 마니는 엄마가 만들어준 과자를 가지고 생일 맞은 수혁이 집을 찾는다. 뭔가 벌어질 거 같다는 호들갑스러운 말들이 튀어나오고 교실에 웃음이 번졌다. 마니는 수혁이 방을 구경하게 된다. 정리된 방, 진열된 종이 모형을 보고 마니는 놀란다. 까칠한 수혁이가 지닌 새로운 면을 보아서다.

역할을 맡은 친구들은 한 문장 한 문장 실감 나게 읽어나갔고 교실은 긴장한 듯 조용해졌다가 어! 앗! 같은 감탄사로 술렁이곤 했다. 둘은 조금씩 마음을 열어갔다. 수혁이는 앵무새 한비가 털이 빠지게 된 사연과 전에 다니던 학교에서 왕따 당한 일을 덤덤히 털어놓았다. 마니가 오랜 친구라도 되듯 말이다. 마니 역시 한비가 자기 집에 있다는 말을 꺼냈고 오해는 풀렸

다. 수혁이와 마니의 쑥스럽고 어설픈 대화가 이어지면서 어느덧 둘은 서로
를 고마워하는 데까지 이른다. 그리고는 모두를 "우와!" 하게 만드는 문장
이 나온다.

"내가 남자다워서 좋다고 하지? 의리가 짱이라고?"
수혁이가 말끄러미 나를 보았다.
"너 전혀 남자 같지 않아."
(148쪽)

13장까지 읽고 소감과 생각을 나누는 짝 토의를 했다. 읽은 분량이 많
아질수록 어린이들은 할 말이 많았다. 짝 토의! 말이 떨어지기 무섭게 와글
와글 법석이었다. 토의인지 연설인지 모를 말들로 교실이 들끓었다. 3분 이
야기를 나누고 발표하는 시간을 가졌다.

짝 토의를 마치면 짝을 지은 두 명이 앞에 나와 방금 주고받은 이야기
를 그대로 한다. 연극을 하듯 이야기를 주고받는 풍경을 보면 흥미로울 때
가 많다. 어린이들은 방금 자신이 주고받은 말에 조금 더 보태어 말한다. 관
객이 많으니 그럴 수밖에 없다. 보통 서너 팀 정도 발표를 한다.

늘 할 말이 넘치는 바윰이와 강현이가 발표를 했다. 이모 역할을 맡아
서 실감 나게 대화 글을 읽던 강현이는 짝 토의 결과를 발표할 때도 재미있
게 말한다. 강현이는 책 제목에 '대작전'이라는 말이 나와서 좀 더 대단한 사
건을 기대했나 보다. 기대와 달리 앵무새를 찾고 돌려주고 하는 과정이 너무
현실적으로 가는 거 같다고 아쉬움을 내비쳤다. 다른 어린이들과 달리 강현
이는 수혁이가 아닌 경지에게 신경을 썼다. 강현이는 자신이 여자 친구들한

테 별 관심을 받지 못하는 거 같다는 말을 한 적이 있다. 그래서 주인공 위치에서 조금 떨어져 있는 경지가 마음이 쓰이는지도 모르겠다.

강현이는 바윰이에게 마니와 경지가 어떻게 될 거 같냐고 물었다. 바윰이는 이성에 별 관심이 없어 보인다. 운동하고 독서에만 마음을 쏟는 쪽이다. 그래서인지 경지 상황에 관심을 갖지 않는 듯했다. 경지는 친하고 싶어서 마니에게 장난을 하지만 마니는 자기 상황이 힘들어서 신경을 못 쓰는 거 같다고 답했다. 강현이는 좀 더 드라마틱한 방향으로 생각하고 있었다. 수혁이랑 마니에 대한 무슨 소문이 퍼지면서 어떤 사건이 일어날 거 같다고 했다.

바윰이는 명언에 관심이 많다. 전반부에서 주로 등장한 명언에 바윰이는 남다른 관심을 가졌다. 명언은 비유가 핵심인데 바윰이가 그런 문장에 매력을 느끼는 듯하다. 학예회를 마치고 쓴 감상 글에서 멋지게 비유한 문장으로 친구들의 감탄을 자아냈다. 그런 바윰이는 이야기의 후반부에도 슬쩍슬쩍 등장하는 명언을 몹시 반가워했다. 바윰이는 앞 장에 등장한 명언이 새로운 상황에 다시 적용되고 하니까 명언을 한 번 더 되새길 수 있다고 했다.

몇 팀의 발표를 마치고 다른 어린이들의 소감을 더 들었다. 이현우는 수혁이가 엄마 잔소리 때문에 자신을 한비와 같은 입장으로 생각하는 거 같다고 했다. 수혁이가 자신을 새장 속 앵무새 한비에 비유한 것이 안타깝고 마음에 남았던 것이다. 다혜 역시 수혁이가 받고 있는 스트레스에 공감했다. 수혁이는 날마다 공원에서 부모 몰래 공을 찬다. 다혜는 그 까닭을 수혁이가 엄마랑 떨어져 있고 싶기 때문이라고 해석했다. 강현이와 고현우는 수혁이가 마니에게 조금 친근감을 느껴서 속마음을 이야기한 게 인상 깊다고 했다.

14장을 읽었다. 친해질 줄 알았던 마니와 수혁이 사이가 생일잔치 일로 다시 멀어진다. 어린이들은 마니가 다시 새로운 어려움에 처하자 그 답답함을 좀처럼 견디지 못했다. 고현우는 책상에 얼굴을 묻고 '아 답답해! 아 답답해!'를 연발했다. 한경이는 고구마를 잔뜩 먹은 거 같다고 했다. 핵심어에 그 마음이 고스란히 드러난다.

- **사장님 사모님** - 고구마 9999999999999999개 먹은 기분이다. (허바움)
- **심정** - 마니의 지금 심정이 가장 궁금하다. (박세아)
- **전쟁** - 마니하고 수혁이랑 친해지는가 했는데 망했다. 수혁이 생일파티 때문에 이제 수혁이랑 마니는 친해지기 힘들 거 같다. (이승연)
- **짐** - 마니가 차니 문제, 아빠 승진 문제로 많은 짐을 지고 있는 거 같다. (백서현)
- **생일잔치** - 마니에게 거짓말을 덮어씌운 수혁이 엄마가 얄미웠다. (성민건)

네 장면으로 구성해본 수혁 엄마의 지난날

어린이들은 새장에 갇힌 앵무새와 수혁이가 같은 신세임을 알게 된다. 답답하다. 수혁 엄마는 왜 수혁이가 원하지도 않은 일을 하게 해서 수혁이를 힘들게 했을까? 우리는 수혁 엄마가 왜 이런 엄마가 되었는지 탐구하기로 했다. 수혁 엄마의 유년 시절, 청소년기, 직장인 시기, 결혼 뒤 이렇게 구분한 뒤 각 시기에 수혁 엄마가 어떤 모습이었을지 상상하여 표현하기로 했다. 네 시기 가운데 두세 시기만 골라도 괜찮다고 했다. 정지 장면이나 '해설이 있는 연극' 기법을 활용하기로 했다.

　　연극이라는 말만 나오면 흥분하는 우리 반 어린이들. 열심히 의논하고 연습하여 연극을 만들었다. 10분이라는 짧은 시간에 이야기 얼개를 짜고 연습까지 마치는 게 참 신기하다. 어린이들은 주변 물건과 종이를 이용해 연극 소품을 준비했다. 연습할 시간이 부족해서 소품은 만들지 말라고 하지만 어린이들 열정은 말릴 수 없다. 모둠 대부분은 돈으로 사람 마음을 얻으려 한 수혁 엄마의 생활 태도, 가난한 어린 시절을 보낸 수혁 엄마를 표현했다.

　　수혁 엄마는 어릴 때부터 선물이나 간식을 사주면서 친구들을 끌어모은다. 수혁 엄마한테 돈이나 선물을 받은 친구들은 신나 하지만 진심으로 수혁 엄마를 좋아하는 건 아니다. 이렇다 보니 어른이 되어서도 친구 하나 없다. 결혼식 날도 선물을 주면서 친구들을 오게 만든다.

　　어떤 모둠은 수혁이 엄마네가 어렵게 장사를 하면서 생활하는 모습을 표현했다. 이 모둠은 수혁이 엄마가 경제적으로 어려웠던 집안 사정으로 성공과 돈에 집착하게 되었다고 평가했다. 나름 설득력 있어 보였다.

> **느낌**
> - 이렇게 연극 활동을 하니 시간을 되돌린 거 같았고 까먹었던 일을 잘 기억하게 되었다.
> - 『앵무새 돌려주기 대작전』을 연극으로 했다. 다 잘하고 재미있었다.
>   대체로 다 잘했는데 강현이랑 서호네 모둠이 잘했다. 왜냐하면 수혁이 머리카락을
>   종이를 붙여 표현한 게 잘했다는 생각이 든다.
> - 연극을 하면서 책 내용이 더 잘 이해 되었다.

인물에게 주는 색종이 선물

15장까지 읽었다.

"선생님, 이제 몇 장 남았어요?"

어린이들은 읽을 분량이 얼마 남지 않은 것을 감지하고는 서운함을 내비친다. 이제부터는 더 느긋하게 이야기를 즐길 필요가 있다. 핫시팅과 연극 기법으로 마니 엄마와 수혁 엄마를 만났다. 이번에는 인물의 폭을 넓혀서 어린이들의 마음에 가닿은 인물이 누구인지, 그 인물에게 꼭 필요한 선물을 준다면 무엇을 주고 싶은지 표현하는 시간을 가졌다.

선물은 색종이를 접거나 찢어 붙여서 만들었다. 만든 뒤 먼저 짝과 이야기를 나누었다. 이런 시간이 나는 참 흥미롭다. 다니면서 어린이들이 나누는 이야기를 듣고는 하는데 시간이 흐를수록 스스럼없이 묻고 답하는 어린이가 늘어서 흐뭇하다.

어린이들은 선물을 주고 싶은 대상으로 주인공이 아닌 주변 인물을 고르기도 했다. 그것도 재미있다. 선물도 예측 가능한 것을 만드는 어린이가 있는가 하면 뜻밖의 선물을 만드는 어린이도 있다. 친구들이 만든 선물을 보면서 감상하고 감탄하는 시간을 갖는 것은 인물과 이야기에 대한 이해를 한층 깊게 했다.

짝 토의를 마치고 누구에게 어떤 선물을 왜 주고 싶은지 발표했다. 은혁이가 수혁이에게 주고 싶은 선물 '운동화' 만든 걸 보여주자 와, 감탄사가 쏟아져 나왔다. 은혁이는 운동화 바닥을 표현하기 위해 일일이 손으로 뜯어 톱니바퀴 모양을 만들었다. 가위를 쓰지 않고도 이렇게 섬세함을 발휘하는 손의 위력에 모두 눈이 휘둥그레졌다. 여덟 명이 발표했는데 모두 설명이 좋았다. 생각을 표현하는 힘이 많이 자랐다.

바융이는 처음에는 빨간색 색종이 한 장으로 인물에게 무엇을 만들어 줄 수 있을까 고민했다. 그런데 만들다 보니 만들 수 있는 게 자꾸 생각났다고 했다. 한경이가 만든 앵무새 한비의 친구도 인기를 끌었다.

- 잘 차지는 축구공 | 수혁이가 축구를 할 때 이 공을 가지고 운동장에서 놀면 축구 실력이 늘어나고 반 대항전에서 이길 것이다.
- 어디든지 갈 수 있는 문 | 수혁이는 엄마가 시키는 대로 살면서 여행 한 번 못 가봤을 거 같다. 엄마와 같이 가거나 몰래 혼자 갈 수 있도록 어디든지 갈 수 있는 문을 주었다.
- 행복한 사과 | 앵무새 한비가 스트레스를 받고 짜증이 날 때 이 행복한 사과를 먹고 행복해지면 좋겠다.
- 바리깡 | 수혁이가 머리를 깎고 새로 시작하라고, 축구할 때 위험하지 말라고, 더 많은 세상을 보라고, 그리고 아프지 말라고 만들었다.

어린이들은 신문지로 선물을 만들어 인물에게 주는 활동을 아주 좋아한다. 가위를 쓰지 않고 손으로만 종이를 접고 구기거나 찢기 때문에 어린이들은 더 긴장하고 조심스럽다. 그리고 뜻밖에 손만 가지고도 멋진 작품을 만드는 자신에게 놀라고 친구들에게 감탄한다. 종종 어린이들은 "신문지로 만들기 언제 할 거예요?"라고 묻기도 한다. 이 활동을 좋아하기는 나도 마찬가지다. 조형 작품을 만드는 활동은 어린이들의 감각이나 감성을 새롭게 드러내준다. 글을 쓸 때와는 또 다른 내용과 신선함을 맛볼 수 있다. 바리깡을 선물한 어린이는 '더 많은 세상을 보라고……'라고 썼다. 수혁이는 늘 머리카락이 눈을 가릴 정도로 내려와 있었다. 친구들도 수혁이 얼굴을 제대로 보기 어려웠다. 수혁이 자신도 친구와 주변을 자신 있게 보기 어려웠다. 바리깡을 선물한 어린이는 수혁이의 상황과 속마음을 잘 잡아냈다.

핵심어

- **거리** – 수혁이랑 마니 사이가 가까워졌다. (박세아).
- **마음의 언덕** – 14장을 다 읽었을 때 바융이는 고구마를 99999개를 먹은 거 같다고 했다. 나도 같은 마음이었다. 14장을 읽으면서 너무 답답하여 마음의 언덕을 끝까지 올라간 거 같았기 때문이다. 다행히 15장에서는 한두 층 내려온 거 같은 느낌이다. (고현우)
- **축구** – 마니가 축구를 하지 않았으면 머리를 다치지 않았을 거다. (최다혜)

시간이 흐를수록 어린이들이 이야기의 핵심을 잡아 표현하는 능력이 커진다. '거리', '마음의 언덕' 같은 표현은 문학적이다. 이런 비유적인 표현이 많이 나왔으면 좋겠다.

짝 토의로 인물 더 깊이 알아보기

짝 토의는 도덕이나 사회 시간에도 자주 한다. 하지만 문학작품을 읽고 하는 짝 토의가 더 흥미롭다. 내용도 풍부하다. 손 들고 발표 한 번 못하던 어린이도 짝 토의를 할 때에는 길게 이야기한다. 짝 토의는 대화 능력이나 질문하는 힘을 길러준다. 친구를 존중하는 마음도 길러준다. 누가 먼저 말할지 차례를 정하는 일, 상대방 이야기를 듣고 고개를 끄덕이거나 "그렇구나." 하고 말해주는 일, 마무리하면서 "잘 들었어", "고마워"라고 표현하는 일은 친구를 존중하는 좋은 공부다. 짝 토의할 때 나는 다니면서 눈빛을 마주치지 않고 고개 숙이며 말하는 어린이를 바로 세운다. 마주 보고, 눈빛을 보고 이야기하라고 한다. 점점 이런 것에도 익숙해지고 있다.

15장 토의에서는 주로 인물평을 했다. 토의 결과를 보니 어린이들이 인물을 이해하는 힘이 제법 자란 듯하다. 등장인물의 사연과 배경이 속속 드러나면서 인물을 여러 측면에서 이해하려는 마음이 생긴 것이다.

강현이는 누구나 조금씩 문제가 있지만 가장 큰 문제를 가진 사람은 수혁이라고 했다. 수혁이 특유의 칙칙한 분위기와 까칠한 말투가 모두를 기분 상하게 만든다고 했다. 그 말을 듣고 바윰이는 조금 다른 관점에서 말했다. 수혁이가 표현을 잘하는 가정에서 자라지 못해서 그렇지 표현을 잘한다면 안에 있는 따뜻한 마음을 드러낼 수 있을 거 같다고 했다. 강현이는 그 말에 바로 끄덕이며 공감을 표현했다. 이런 모습이 참 좋다. 강현이는 수혁이가 표현을 못하는 게 아니라 안 하는 걸 수도 있다고 덧붙였다. 고현우도 수혁이가 냉정하면서도 상대방을 배려하는 면이 있다고 했다.

쾌활하고 모든 일에 거침이 없는 상미는 수혁이가 꽤 답답했나 보다. 수혁이는 생일파티 때 엄마 말만 듣고 마니를 오해하여 화를 내고 뛰쳐나갔다. 겨우 마니랑 사이가 좋아졌나 했더니 다시 엉망이 되어버려 우리 모두 우울해졌다. 상미는 제대로 알아보지 않고 화만 내는 수혁이가 답답했다. 그뿐 아니다. 수혁이는 왕따 당했던 일 때문에 친구들을 경계하고 좀처럼 어울리지 못한다. 상미는 친구들과 어울리고 싶으면서도 속으로 낑낑 앓는 수혁이가 정말 답답하다고 했다.

여기서도 바윰이는 수혁이가 왜 그런지 이해하려고 한다. 잘 어울리지 못하고 표현하지 못하는 수혁이의 답답한 성격이 강압적인 엄마 밑에 자라면서 생긴 거 같다고 했다. 친구들은 공감하는 듯했다. 짝 토의를 하고 발표하는 과정에서 어린이들은 한 인물을 여러 측면에서 생각하게 되고 이해할 기회를 얻었다.

마니 이야기도 많이 나왔다. 서윤이는 등장인물 가운데 태도가 가장 좋은 친구를 마니라고 했다. 수혁이 얘기를 잘 들어주고 앵무새 얘기도 쿨하게 잘 털어놓는 면이 좋았다고 했다. 세나에 대해서는 대체로 나쁘게 말한다. 자기 멋대로 해석하면서 마니에게 절교 선언을 했기 때문이다. 그런데 우석이는 세나도 장점이 있다고 한다. 세나는 남자친구가 운동 경기를 할 때 대놓고 응원하는데 그게 마음에 든 모양이다. 남자친구를 끝까지 응원하는 게 좋은 점이라고 했다.

꽃씨 어린이 17호 답글

- 백서현이 '수혁 엄마'를 핵심어로 잘 골랐다. 수혁이 엄마가 착한 줄 알았는데 수혁이를 귀찮게 한다고 표현한 게 인상 깊다. (이현우)
- 『앵무새 돌려주기 대작전』을 읽고 인상 깊은 문장 고르기를 했는데 정말 뜻깊게 고른 문장이 많다. (최은혁)
- 민서가 고른 문장에 깊은 뜻이 담겨 있는 거 같아서 가장 마음에 와닿는다. 민서야, 네가 애써서 쓴 문장이 나에게 와닿아. 너 대단하다! (박세아)
- 꽃씨신문 '선생님 이야기'를 읽으면서 우정에 대해 더욱 깊게 생각하게 됩니다. 진정한 우정에 대해 더 깊게 생각해봐야 될 거 같습니다. (고현우)
- 17, 18장 읽기를 낭독극으로 했다. 너무너무 잘했다. (함채은)

신문에 실린 글을 읽고 나면 답글을 쓴다. 그 답글은 다음 호 신문에 실린다. 이 작업은 시간이 흐를수록 서로를 알고 이해하는 중요한 과정으로 자리를 잡아갔다. 답글을 보면 주말신문을 얼마나 꼼꼼하게 읽는지 알 수 있다. 어린이들은 세아처럼 어떤 친구의 글을 짚어 칭찬하거나 공감을 표현했다. 세아가 민서에게 말한다.

"민서야, 네가 애써서 쓴 문장이 나에게 와닿아. 너 대단하다!"

이 답글을 읽고 민서가 얼마나 가슴 두근거렸을지, 뿌듯하고 자존감이 높아졌을지 상상만 해도 즐겁다.

ⓒ 강승숙

긴 여정에 마침표를!

　　드디어 5월에 읽기 시작한 『앵무새 돌려주기 대작전』 읽기가 끝났다. 두 달 넘는 여정에 마침표를 찍은 것이다. 책을 읽어온 시간은 이제 독서록에 고스란히 담겼다.

　　우리는 동그랗게 모여 앉아 삼십여 분간 독서록을 돌려보았다. 서호는 독서록을 돌려본다고 하자 긴장이 되었다고 했다. 아무 때나 독서록에 이상한 그림을 그린 것이 후회되는 듯 그때로 돌아가면 잘 쓸 텐데 하며 큰 아쉬움을 나타냈다.

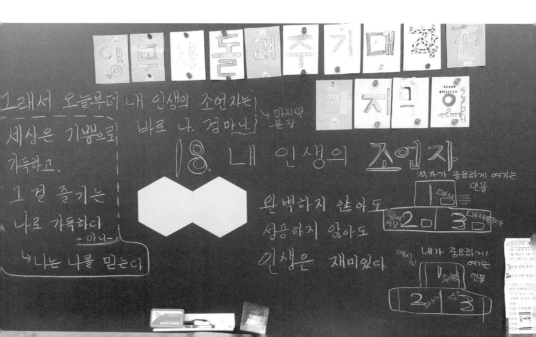

- 공책은 몇 년이 지나도 어떤 내용인지 알아볼 수 있어야 하는데
  내 것은 단 하나라도 알아볼 수 없었다. 다른 친구들은 점점 발전하는데
  나는 발전하지 않았다. 발전은커녕 이상한 그림이 많고 글씨는 더
  이상해진다. …… 예슬이는 빈칸 없이 독서록을 두 권이나 썼다.
  신기했다. 최상미도 신기하다. 글씨는 믿기지 않을 정도로 아름다웠고
  그림은 멋졌다. (최서호)

서호가 쓴 글을 보니 2학기 때에는 새로운 마음으로 독서록을 쓸 듯하
다. 각자 자신의 독서공책에서 가장 마음에 드는 장면을 펼쳐놓고 사진을
찍었다. 우리들의 기록이다.

- 아, 나도 새로운 동화책을 읽을 때 친구들이 쓴 독서록처럼 써보자는
  생각이 들었다. 가장 많이 배우고 싶은 친구는 최은서다.
  꼼꼼히 내용을 정리했다. 글씨가 컴퓨터 글씨 같아서 한 번에
  눈에 들어온다. 은서에게 공책 정리를 가르침 받고 싶다.
  그리고 잘한 친구들이 너무 부러웠다. 과거로 돌아가면 다시 하고 싶다.
  (최민서)

- 서윤이는 무엇보다 글씨가 반듯하고 깔끔하다.
  책을 아예 베껴 쓴 듯해서 스토리가 있고 재미있다. 상미는 그림을 많이
  그려서 예쁘다. 세아는 여러 색의 조합을 잘 맞추었고 자신의 생각을
  잘 썼다. 강현이는 공책이 깔끔하고 형광펜의 색 조합과 그러데이션이
  예쁘게 되었다. 자신의 소감이나 핵심어를 잘 썼다. (최은서)

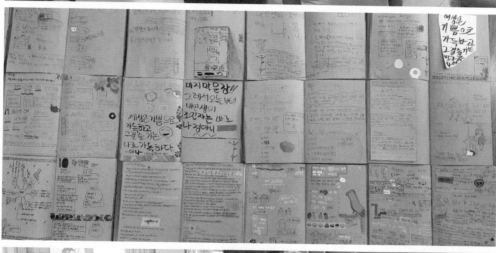

- 내 공책은 그림이 너무 없고 글씨 크기가 비슷비슷해서 아쉽다.
  친구들 공책을 읽고 '내가 이건 부족하다, 이건 내가 더 잘했다.' 하면서
  많은 생각을 하게 된 거 같다. 우리 반은 선생님을 통해 글을 잘 쓰고
  정리를 잘하는 거 같다. (박세아)

- 민서는 다양한 그림을 그려 넣어 보는 맛이 있었다.
  민서는 그림을 적당히 그려서 내용 해석에 도움을 주었다.
  서윤이는 글씨체가 예쁘고 공책도 깔끔해서 본받을 점이 많다.
  은서 공책을 보면 마음이 편해진다. (남강현)

- 공책을 정리하면 몇 년 뒤에 '아, 이런 이야기였구나!' 하는
  뿌듯함을 느낄 거 같다. 그리고 생각이 정리된다. (최서윤)

내게 책을 권하는 아이들

책을 좋아하게 되는 계기는 저마다 다르다. 작년에 이어 두 번째 담임하는 서윤이는 올해 와서 주말신문도 열심히 읽게 되고 책에도 흥미를 갖게 되었다고 고백했다. 내가 보아도 그렇다. 지난해와 또 다른 모습이다. 국어시간이 되면 미리 필요한 마스킹 테이프와 포스트잇을 챙겨가는 것도 서윤이다. 책을 다 읽고 쉬는 시간이 되면 내가 읽어주던 책을 꼭 빌려달라고 해서는 방금 읽었던 문장을 쉬는 시간 내내 베껴 쓴다. 서윤이 독서공책을 본 친구들은 예쁜 글씨와 빼곡하게 베껴 쓴 책의 본문을 보고는 놀라움을 감추지 못한다. 서윤이는 많은 분량을 필사했다.

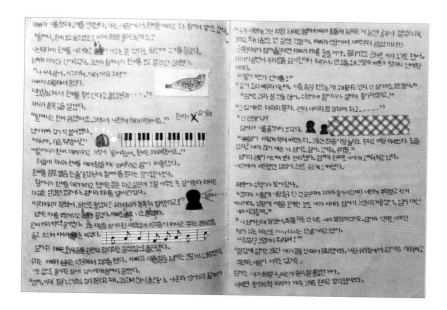

다혜는 올해 처음 담임한 어린이다. 다혜는 시 공부를 한 뒤 시에 빠져 한동안 날마다 시를 써서 보여주었다. 동화를 읽으면 또 동화에 빠진다.

• 선생님이 국어시간에 읽어주시는 책이 재미있어서 도서관에 가서
  찾아보았는데 없었습니다. 읽고 싶었는데 아쉬웠습니다.
  그리고 제가 좋아하는 책은 『단서를 찾아라!』입니다.
  꼭 읽어보시기 바랍니다. (최다혜)

어린이들이 이제는 내게 책을 권한다. 재미있게 읽은 책을 선생님도 공감해주기 바라는 마음이 그대로 느껴진다. 다혜 말고도 종종 내게 책을 권하는 어린이들이 있다. 어린이들은 자신이 권한 책을 선생님이 읽고 '좋은

책이네'라고 반응만 해주어도 몹시 기뻐한다.

우리 이야기를 만들어가는 여정

• 엄마 '나다해'에 대해 궁금한 점이 많았는데
친구들의 글을 보고 가장 큰 호기심을 풀었다.
친구들의 글은 국어사전보다 더 위대한
머릿속 사전인 거 같다. (성민건)

『앵무새 돌려주기 대작전』을 읽고 아이들이 쓴 소감을 보니
궁금증과 호기심이 생깁니다. 한번 읽어보고 싶네요.
(김서연 어머니)

민건이는 주말신문에 친구들이 쓴 글을 보고는 친구들 글이 국어사전보다 더 위대한 머릿속 사전이라고 했다. 그런 발견을 했다는 것, 그런 표현을 한 것은 정말 대단한 일이다. 민건이는 체육을 가장 좋아하고 잘한다. 유치부 시절부터 농구를 배워서 지금도 주말에 농구를 한다. 선수의 꿈을 가지고 있다. 그런 민건이가 두 번째로 좋아하는 과목을 국어라고 한다. 전에는 그리 좋아하지 않았는데 5학년이 되어 좋아하게 되었다고 했다. 책을 읽고 글을 쓰고 토의를 하면서 책이, 글쓰기와 시가 정말 좋아졌다고 했다. 남자 어린이들은 체육에 빠져 있어서 국어나 독서를 좀처럼 즐길 시간이 없다. 그런데 민건이같이 체육을 상위 수준으로 잘하고 아침, 점심으로 운동장에서 사는 친구가 이제 책이 좋다고 한다.

　　장편을 읽는 여정은 우리 이야기를 만들어가는 긴 여정이기도 하다. 우리는 소중한 독서공책 한 권을 만들었고 무수한 토의를 하면서 친구와 느낌을 나누었다. 연극을 하면서 인물에 한층 다가가기도 했다. 무엇보다 의미 있는 것은 독립적으로 성장하려는 주인공 마니의 의지가 어린이들 마음에 깊이 다가간 것이다.

책을 읽어주기 전에

- **짝 토의**

각 장을 읽을 때마다 짝 토의를 했다. 토의에 들어가기 전에는 되도록 공책에 자신의 생각을 정리했다. 처음에 토의를 할 때에는 내준 시간보다 일찍 마치는 어린이도 꽤 있다. 하지만 시간이 흐를수록 대화 능력이 발전한다. 제법 길게 이야기한다.

- **우리 가족을 위한 명언 찾기**

마니 엄마는 명언에 지나치게 의존하는 인물이다. 하지만 마니 엄마가 고른 명언들은 그럴듯하다. 그래서 어린이들이 꽤 흥미를 느낀다. 어린이들도 집에 걸어놓고 식구들이 보면 좋을 만한 명언을 찾아보면 좋겠다. 조사한 명언을 책을 읽기 전에 몇 명씩 발표하는 방법도 있다.

- **인물 탐구하기**

문학작품에서는 인물에 대한 이해가 중요하다. 인물이 하는 행동의 이면을 탐구하다 보면 훨씬 깊이 있게 인물을 만난다. 이 책을 읽으면서 연극 기법 중 핫시팅이나 해설이 있는 연극(인물이 살아온 여정 네 장면으로 나타내기), 인물 탐구 마인드맵 등을 주로 썼다.

- **주제에 다가가기**

마니 엄마와 수혁이 엄마를 보면서 무엇이 성공인지 생각해보면 좋겠다. 마니를 중심으로 등장하는 또래 친구들의 우정, 친구를 대하는 태도나 문제를 풀어가는 태도 역시 눈여겨볼 필요가 있다. 쭝이 이모와 마니 아빠에 대해서는 얘깃거리가 많이 나올 듯하다. 가장 중요한 것은 마니의 독립기다. 답답할 정도로 쌓여만 가는 문제를 마니는 참기도 하고 진

취적으로 해결하기도 한다. 그런 과정에서 마니는 중요한 것을 얻는다. '그래서 오늘부터 내 인생의 조언자는 바로 나, 정마니.' 이 문장을 가지고 토의를 하거나 글을 써봐도 좋을 듯하다.

• 인물에 대한 마음을 예술적으로 표현하기

인물의 마음을 생각하며 시를 찾아보는 활동이나, 신문지 또는 색종이로 인물에게 선물을 만들어주는 활동을 하면 좋겠다. 시를 고를 때에는 인물과 어울리는 시 또는 인물에게 위로가 될 만한 시를 고르게 한다. 폭을 넓혀주면 어린이들이 시를 찾는 데 별다른 어려움을 겪지 않는다. 인물에게 줄 선물 재료는 클레이나 신문지, 색종이 등 여러 가지가 있다. 보통은 신문지를 많이 쓰는데 여기에서는 A4용지나 색종이를 써봤다. 만든 선물은 공책에 붙이도록 했다. 클레이나 신문지는 훨씬 입체적인 대신 공책에 붙이기 어렵다. 대신 전시를 한다. 사진으로 남겨도 좋다. 선물을 만든 뒤에는 포스트잇에 선물 이름을 쓰고 그 선물을 주는 까닭을 쓰도록 한다.

• 낭독극하기

대화가 많은 장은 낭독극을 하기에 좋다. 낭독극을 할 때 인물의 마음을 살려 잘 읽으면 훨씬 작품에 몰입이 된다. 하지만 모두 돌아가면서 읽다 보면 더듬거리는 어린이가 있기 마련이고 그런 경우 작품에 빠져드는 데 어려움이 있다. 여러 가지 방법이 있을 듯하다. 모둠마다 읽을 부분을 정해준 뒤 미리 연습하여 낭독극을 할 수도 있겠다. 어떤 장은 모둠끼리 읽는 것으로 끝내는 방법도 있다. 참고로 나는 내가 주로 읽어주고 낭독극은 제한적으로 한다.

그 밖에 추천하고 싶은 이야기책

『따로 또 삼총사』

김양미 지음 | 오승민 그림 | 창비 | 2010

『동화 없는 동화책』

김남중 지음 | 오승민 그림 | 창비 | 2011

『청소녀 백과사전』

김옥 지음 | 나오미양 그림 | 낮은산 | 2006

『돌 씹어 먹는 아이』

송미경 지음 | 안경미 그림 | 문학동네 | 2014

『감정종합선물세트』

김리리 지음 | 나오미양 그림 | 문학동네 | 2014

『천사를 미워해도 되나요?』

최나미 지음 | 홍정선 그림 | 한겨레아이들 | 2012

『하위권의 고수』,

김기정 외 지음 | 원종찬 엮음 |
고래가그랬어 | 2014

『아벨의 섬』

윌리엄 스타이그 지음 | 송영인 옮김 |
다산기획 | 2001

시, 낭송에서
낭송극으로

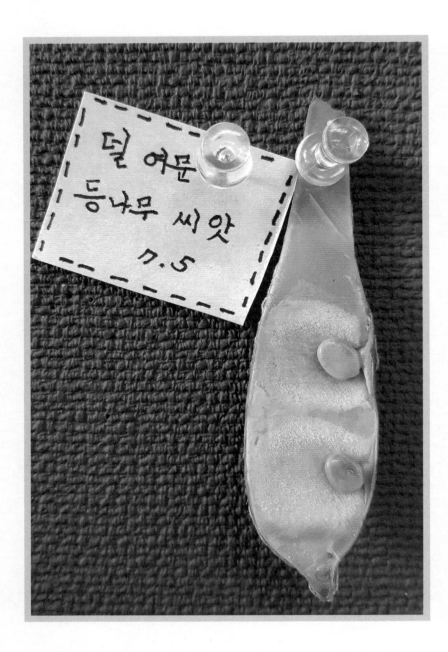

안녕? 시!

흔드는 손

         – 강승숙

아이들이 공놀이를 한다.
우리 반 아이도
섞여 있다.
현수가
소리쳐 부른다.
바람을 타고 오는 소리
선생님!

© 강승숙

개천가 느릅나무 아래서 저녁 시간을 소일하고 있다. 책도 읽고 그림 일기도 쓰는데 멀리 청회색빛 하늘에 희끗한 게 보인다. 하날하날 천 조각 같다. 가만 보니 중대백로다. 점점 커지더니 코앞 개천가에서 부챗살 같은 날개를 휘이 폈다 접는다. 좋은 걸 보았다. 그림 수첩을 얼른 펴고 시를 썼다. 시가 되었는지 어쨌는지 모르겠다. 남편에게 보여주니 상투적인 표현도 있지만 느낌은 괜찮다고 한다. 풍경 하나를 보고 시 쓰는 모습이 좋다고도 했다.

얼마 전부터 시를 쓰고 싶은 마음이 생겼다. 하지만 엄두를 내지 못했다. 시는 신들의 영역으로 보였다. 그런데 가닿을 수 없는 그 세계로 조금씩 발을 내딛고 있다. 나를 이끄는 게 있는데 바로 동시다.

어린이책을 읽으면서 가장 먼저 친해진 건 동화다. 그러다 2000년 즈음부터는 그림책에 반해 한동안 그림책만 읽었다. 동시나 어린이 시 역시 그림책과 비슷한 시기에 관심을 갖게 되었는데 바로 공개수업을 하면서다. 지금과 달리 당시에는 학기 초에 공개수업을 맡아 할 학년 대표를 정했다. 교장, 교감은 물론 다른 학년 선생님까지 참관하는 수업이라 부담은 이루 말할 수 없었다. 나는 떠밀리는 척 공개수업을 마다하지 않았다. 동학년 협의록이나 주간 계획서 업무보다는 수업이 내게 맞다는 생각을 했다.

공개수업은 11월쯤으로 잡았다. 준비할 시간도 넉넉히 벌지만 학년 선생님들이 늘 걱정해주고 격려해주는 것도 괜찮았다. 한번은 옆 반 원로 선생님이 자기는 시 단원만 나오면 어떻게 해야 할지 모르겠다며 그걸로 수업 좀 해보라고 했다. 몇 줄 안 되는 시로 수업을 하다니 가능한 일 같지 않았다. 그러면서도 마음 한쪽에서는 하고 싶은 마음이 일었다. 마침 선생님들과 아동문학 공부하는 모임을 하고 있어서, 좋은 동시집 몇 권과 어린이 시집을 알고 있었다. 이 책들을 부지런히 읽고 더 찾아보기도 했다. 『행복한 교실』(보리, 2003)에도 썼지만 이즈음 『프랑스의 초등교육』(홍성사, 1983)에 나오는 국어교육과 낭송 교육에 대한 의미심장한 글을 읽었다.

가을 안개 속의 정원에 / 나뭇잎이 떨어지고 있다. /
말라빠진 마지막 잎사귀가 / 앙상한 가지에서 떨어진다. /
마지막 잎사귀는 천천히 / 눈으로 볼 수 있게 떨어진다. /
고동색 잎사귀는 참나무 / 빨간색 단풍나무 잎사귀 /
그러나 겨울은 아직 오지 않았다. /
햇빛이 자연을 윤택하게 하면 / 장밋빛으로 염색된 대기 속에서 /
고동색의 눈이 쏟아지는 듯하다.

이런 내용의 19세기 프랑스 시인 프랑스와 꼬뻬의 작품을
줄줄 외던 영재는 학년이 올라갈수록 알퐁스 도데, 자크 부네빌,
보들레르 같은 대시인의 작품에도 친숙해졌다.
초등학교 때부터 선생님들은 좋은 문장이나 시를 외도록 교실에서
철저히 교육하고 숙제를 내준다.
집에 돌아와서 식사 때는 물론이고 목욕탕에 들어가서도
초등학교 꼬마들이 어떤 때는 큰 소리로 또는 작은 소리로
문장이나 시를 암송하고 있는 것은 프랑스 특유의
교육 방법이기도 하다.
(78-79쪽)

이 구절을 읽으면서 눈이 번쩍 뜨였다. 프랑스 어린이들이 위대한 시인들의 시를 어릴 때부터 암송한다는 사실이 놀랍고도 부러웠다. 이때부터 외우는 교육은 좋지 않다는 편견에서 벗어나 시를 즐겁게 공부할 방법을 찾았다. 좋은 시는 복사를 하거나 칠판에 써서 감상했고 낭송하면서 외우기 좋은 시는 암송을 했다. 그렇게 시 낭송 교육을 시작했다.

어느덧 내가 외우는 시는 이삼십 편 된다. 시를 외우다 보니 훨씬 분위기 있게 시를 가르칠 수 있다. 교실을 어슬렁거리며 한 구절씩 시를 읊는다. 어린이들도 따라 읊는다. 이런 순간엔 마치 영화 〈죽은 시인의 사회〉에 나오는 키팅 선생이라도 된 듯 뿌듯하다.

일상에서 시 만나기

6월 22일 꽃씨신문 17호 '선생님 이야기' 꼭지에 쓴 글이다.

토요일 공지천을 지나 명동 중앙시장에 가서 맛나게 점심을 먹은 뒤 다시 공지천을 따라 돌아왔습니다. 오는 길에 무척 더웠습니다. 공지천에는 기럭지가 한참 긴 하얀 백로가 시원하게 발을 담그고 있었습니다. 어찌나 시원해 보이는지 당장 물에 발을 담가보고 싶었습니다. 그런데 양말을 벗고 신을 벗어야 합니다. 발을 담근 뒤에는 수건으로 발을 닦고 양말을 신고 신을 신어야 합니다. 귀찮아서 그만두었습니다. 늘 보는 백로인데 이날은 맨발로 사는 백로가 부러웠습니다.

이제 우리 반은 시 쓰기를 시작합니다. 그간 많은 시를 낭송하고 감상했습니다. 여러분 마음에 들어 있는 시들이 이제 톡톡 터져 나올 거라는 기대를 갖습니다. 선생님이 늘 보는 백로의 발을 새로운 눈으로 보았듯 여러분도 길을 오가며 새와 벌레, 꽃잎이나 나뭇잎을 바라보기 바랍니다. 구름과 바람을 보고 느끼기 바랍니다. 보고 들은 거, 여러분이 겪은 일 속에 시가 들어 있습니다. 따뜻한 마음으로, 새로운 눈으로 보석 같은 시를 발견하기 바랍니다. 이번 호에 여러분이 쓴 시를 싣습니다.

> 꽃씨반 친구들이 쓴 시를 보니 웃음이 납니다. 너무 잘 썼네요.
> 선생님 이야기에서 맨발로 사는 백로 발 표현이 좋아서
> 저도 백로에 대해 생각해보게 되었습니다.
> 꽃씨반 친구들 모두 글솜씨가 좋아서 시에 쓰는 표현이 너무 좋네요.
> (허유정 어머니)

시를 쓰려면 주변에서 일어나는 일에 귀 기울여야 한다. 늘 보았지만 새로운 눈으로 사물과 대상을 보려는 마음이 필요하다. 유정이는 다른 때 같으면 지나치고 말았을 개미와 장미, 나뭇잎, 비눗방울에 눈길을 주었다. 그렇게 본 것을 글에 담았다. 유정이 글이 수채화 같다.

- 집 근처 공원 산책하기
  엄마랑 동생이랑 손잡고 집 근처에 있는 작은 공원에 갔다.
  땅바닥을 보니 개미들이 많이 기어 다니고 있었다.
  내 동생은 개미가 무섭다고 뛰어갔다.
  개미가 어디로 가는지 지켜보았다.
  담장 울타리를 장미꽃 넝쿨이 둘러싸고 있다. 빨간 장미꽃이 예뻤다.
  공원에서 그네랑 시소를 탔다.
  엄마는 나무 그늘에 앉아서 우리를 보고 웃었다.
  나무 그늘은 시원하다. 나뭇잎이 바람에 흔들렸다.

동생이랑 비눗방울도 불었다. 비눗방울 날아가는 모습이 예뻤다.

공원에 있는 운동기구에서 운동도 했다.

엄마랑 동생이랑 산책하는 건 재미있고 좋다.

(허유정)

시로 맞이하는 봄

시를 쓰러 밖으로 나갔다. 방해꾼 미세먼지 때문에 나들이는 오랜만이다. 어린이들은 들떠 보였다. 6교시라 가방까지 메고 나가니 좋을 만도 하다. 묵직한 유리 현관문을 열자 봄바람이 부드럽게 다가와 온몸을 어루만진다. 철쭉도 마지막이다 하는 심정인 듯, 있는 대로 피었다. 환한 햇살 아래 진분홍, 연분홍 꽃잎이 눈부시다. 우리보다 먼저 도착한 벌들이 철쭉 사이로 수선스럽다. 연보랏빛 등나무 꽃봉오리도 하늘거린다.

"글감은 철쭉, 소나무, 바람, 하늘 같은 걸로 하면 좋겠어요. 한 가지를 쭉 보다가 시가 떠오르면 종이를 받아 가서 시를 쓰도록 해요."

"저, 시가 떠올랐어요!"

마음 급한 어린이는 말을 마치기도 전에 시를 쓰겠다고 한다. 그래도 마음을 가다듬고 진득하게 더 들여다보라고 했다.

이날 쓴 시가 다 좋다. 일주일에 시 한 편씩 감상하며 시와 친하게 지내서일까. 시를 쓰고 싶다는 어린이가 하나둘 나온다. 좋은 시를 가까이하다 보니 쓸 수 있겠다는 마음이 생긴 듯하다. 마음속 시 주머니에 매달린 시가 톡톡 터져 나오는 거 같다.

어떤 시는 웃음이 나온다. 또 어떤 시는 마음이 따뜻해진다. 개미를 보고 쓴 시, 소나무와 철쭉, 바람을 글감으로 쓴 시, 다 좋다. 시를 써서 개인 시문집이나 시 그림책을 만들고 싶다는 생각이 들었다.

개미
— 고현우

하루도 빠짐없이 개미는 모험한다.
소나무 위에도 올라가고
내 바지에도 들어간다.
우리 엄마가 보면
"싸돌아댕기네." 하겠지?

현우 시를 읽는 순간 터지는 웃음을 참기 어려웠다. 빨빨거리며 바지 속까지 기어들어 가는 개미와 현우가 닮아서다. 호기심 넘치는 현우는 남들은 한두 번 하다 그만둘 일에 지치지 않고 매달린다. 그만하라고 해도 멈추기 힘들다. 이런 기질 때문에 뜻밖의 성과를 내기도 하지만 고집부린다고 혼나기도 한다. '싸돌아댕기네' 하고 잔소리를 들을까 봐 뒤꼭지가 뜨끔할 테지만 현우는 기죽지 않고 모험을 시도한다.

반대로 좀처럼 움직이기 싫어하는 은혁이는 체육시간 말고는 운동장에 나가는 일이 없다. 쉬는 시간이면 자리에서 그림을 그리거나 책을 읽는다. 찾아오는 친구들과 게임 이야기로 수다 꽃을 피우기도 한다. 시를 쓰러 밖에 나오자 자루에서 쏟아진 콩알처럼 주르르 흩어지는 친구들 속에서 은혁이는 여느 때와 다르지 않다. 거북이처럼 느리게 움직인다. 어쩌면 거의 움직이지 않았을지도 모른다. 그런 은혁이 레이더망에 벌이 잡혔다.

벌

- 최은혁

따스한 햇빛 아래 벌이 날아다닌다.

날다가 지쳤는지 꽃에 앉았다.

그러고는 벌이 작게 말한다.

아이고 힘들어라!

은혁이 눈에 비친 벌은 날다가 지친 벌이다. 은혁이는 벌이 말하는 소리를 듣는다. '아이고 힘들어라!' 벌의 작은 목소리에서 조금만 움직여도 지치곤 하는 은혁이가 느껴진다. 좀처럼 누구를 이를 줄 모르고 투정할 줄도 모르는 은혁이는 벌도 수줍게 보았다.

서호 시는 제목을 보면서 무슨 내용일지 궁금했다. 소나무 아파트 식구 중 껍데기 가족이 눈에 들어온다. 껍데기까지 식구에 넣었다니 참 배려심 있다. 어, 소나무를 오르는 개미도 소나무 가족이다. 시를 보면서 서호한테 친구가 많은 까닭을 알 듯했다.

소나무 아파트

- 최서호

아파트엔 소나무 식구가 많다.

솔잎 가족

가지 가족

솔방울 가족

껍데기 가족

개미 가족

식구가 참 많다.

• 주말신문 어린이 답글

드디어 10호가 나왔다. 오늘 신문에는 시가 많이 나왔다.

최서호가 소나무 구조물을 아파트로 표현한 게 재미있다.

친구들이 꼭 작가 같다. (박세아)

교실에서 시 줍기

국어시간이다. 봄기운에 마음이 말랑해진다. 하던 공부를 멈추고 시를 쓰기로 했다. 교실에서 시를 쓰면 어린이들은 창밖에 마음을 준다. 열어둔 창문으로 들어오는 바람, 멀리 보이는 산이 새삼스레 다가온다. 어떤 시를 쓸까 고민하는데, 바람이 시를 데려다준다.

바람

　　　　　　　– 김서연

머리가 살랑거린다.

왼쪽 귀에서

바람 소리가 휘리릭거린다.

바람이 왠지 모르게 따뜻하다.

교실에서 맛보는 바람은 지금까지의 바람하고 사뭇 다르다. 서연이 시에서 바람을 느끼는 순간의 자유로움이 느껴진다. 은서는 교실 안에서 시를 찾았다.

외로운 곰 인형
- 최은서

오늘도 곰 인형은 축 처진 얼굴로
우리가 공부하는 모습을 지켜본다.

은서 시를 보니 어느덧 교실에 있는 인형들이 식구가 된 듯하다. 우리 반에는 파랑 빛깔 황소 인형, '엄마 마중'의 주인공 아가 인형, '누가 내 머리에 똥쌌어'에 나오는 주인공 인형, 강아지 인형, 고양이 인형 해서 인형이 열 개도 넘는다. 인형은 그림책 옆에 나란히 놓이거나 예쁜 바구니에 사이 좋게 앉아 있다.

쉬는 시간이면 종종 어린이들은 인형을 끌어안고 논다. 그중 곰 인형이 인기다. 덩치가 커서 안고 있기 좋다. 옷을 갖추어 입고 있어 입히고 벗기며 놀기에도 좋다. 얌전한 어린이들은 한쪽에서 인형놀이를 하거나 목걸이를 달아주며 노는데, 장난기 넘치는 어린이들은 인형을 공처럼 던지며 논다. 그러다 걸리면 불호령을 맞는다.

"인형이라고 함부로 대하는 사람은 사람도 함부로 하게 된다. 뭐든지 함부로 하지 않도록 하렴!"

꼼짝없이 걸린 어린이들은 인형에게 사과 편지를 써야 한다. 좀 웃긴 일 같지만 어린이들은 이내 수긍한다.

그렇게 어울려 놀던 인형이 공부시간이 되면 모두 제자리를 찾아간다.

인형은 이제 공부를 마칠 때까지 얌전히 있어야 한다. 그게 안쓰러웠을까? 인형 얼굴은 멀쩡한데 은서 눈에는 '축 처진 얼굴'로 보였다.

나무 이야기를 듣고 싶어

교실 밖으로 나갔다. 본관 앞 커다란 화분에 엔젤트럼펫이 피어 있다.

"이 꽃 이름은 엔젤트럼펫이야."

동화 같은 이름이다. 입에 대고 불면 소리라도 날 듯한 나팔 모양 꽃. 어린이들은 꽃 이름을 들으면서 머릿속에 반짝거리는 생각을 붙잡았다.

엔젤트럼펫
- 장현수

아기 천사가

이 꽃으로

노래한다.

이 꽃 떨어지면

아기 천사가

슬퍼한다.

그런데 어쩌면 꽃이 모두 바닥을 보고 있을까? 그것도 어린이들에게 어떤 느낌을 주었나 보다. 서윤이는 "엔젤트럼펫 꽃은 왜 아래쪽을 보고 있을까? 친구가 떨어져 보고 있나?" 하며 참 궁금하다고 했다.

바람 부는 날이면 기다렸다는 듯 시를 쓰러 나간다. 날은 선선해야 하고 바람은 머리카락을 날릴 만큼 불어야 한다. 하늘빛은 맑아도 좋고 어둑해도 좋다. 하늘빛에 따라 어린이들 마음이 달라진다. 밖으로 나가면 까르르 웃으며 야단법석인 어린이들을 얼른 붙잡아야 한다. 잠시 차분한 시간이 필요해서다.

다 같이 긴 시멘트 계단에 앉아 하늘을 올려다본다. 눈을 감고 바람을 느낀다. 바람이 얼굴, 머리카락을 어떻게 스치며 지나가는지, 바람이 옷자락을 어떻게 흔드는지, 바람을 타고 어떤 소리가 들려오는지 귀 기울이게 한다. 어린이들 마음은 순해지면서 야생의 감각이 살아난다.

바람
                    – 백은서
눈 감고 바람 소리를
들어보니
우리를 위해서
불어준다.
눈 뜨고 산을 보니
나무를 위해 불어준다.
나뭇잎이 엄마 손을
꽉 잡는다.

바람이 나무를 위해 불어준다고 했다. 이런 시 구절을 만나면 기쁘다. 은서는 바람, 자신, 나무를 하나로 느끼고 있다. 그래서 나뭇잎이 엄마 손을 꽉 잡는 걸 볼 수 있었다. 아름답다. 시는 때로 생태교육, 생명교육을 넘어서는 깊이 있는 자리로 어린이를 데려가는 듯하다.

소윤이는 몸이 조금 불편하다. 불편하다 보니 하고 싶은 게 많다. 자연 상상력도 풍부해진다. 소윤이가 그린 그림은 피카소 그림처럼 환상적이다. 그런 소윤이가 쓴 시는 유년 동화 같다. 나뭇잎들이 친구가 되어 정답게 이야기하는 장면이 보인다. 함께 어울리고 싶은 소윤이 마음이 느껴진다. '나도 듣고 싶다.'라고 쓴 마지막 구절이 마음에 남는다.

나뭇잎
- 원소윤

나뭇잎들이
도란도란
이야기를
나눈다.
나도 듣고 싶다.

식목일 즈음에 나무 친구 찾기를 했다. 이 활동은 수년째 이어오는 연례행사이기도 하다. 학교 오가는 길이나 집 근처에 있는 나무 가운데 내 나무를 고르면 된다. 고른 나무 친구에게는 이름도 붙여준다. 만날 때마다 인사를 하거나 말을 걸어본다.

• 나무 친구
주말 일기 글감 때문에 밖에 나가 나무를 찾았다.
나무가 많았는데 나는 그중에서 벚꽃나무를 골랐다.

왜냐하면 봄 하면 생각나는 게 벚꽃이기 때문이다.

일단 이름을 정했는데 바로 '벗'이다.

왜냐하면 내게 하나밖에 없는 내 나무 친구여서 벗으로 했다.

이제 내가 궁금했던 이야기를 했다.

"나무야, 겨울에 밖에 있었는데 안 추웠어? 우리가 나뭇가지를 베면 많이 아프지?" 궁금했던 걸 다 물어봤다.

나무 친구가 생기니 너무 좋다.

선생님이 일기 글감으로 이런 걸 정해주셔서 너무 고맙다.

(최한나)

나는 나무에 대한 추억이 많다. 어린 시절 뒷산에는 날마다 오르던 소나무가 있었다. 『아낌없이 주는 나무』에 나오는 주인공 나무처럼 그 나무는 좋은 친구였다. 청소년기에는 종종 그 나무 곁에 서서 동네를 내려다보곤 했다.

2006년 인천에서 가르치던 6학년 어린이가 쓴 시다. 서연이는 시골 할머니 댁에서 이렇게 좋은 나무를 만났다. 이런 추억을 가진 서연이는 시를 가슴에 담은 어른이 되었을 것이다.

내 쉼터 버드나무
- 심서연

시골 할머니네 동네에 / 백 년 된 버드나무가 있다

도랑물 옆 돌담길 따라가면 / 백 년 된 아주 큰 / 버드나무가 있다

버드나무에 / 등을 기대어 앉으면 / 버드나무 숨소리를 / 들을 수 있다

버드나무 줄기가 / 바람에 흔들릴 때마다 / 버드나무가 숨 쉬는 것 같다
집채만 한 머리줄기에 / 아주 작은, 검은콩만 한 / 벌레가 붙어서
이리 갔다 저리 갔다 / 타잔 놀이를 / 하는 것 같다
버드나무와 함께 있으면 / 시간 가는 줄 모른다
내 쉼터 버드나무

이제 어린이들은 산에 오르지도, 나무를 타고 놀지도 않는다. 오가는 길에 선 가로수 이름도 모른다. 학교 안 주목이나 향나무 이름도 모른다. 나무를 모르는 어린이들에게 나무에 대한 추억 하나쯤 만들어주고 싶었다.

2000년 즈음 근무하던 학교에 산수유와 목련이 있었다. 그 나무들을 지나야 현관으로 들어갈 수 있었다. 좋은 기회다 생각하여 그중 산수유를 우리 반 나무로 정했다. 아침마다 꼭 한 번씩 살펴보고 달라진 게 있으면 공책에 적었다.

• 3월 18일 산수유와 목련
목련 몽오리가 나왔다. 산수유 몽오리는 좁쌀같이 나왔다.
(안태현, 인천남부초 2학년)

• 3월 29일 목련
목련이 금방 활짝 필 것 같다.
나는 목련이 피는 것을 보고 싶다.
만두 같은 목련 몽오리, 간장에 찍어 먹고 싶다.
(김혜민, 인천남부초 2학년)

2016년부터 2년간 근무한 바닷가 학교, 주문진초등학교 교정에는 목련이 있었다. 어린이들과 종종 목련을 보러 갔다. 겨울눈부터 꽃피고 질 때까지 내내 그랬다. 국어시간이면 잠시 나가 관찰일기를 썼다. 체육을 마치고 돌아오는 길에는 교실 가는 지름길을 놔두고 멀리 돌아 목련나무 아래로 갔다. 그렇게 잠시라도 서서 목련을 바라보았다.

시간이 나면 겨울눈을 싸고 있다가 떨어진 아린도 줍고 꽃잎도 주웠다. 목련 잎을 보고 그림 그리기도 했다. 즙을 내어 종이에 칠하는 어린이도 있었다. 누군가 목련 꽃잎으로 풍선을 불면 덩달아 며칠씩 볼이 터지게 풍선을 불었다. 이렇게 목련은 우리 반 나무가 되었다.

그러던 어느 날 꽃잎이 다 졌다. 목련은 이제 시가 되어 어린이들 마음에 스며들었다. 혜진이는 목련을 '눈물'이라고 했다. 크고 작은 눈물, 어쩜 이런 표현을 할 수 있을까. 그저 아름답다. 날렵한 기빈이는 목련이 바람 보드를 탄다고 했다. 마지막 행에서 '목련은 나의 분신 같다'고도 했다. 목련을 사랑하는 마음이 느껴진다. 희수는 목련 꽃잎이 터져 풍선이 되는 순간의 즐거움을 시로 표현했다.

눈물
                    – 정혜진(주문진초 5학년)
목련나무가 눈물을 흘리네
우유처럼 새하얀 눈물
목련나무가 눈물을 흘리네
크고 작은 눈물

목련의 변신

- 김희수(주문진초 5학년)

목련 하나 떨어지네.

목련을 후- 부니

오븐의 빵처럼 부푸네.

목련의 새로운 변신!

봉숭아 추억

　내 유년기의 슬픔 대부분은 기르던 동물의 죽음에서 비롯되었다. 가장 잊히지 않는 일은 강아지 재롱이의 죽음이다. 재롱이는 부뚜막에서 자다 연탄가스를 맡고 죽었다. 전날 밤 아버지가 밖에 내놔도 된다고 해서 내놓았는데 아침에 보니 죽었다. 울면서 뒤란 언덕에 묻었다. 나무 비석을 세우고 풀잎과 열매를 뜯어다 상을 차렸다. 장맛비가 한참일 때 불현듯 떠올라 가보니 무덤은 사라졌다. 판자에 크레파스로 쓴 '재롱이 여기 잠들다' 묘비가 지금도 선하다.

　고양이도 여럿 길러보니 성격이 갖가지다. 어떤 고양이는 새끼를 잘 돌보고, 어떤 고양이는 새끼 젖 주는 것도 귀찮아한다. 더운 여름이면 새끼를 입으로 물어다 시원한 나무 그늘로 옮겨다 놓는 고양이도 있다.

　늙은 고양이가 새끼를 낳 때였다. 기운이 없어 한 마리 낳고는 더 이상 낳지 못하자 아버지는 달걀을 깨서 숟가락으로 입을 벌려 먹이고, 새벽까지 배를 문질러주었다. 두어 시간이 지나서야 고양이는 겨우 새끼를 더 낳았다.

　우리 어린이들도 동물을 기르며 슬프거나 기쁜 경험을 하면 좋겠다. 하

311

지만 여의치 않다. 동물이 아니어도 가꾸고 돌보는 경험을 해보면 어떨까 생각했다. 그래서 생각해낸 것이 봉숭아 가꾸기다. 시골 어느 집에나 심어 가꾸며 손톱에 물들이던 봉숭아는 우리 정서를 느끼고 추억을 만들기에 좋은 꽃이다.

4월 식목일 즈음 어린이들에게 봉숭아를 심자고 했다. 교실이 아니라 집에서 가꾸는 거다. 다른 해에는 씨앗을 나누어줬는데 올해는 준비를 못했다. 어린이들 모두 씨앗을 심기까지 두 주가 걸렸다. 마트나 문구점에 가도 봉숭아 씨앗을 팔지 않아 애를 먹은 어린이들이 있었다.

봉숭아를 기르면서 이야기가 많이 쌓였다. 어린이들은 싹이 나면 신기해서, 떡잎이 떨어지면 슬퍼서, 또 꽃이 피면 반가워서 내게 소식을 보내곤 했다. 사진을 찍어 보내기도 했다. 관찰일기를 쓰면서 식물 기르는 기쁨을 맛본 어린이도 있다. 끝내 봉숭아를 심지 못한 어린이들은 주말신문에 실린 친구들 글을 보며 공감하고 기뻐해주었다.

다혜 봉숭아 이야기

• 봉숭아 꽃씨 심기

저녁에 봉숭아 꽃씨를 심었다. 봉숭아 꽃씨는 정말 손톱만 했다.

흙색이어서 흙에 심으면 보이지 않을 정도다.

모양은 울퉁불퉁하다.

부서진 초콜릿이나 돌멩이같이 생겼다. 냄새는 모르겠다.

아빠와 심었다. 잘 자라기를 기도하면서. 만약에 자란다면

우리 가족 모두에게 봉숭아물을 들여줄 것이다.

다혜는 학급에서 새로운 일을 시작하면 마음을 다해 열심히 한다. 봉숭아 씨앗을 심고 나서는 아침이면 봉숭아 이야기를 꺼냈다. 봉숭아를 글감으로 쓴 시를 가져와 괜찮냐고 묻는 날도 많았다. '여기만 고치면 좋겠구나' 하면 쪼르르 들어가 고쳐가지고 나온다. 풍선에 빵빵히 들어간 공기처럼 다혜 마음은 잘하고 싶은 마음, 배우고 싶은 마음으로 가득했다. 다혜가 보여준 시다.

봉숭아 꽃씨

　　　　　- 최다혜

화분 안에 봉숭아 꽃씨가
잠들어 있다.
하루 이틀 삼일
어, 싹이 흙 이불 사이로
고개를 쏙 내밀고 있네.
나는 물로 세수시켜준다.
싹이 소곤소곤 이야기하네.
아, 시원해!

다혜는 마치 아가를 돌보는 엄마 같다. 흙 이불을 덮고 있는 씨앗 아가에게 다혜 엄마는 물을 주며 세수를 시킨다. 봉숭아 꽃씨를 사랑으로 돌보는 다혜 마음이 고스란히 느껴진다.

얼마 뒤 보여준 시에는 이런 구절이 있다.

…… 봉숭아가 쑥쑥 크고 있네. / 이파리도 내 손가락만 하네. /
마법 같네.

조금 더 자란 이파리를 본 다혜의 기쁨이 잘 나타나 있다.

민서 봉숭아 이야기

민서 어머니는 민서가 봉숭아를 잘 가꾸도록 도와주셨다. 주말신문 답
글에도 봉숭아 이야기를 자주 쓰셨다.

5월 10일 | 봉숭아를 심고 날마다 관찰 중인데 아직 아무 소식이 없어서
민서가 많이 서운해합니다. 곧 새싹을 볼 수 있으면 좋겠네요.
5월 17일 | 봉숭아 싹이 드디어 나와서 민서도 저도 너무 신기해하며
관찰하고 있답니다.
6월 5일 | 아침 등교 전에 날마다 봉숭아에게 물 주고 이야기 나누는 민서
모습이 새롭네요. 날마다 달라지는 잎이 신기한가 봅니다.
7월 12일 | 조만간에 민서랑 손톱에 봉숭아물을 들여보려 합니다.
5월부터 물도 주고 이야기도 나누면서 가꾼 봉숭아 꽃으로 예쁘게 손톱에
물들이면 기분이 또 새로울 거 같아요.

이번에는 민서 글이다.

• 5월 23일 | **나도 봉숭아 아빠로서 책임감을 가져야될 거 같다. 왜냐하면**

최다혜 봉숭아

최민서 봉숭아

대충 물 안 주고 저녁에 주었기 때문이다.

• 5월 18일 | 아침에 밥 먹고 치과에 갔다. 어금니를 뺄 때 수술하듯이
천으로 얼굴을 가리고 해서 좀 긴장이 되었다.

천으로 가리고 어금니를 뺄 때는 어떻게든 세게 빼려고 하는 느낌이 든다.

결국 어금니를 뺄 때 진짜 아팠다. 어금니 뺀 후 태권도장에 가서 3품 심사
연습을 하고 두 시간 뒤 집에 돌아와서 봉숭아 화분에 물을 주었다.

아침에 물을 안 주었기 때문이다.

봉숭아 물을 주러 가 보니 봉숭아가 물을 안 먹고 견딘 모습이었다.

다행히 줄기가 길어졌다. 물을 주었다.

• 6월 22일 | 아침에 봉숭아 꽃 두 송이가 나와서 기분이 좋았다.

왜냐하면 두 달 동안 꽃이 피지 않았다가 피었기 때문이다.

'고생했다. 봉숭아야!' 오늘부터 꽃의 번식이 시작되는 건가! 봉숭아는 초고속 KTX급으로 빨리 자라서 7월에는 어른이 되어 나중에는 할아버지가 될 거 같다. 또 죽기 전에 씨앗이 나올 듯하다.

'봉숭아가 물을 안 먹고 견딘 모습'이라고 썼다. 이 대목을 읽으면서 뭉클했다. 슬픔을 견디는 민서 마음이 느껴져서다. 민서는 3학년 말에 아버지가 병으로 돌아가셨다. 그래서인지 눈물이 많다. 주말신문을 읽으면 친구 글을 꼼꼼하게 읽고 격려하거나 공감하는 말을 쓴다. 6월 22일 일기에 쓴 이 표현도 좋다. '봉숭아는 초고속 KTX급으로 빨리 자라서 7월에는 어른이 되어 나중에는 할아버지가 될 거 같다.' 점점 세련된 비유적 표현을 한다. 민서는 봉숭아를 돌보면서 생각이 더 깊어지고 표현력도 풍부해진 듯하다. 마음속 시 주머니가 커졌다.

아침 한 문장 쓰기

아침에 교실에 오면 한 문장 쓰기를 한다. 글쓰기를 퍽이나 귀찮아하는 어린이한테도 한 문장은 부담이 적어 쓸 만하다.

처음 한 문장 쓰기를 시작할 때에는 아침 하늘 보기, 새소리 듣기, 이런 식으로 글감을 안내한다. 한 문장을 쓰는 자리는 조금씩 다르다. 어떤 날은 포스트잇에 써서 4절 도화지에 붙인다. 어떤 날은 수첩에 쓴다.

이렇게 일주일간 모은 문장 가운데 잘된 글을 추려 주말신문에 싣는다. 늦게 오는 어린이는 계속 빼먹기도 한다. 할 수 없다. 문집을 편집할 때 불러서 입으로 한 문장을 말하게 한다. 어떻게든 학급 어린이 모두 한 문장씩 주말신문에 싣는다.

- 학교 가는 길에 떨어진 목련을 보았는데 초콜릿 색깔처럼 보였다.
  (백은서, 4.16)
- 아침에 엄마가 병원에서 돌아오셔서 행복하다. (정하윤, 4.16)
- 아침 공기가 쌀쌀해서 손발이 떨렸다. (최은서, 4.17)
- 오랜만에 반바지를 입고 왔는데 애들이 추워 보인다고 했다. (구하늘, 4.17)
- 학교 오는 길에 어떤 아저씨가 담배를 펴서 숨을 참았다. (허유정, 4.17)
- 체육시간에 뜀틀을 가볍게 넘었다. (김대중, 4.19)
- 오랜만에 머리를 묶고 왔다. (김서연, 4.17)
- 포크레인이 나를 죽일 뻔했다. (최 찬, 5.9)
- 아침에 학교 가는데 어떤 할아버지가 어떤 아주머니께 욕을 했다.
  (원소윤, 5.10)
- 썬크림을 많이 발랐더니 언니가 귀신 같다고 했다. (최은서, 6.4)
- 아침에 우아한 비둘기를 봤다. (황지영, 6.7)
- 오늘 기다랗고 기다란 지렁이를 봤다. 비가 오려나 보다. (이효진, 6.8)

스물다섯 명의 어린이가 한 문장씩 쓴 글을 모아놓고 보면 한 문장이 갖는 힘이 적지 않다는 생각을 하게 된다. 어린이들이 쓴 한 문장은 생활의 단면을 잘 보여주었다.

꽃씨신문을 읽고 있노라면 이곳저곳에서 제각기
다른 목소리들이 들리는 거 같아 귀가 솔깃해집니다.

짧은 문장들 속에도 친구들의 일상이 잘 그려져 있어서
여러 편의 그림을 감상하고 있는 거 같아요.
(최 찬 아버지)

©강승숙

시집 읽는 날들

여름방학이 되자 『신경림의 시인을 찾아서』를 읽기 시작했다. 꽤나 두껍다. 하루에 시인 한 사람씩 만나기로 했다. 수첩을 열어 날짜를 쓰고 시인 이름을 큼지막하게 적는다. 읽어가면서 마음에 드는 시를 옮겨 적는다. 유럽에서는 시 백 편은 외워야 교양인이라 부른다는 말이 있다. 백 편 외우는 건 엄두도 못 낼 일이지만 옮겨 적는 것은 해볼 수 있겠다. 정지용의 〈인동차〉, 조지훈의 〈고사古寺〉, 신석정의 〈들길에 서서〉, 김종삼의 〈북 치는 소년〉, 박용래의 〈오류동의 동전〉을 옮겨 적었다.

나를 위해 시를 읽은 건 얼마 되지 않는다. 그간은 어린이에게 줄 시를 고르기 위해 시집을 읽었다. 그림책은 내가 즐기려고 사거나 읽기도 하는 데 비해 시는 어린이를 위한다는 쪽에 무게중심이 가 있었다. 그런데 어렵거나 심각해서 멀리했던 성인 시를 다시 기웃거리게 되었다. 어린이 시나 동시를 읽다가 시를 좋아하게 된 것이다. 조금 어려운 시를 만나도 인내심을 발휘할 여유가 생겼다. 이제 외출할 때면 종종 시집을 챙긴다.

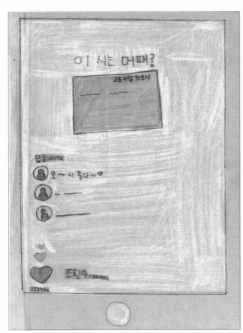

320

목요일은 시 읽는 날

학급문고에 시집을 넉넉히 갖추려고 애쓰는 중이다. 도서관에 있는 시집을 50권씩이나 빌려다 놓고 계속 보기는 어렵다. 도서관에 복본이 없어서다. 일단 집에 있는 시집을 어느 정도 갖다 놓고 동아리 지원비와 통합학급운영비로 시집을 샀다. 그리고 목요일은 시 읽는 날로 정해서 시집을 읽는다.

3월 21일 목요일, 첫날이다. 시집 읽는 목요일, 공책에 제목을 쓰고 표지를 꾸몄다. '나의 시 컬렉션', '시, 안녕!', '이 시는 어때?', '시시하지 않은 시', '시 파일' 같은 제목을 붙였다. 그럴듯한 제목이다.

모둠별로 시집을 한 무더기씩 주고 가위바위보로 시집을 고르게 했다. 첫날은 재미 삼아 이렇게 했지만 두 번째 목요일부터는 일찍 오는 대로 시집을 고른다. 포스트잇을 나누어주고는 마음에 드는 시가 있으면 뗐다 붙였다 하다가 마지막에 고른 시를 옮겨 적자고 했다. 마음에 드는 시가 여러 개라며 고민하는 어린이도 있다. 시집 읽기를 거듭하면서 어린이들은 시와 친해졌다.

"선생님, 시 쓰고 싶어요!"

하루는 우석이가 시를 쓰고 싶다고 했다. 우석이뿐 아니다. 시집을 읽으면서 일기에 시를 쓰거나 시를 쓰고 싶어 하는 어린이가 늘었다. 시 낭송이 같은 시를 공유하는 즐거움을 준다면, 시집에서 시 고르기는 자신의 감정과 상황을 찾아내고 발견하는 경험이 되기도 한다. 어린이들은 시를 읽으면서 위로받거나 즐거움을 찾았고, 시를 쓰고 싶은 마음을 키우고 있었다.

　4월 말이 되었다. 목요일마다 시 한 편씩 고르다 보니 어느덧 모은 시가 일곱 편 가까이 된다. 어린이들이 고른 시를 여러 편 모아놓고 보니 한 어린이의 생각지 못한 면을 발견하게 된다. 재미있거나 감각적인 시를 고르는 어린이도 있고 진지한 시를 고르는 어린이도 있다. 드러내기 어려운 자신의 마음을 표현한 시를 고르는 어린이도 있다.

　그 가운데 상미가 고른 시가 눈에 들어온다.

아빠의 장례식

　　　　　　– 김미혜

아빠를 태운 장례차

화장장으로 갈 때 집에 들렀어요.

아빠는 차에 누워 있고
하얀 국화 고개 숙인 차에 누워 있고
오빠는 까만 리본 달린 사진 안고
천천히 걸었어요.
마지막으로 둘러보고 가시라고

안방 한 바퀴 거실 한 바퀴
아빠가 담배 피우던 베란다에서도
서성서성
집보다 편한 곳 없다 그러셨는데
공원에 아빠를 남겨 두고
낯선 곳에 아빠를 혼자 두고
우리만 집으로 왔어요.
텅 빈 집으로 돌아왔어요.
―『아빠를 딱 하루만』(창비)

상미는 마음 한구석에 숨어 있던 슬픔을 마주했다.

• 이 시를 읽으니 우리 아빠가 생각난다.
 우리 아빠도 내가 여덟 살 때 돌아가셨다.
 이 시집을 보니 내가 경험한 일이 다 생각난다.
 너무 어려서 충격을 받았지만 그동안 다 까먹고 있었다.
 이제 또 보고 싶다.

상미는 이 시를 고를 만큼 마음이 단단해진 듯하다. 시 모음집은 일상에서 놓친 어린이의 고민과 정서를 읽을 수 있는 귀한 자료다. 어린이들과 상담을 할 때 이 시집을 가지고 이야기를 나눌 생각이다.

어버이날에는 부모님께 드리는 시를 골랐다. 동화책을 읽으면서 인물에게 주는 시를 고르기도 했다. 시를 가지고 할 수 있는 일이 참 풍부하다는 생각이 든다. 이렇게 일 년 동안 시집을 읽고 시를 모은다면 값진 보물 상자가 될 듯하다.

- 목요일마다 시집을 읽고 마음에 드는 시를 골라서
  그걸 종이에다 베껴 쓰고 시를 고른 까닭과 느낌을 썼다.
  나는 4학년 때 시집을 별로 안 읽었는데 5학년이 되어서 목요일마다
  시를 읽고 베껴 쓰니까 시가 좋아졌다. 내가 못 본 시가 많고
  재미있는 시, 슬픈 시가 있어서 느낌을 많이 쓰게 된다.
  (최민서)

시 낭송하는 화요일

3월 첫 주 화요일, 시 한 편을 알려주고 낭송을 한다. 쉽고 짧은 시, 저절로 외워지는 시, 박성우의 〈쑥〉이다.

쑥은 봄을 알리는 반가운 풀이다. 곰이 먹고 사람이 된 신화적 공간의 약풀이다. 시를 배우는 첫날 딱 어울린다. 한 번 읽으면 머리에 쏙 들어온다. 절로 외워진다. 쑥이 여기저기 돋아오는 걸 떠올리다가 3연에 가면 키가 쑥쑥 자라는 상상을 하게 된다. 짧고 재미있어서 어린이들은 이 시를 읽으

면 막 웃는다. 신나 한다.

그 기분을 놓치지 않고 유강희 시 〈토마토〉를 내놓는다. 말놀이하듯 쓴 두 줄로 된 시 〈토마토〉를 낭송하다 보면 토마토가 귀엽다는 생각이 든다. 토마토가 싫은 어린이도 조금은 좋아하는 마음이 생길 수 있다.

우리 반에는 살림꾼이 있다. 살림꾼은 번호대로 돌아가며 한다. 아침독서와 시 낭송을 진행하고 급식 검사와 마치는 인사를 주관한다. 살림꾼 활동은 둘째 주 정도에 시작한다. 내가 먼저 해 보이고 어린이들이 따라 하게 할 요량이다. 살림꾼 활동을 시작하는 처음 한 주간은 반장, 부반장, 씩씩한 어린이가 맡아 한다. 그다음은 번호대로 한다. 살림꾼 이름은 주간계획표에도 나간다. 그만큼 중요하다. 이 활동을 하면서 자신감이 커졌다는 어린이가 꽤 있다. 목소리가 작고 힘없는 어린이도 어찌어찌 진행한다. 살림꾼은 시 낭송을 이끌 때 긴장한다. 이 활동을 하면서 선생님이 된 기분을 느꼈다는 어린이도 있다.

"지금부터 시 낭송을 시작하겠습니다."

소리가 끝나면 시 낭송이 시작된다.

첫봄

– 박고경

땅바닥을

텅!

내려디디면

물숙하니

들어가는

힘 나는 첫봄
- 『엄마야 누나야』(보리)

3월, 4월에는 봄을 노래한 시를 낭송한다. 김오월의 〈논갈이〉, 신고송의 〈진달래〉 같은 시다. 시를 배우면서 사진이나 영상으로 이제는 보기 어려운 논갈이 장면을 본다. 진달래꽃이 날 때면 꽃잎을 그리기도 하고 시큼 달달한 꽃잎을 먹어보기도 한다.

종종 쉬는 시간이면 시 낭송을 하는 무리가 있다. 지난해 담임했던 어린이들이다. 이 어린이들은 작년에 많은 시를 암송했을 뿐 아니라 학예회 무대에서 시 낭송극까지 했다. 추억이 많을 수밖에 없다. 한번은 쉬는 시간에 칠판 옆 게시판 앞에 여럿이 모였다.

시 목록표를 보며 낭송을 한다. 학예회 때 했던 몸짓까지 한다. 다른 친구들도 둘레둘레 모여들어 따라 하거나 구경했다. 꿈꾸던 풍경이 눈앞에 펼쳐지고 있었다.

• 살림꾼이 되게 좋았다.
  시 낭송을 할 때 내가 지도하는데
  선생님 체험을 하는 거 같기도 했다. (최상미)

시간이 날 때마다 배운 시를 외우는 소윤이가 즐거워 보입니다.
길을 가다가 하늘이 파랗고 구름이 이뻐서 이야기하다가
〈구름〉이란 시를 썼다는 이야기를 들었습니다.
외워보라니 기억은 잘 안 난다고 하네요.
(원소윤 어머니)

학예회 무대에 오른
시 낭송극

시 낭송극을 준비하다

6년간 따돌림 당하던 어린이가 학예회 무대에 섰다. 『까마귀 소년』(야시마 타로 지음)의 한 장면이다. 어린이는 까마귀가 낼 수 있는 모든 울음을 흉내 낸다. 슬프고도 놀라운 장면이다. 한 어린이의 쓸쓸한 경험이 무대에 펼쳐지면서 자신과 많은 이들을 치유했다. 진정한 예술이 되었다. 『까마귀 소년』의 교사 이소베가 어린이를 사랑한 방식은 결코 요란하지 않았다. 조용하고 다정했다.

연극이나 춤, 합주처럼 그럴듯한 모양새를 갖춘 무대를 기대했던 관객은 충격을 받는다. 그리고 까마귀 울음을 내는 소년의 목소리를 들으면서 장내는 흐느낌으로 가득 찬다.

이소베 선생은 어떻게 까마귀 울음소리를 무대에 올릴 생각을 했을까! 이 장면은 학예회 준비를 할 때마다 생각하게 된다. 평소에 배우고 즐기던 것을 무대로 옮길 수는 없을까.

그간 공부한 것을 학예회 무대에 올리고 싶었다. 연습 과정은 즐거워야 한다. 무대를 보는 이들이 어린이답다, 신선하다, 공부한 내용을 무대에 올렸구나 하고 느낄 수 있는 것이어야 한다. 3월부터 외워온 시로 뭔가를 하고 싶었다. 스물다섯 모두 무대에 올라 시 낭송을 하고 몸짓을 하면 어떨까. 어렴풋이 떠오르는 것을 시 낭송극이라고 이름 붙여 보았다.

어느 정도 윤곽을 잡은 뒤 어린이들에게 계획을 이야기했다. 하지만 막상 해보니 생각하고 달랐다. 몸짓 하나하나 시 구절에 맞추다 보니 동작이 많고 어수선했다. 어린이들이 걱정스런 얼굴을 했다.

"지금부터 의논해서 고치고 만들어가요."

"선생님, 그런데요, 의견이 있어요. 우리 모두 주인공처럼 앞에 한 번씩 나오면 좋겠어요."

어린이들은 모두 주인공이 되고 싶었다. 그렇게 하기로 했다. 연습을 하면서 여전히 고민이 있었다. 다른 학년이나 학급은 옷이 번쩍거리거나 음악이 파워풀했다. 그런데 우리는 청바지에 흰 티셔츠를 입고 배경음악도 없이 나무 막대를 두드리며 시를 낭송하고 몸짓을 할 뿐이다. 남다른, 순수한 매력이 있을 수도 있지만 뭔가 허전했다. 어린이들도 이 낯선 공연이 불안한지 의심쩍은 얼굴로 자꾸 갸우뚱거렸다. 이런 고민을 주말신문에 썼다.

꽃씨신문 26호(10월 5일)

선생님은 요즘 걱정이 큽니다. 10월 말 학예회 때문입니다. 꿈속에서 학예회 장면이 나오기도 했습니다. 출근할 때나 퇴근할 때나 잠자기 전에도 온통 학예회 생각뿐입니다. 어떤 시를 가지고 어떻게 표현하면 좋을까…….

지금까지 학예회를 한두 번 한 것도 아닌데 이번에는 특히 고민이 많습니다. 시를 가지고 학예회 무대에 올리는 것이 처음이라 그렇습니다. 지금까지는 어린이들과 소고춤이나 리코더 연주, 합창, 수화 같은 것들을 했습니다. 그런데 이번에는 조금 새로운 시도를 하고 싶었습니다. 우리 반 어린이들이 일 년 동안 차근차근 외워온 시를 가지고 무대를 꾸민다면 참 좋겠다는 생각이 들었던 것입니다.

교실 같은 작은 무대라면 문제 될 게 없습니다. 문제는 한빛관같이 큰 공간에서 낭송극을 하는 게 괜찮을까, 소리는 잘 들릴까 고민이 되는 겁니다. 미리 녹음을 해놓을까 생각도 했는데 그러면 실감이 덜 날 거 같습니다. 지금으로서는 앞쪽에 스탠드 마이크를 넉 대 정도 두고 몇 사람은 마이크에 대고 낭송을 할까 합니다. 그러면 관객이 시 내용을 잘 알아들을 수 있을 거라고 생각합니다.

하지만 몇 어린이만 계속 낭송할 수는 없으니까 돌아가면서 낭송을 해야 할 텐데 짧은 시간에 다 돌아가면서 낭송하기는 어려울 것도 같습니다. 역할 분담을 해야 할 듯합니다. 앞에 나와서 낭송을 하는 어린이는 몸짓할 때 좀 돋보이는 역할을 하면 좋을 듯합니다.

이런저런 생각에 머리가 지끈거리기도 합니다. 그냥 리코더 연주를 할 걸 그랬나 생각도 드는 것입니다. 하지만 이제는 결정한 대로 밀고 나가야 할 때입니다. 다만 여러분들이 더 좋은 아이디어를 내주면 좋겠습니다. 일단 선생님이 구상한 대로 해보고 조금씩 고치면서 연습하면 생각보다 멋진 공연이 될 수도 있습니다.

리코더나 스텍스(컵 쌓기), 사물 공연에 쓰는 북도 활용하면 어떨까 생각해봅니다. '초가집'을 낭송할 때에는 더 연극적인 방식으로 표현해도 좋을 듯합니다. 시 낭송은 속도를 느리게 하면서 해설이 있는 연극처럼 시 한 줄 낭송하고 몸짓하고 뭐 이런 방법도 있을 듯합니다. 새롭게 연구해서 만들어가는 것도 좋은 공부라고 생각합니다. 학예회 무대가 우리 반의 좋은 추억이 되도록 선생님과 여러분이 머리를 맞대고 연구하면 좋겠습니다. 같이 힘을 냅시다!

주말신문이 나가고 월요일이 되었다. 다른 주간과 달리 답글을 쓴 부모님이 많았다. 글에는 응원하는 마음이 담겨 있었다.

선생님 이야기를 읽고 학예회 때문에 걱정이 큰 걸 알게 되었습니다.
선생님께서 구상한 대로 연습하면 멋진 공연이 될 거 같습니다.
꽃씨반 친구들 파이팅!
(허유정 어머니)

10월 학예회 준비로 선생님께서 고생이 많으시군요.
시를 가지고 어떤 무대를 펼쳐 보일지 궁금합니다.
선생님과 친구들 모두 준비 잘해서 멋진 무대 보여주세요.
(최 찬 어머니)

시를 계속 읊는 서연이를 본 적이 있는데 학예회 준비 때문이었나
봅니다. 선생님의 고민이 큰 보람으로 돌아오기 바랍니다.
(김서연 어머니)

어린이들도 걱정이 되었는지 몇몇이 주말에 모여 학예회 계획을 짜기

도 했다. 월요일 아침, 공책에 그 결과를 정리해 왔다. 우리 반의 멋진 공연을 바라는 아이들이 기특했다.

이런 공연은 나도 처음이다. 그래서 아침에 일찍 오는 어린이들을 모아 미리 이렇게도 해보고 저렇게도 해봤다. 그렇게 어느 정도 모양이 나오면 다 같이 연습하곤 했다. 출퇴근 길에도 시를 낭송하면서 머릿속으로 몸짓을 구상했다. 음악 없이 리듬 스틱에만 의지하여 시를 낭송하고 몸짓을 하는 공연이다. 처음 하는 일이니 괜찮을지 판단하기 어려웠다.

이런 과정에서 드디어 틀이 완성됐다. 낭송할 시로 〈첫봄〉과 〈쑥〉, 〈공부 벌레〉, 〈있다〉, 〈토마토〉, 〈별〉, 〈고추잠자리〉를 골랐다. 시 노래인 〈겨울 물 오리〉는 마지막에 넣었다. 공연에 넣을 시를 정하고 몸짓도 어느 정도 만들어 녹화해보니 5분 40초가 걸렸다. 맞지 않고 어설픈 데가 있지만 이렇게까지 모양이 나온 것만 해도 대단한 일이다.

주말에 인천에서 놀러 온 후배 교사들에게 시 낭송극 연습 영상을 보여주었다. 공연이 독특하고 참신하다며 따라 해보고 싶다는 말까지 했다. 우리 반 어린이들이 참 '이쁘다'는 말도 했다. 마음이 놓이고 자신감도 생겼다.

어느 정도 몸짓을 정해놓고 보니 새로운 문제가 드러났다. 무대 앞쪽에 나와 공연을 하는 어린이가 있는 반면 그렇지 않은 어린이들이 있었다. 다 같이 시 낭송과 몸짓을 하지만 마이크 앞에서 시를 낭송하거나 리코더 연주를 하는 어린이가 돋보이기 마련이다. 〈고추잠자리〉 같은 시는 어린이 두 명만 앞쪽으로 나와 몸짓을 한다. 모두가 주인공이 되는 일은 쉽지 않았다.

생각 끝에 시를 한 편 더 넣었다. 낭송 팀도 한 명 더 늘리고 하면서 모두 한 걸음 무대 앞쪽에 나올 수 있게 했다.

공연을 앞두고 흰 티셔츠에 붙일 시트지 자르는 일을 했다. 나뭇잎 모

양을 그리고 잘라 흰 셔츠에 붙일 것이다. 이런 과정 또한 주말신문에 썼다.
부모님들은 이제 어떤 공연일지 궁금증이 생긴다고 하셨다.

선생님께서 구상하신 학예회가 궁금하고 기대가 됩니다.
틀도 완성되고 낭송할 시도 정해지고 학예회 준비가
잘되고 있는 것 같아서 기분이 좋습니다.
유정이가 집에서 시 낭송을 하면서 율동 연습을 합니다.
열심히 준비한 만큼 학예회에서 멋진 공연을 했으면 좋겠습니다.
(허유정 어머니)

학교 오가는 길에도 학예회를 생각하는 선생님과 학예회 계획을 짜면서
의논하는 꽃씨 친구들이 하나가 되어가는 모습을 보는 것 같습니다.
어렵거나 힘든 일이 있을 때도 함께 도와가며 잘 헤쳐나가는 능력이 생길

거 같습니다. 학예회에 꼭 참석해서 여러분이 준비한 공연 구경할게요.
(백은서 아버지)

학예회 준비를 하느라 노고가 많으십니다. 선생님의 정성과 노력에
힘입어 어린이들도 그 속에 힘을 보태고자 의논하며 아이디어를 낸다고
하니 이쁘고 기특합니다. 새롭게 시도하는 시 낭송의 멋진 공연이 어떤
모습으로 무대에 펼쳐질지 궁금하고 기대됩니다.
(홍진기 어머니)

꽃씨신문을 통해 아이들의 성장과 더불어 마음의 성장까지 볼 수 있어
너무 좋네요. 성장한 어린이들의 감정을 표현할 수 있는 학예회가
무척 기대됩니다.
(장현수 아버지)

세상에 하나뿐인 공연

드디어 학예회 날이 되었다. 오전 리허설을 할 때 우리 반 어린이들은
죄 풀이 죽고 말았다. 번쩍거리는 옷을 입고 꽝꽝 터지는 음악에 맞추어
공연하는 학급을 보면서 나조차 우리 반 어린이들 눈치가 보였다. 남자 어
린이 한 명은 부끄러워서 도저히 공연을 못 하겠다고도 툴툴거렸다. 나중
에 듣고 보니 우리 반이 리허설을 마치고 나오는데 6학년 어린이가 '니네
좀……' 하며 뭐라 했다고 한다. 그럴 만도 했다. 어쨌든 이미 기가 죽은 어
린이들은 무대에서 활발한 모습을 보이지 못했다.

점심을 먹고 모두 한자리에 모였다. 진짜 공연을 앞둔 마지막 시간이다. 진지하게 어린이들에게 말했다.

"학예회는 배우고 익힌 것을 무대에 선보이는 행사란다. 공연 시간은 6분도 되지 않지만 우리가 준비한 시간은 3월부터지. 우린 봄부터 시를 감상하고 낭송해왔잖아. 우리 공연에는 우리만의 추억이 있고 아이디어와 고민이 들어 있어. 얼마나 소중하니! 이런 공연은 우리나라에서 최초일 거야. 그러니까 자부심을 가지렴. 다른 반과 비교하지 말고 우리만의 개성을 보여주렴!"

드디어 부모님을 모시고 하는 2부 무대가 시작되었다. 어린이들이 대기실에서 무대로 들어가는 것을 보고 강당으로 허둥허둥 달려갔다. 가슴이 두근거려서 어찌할 바를 몰랐다. 강당에 들어서니 이미 공연은 시작되었다. 우리 반 부모님들은 약속이라도 한 듯 앞자리에 앉아 휘파람을 불며 환호했다. 사진과 영상을 찍었다. 지난한 학예회 준비 여정을 아는 부모님들은 부러 앞자리에 앉아 응원을 해주셨다. 가슴이 뜨거워졌다. 〈공부벌레〉를 낭송할 때에는 웃음이 터지기도 했다.

공부벌레

– 권오삼

곤충도감에는 없어도

국어사전에는 있는

엄마들이

제일 좋아하는 벌레

– 『라면 맛있게 먹는 법』(문학동네)

낭송 팀이 마이크를 떨어뜨리는 실수가 있었지만 당황하지 않고 잘했다. 오전 리허설과 달리 모두 환하게 웃으며 공연했다. 세상에 하나뿐인 공연을 한다는 자부심을 온몸으로 보여주는 듯했다. 음악 없이 낭송과 몸짓으로만 하는 공연에 관객은 집중했다. 간간이 웃음이 터져 나오기도 했다.

마지막 〈겨울 물오리〉를 할 때 음악이 나오면서 분위기가 확 바뀌었다. 전반부에 담백하고 정제되었던 공연이 밝고 화사하게 바뀌었다. 노래를 부르고 웃으며 몸짓하는 어린이들을 보면서 뭉클했다. 아름다웠다!

• 긴장되는 학예회

어제 학예회를 했다. 우리는 열일곱 번째였다. 근데 너무 긴장이 되었다. 다른 반들은 음악도 신나고 멋지기 때문이다.

우리는 음악도 없고 그렇게 신나지도 않고 목소리도 잘 들리지 않을 거 같았다. 친구들이 긴장해서 실수할 거 같았다.

처음에 밴드 팀이 나왔는데 너무 잘했다.

노래도 잘하고 기타도 잘 쳐서 우리가 존재감이 없어지는 거 같았다.

그리고 카레송 팀인가 뭔가 하는 팀이 웃기게 잘해서 점점 긴장이 되고

하기 싫어졌다. 근데 이렇게 잘하는 팀이 나오다가 조용한 시가 나오면

사람들이 '에이 뭐야! 한참 재미있는데 이게 뭐야!' 할 거 같았다.

한참 지나고 우리 반이 할 차례가 왔다. 나는 너무 떨리고 긴장이 되었다.

드디어 무대에 올라갔다. 사람이 너무 많아서 얼어붙는 거 같았다.

시 낭송 공연이 시작되었다. 근데 긴장이 되어서 집중이 더 잘됐다.

오늘 틀리지 않고 잘한 거 같다. 학예회를 마치고 사람들이 박수를

쳐주었다. 나는 기분이 좋았다. 뿌듯했다. 그리고 부모님 앞에서도 틀리지

않고 잘했다. 할머니는 우리 반이 제일 잘했다고 했다.

내가 할머니께 "다른 팀이 더 멋지고 잘하지 않았어?" 하고 여쭈었는데

"그런 거는 다 보고 따라 할 수 있잖아." 하고 말씀하셨다.

나도 보고 따라 하는 것보다는 직접 만드는 게 훨씬 멋있다는 생각이

들었다. 할머니가 잘했다고 꽃다발을 주시니 더 기분이 좋았다.

세상에서 가장 좋은 학예회였던 거 같다.

(노경호)

• 학예회, 선생님

나는 오전 학예회 공연을 보면서 '우와, 와!' 하는 말이 나왔다. 왜냐하면
다른 반이 음악을 크게 틀어놓고 노래를 부르거나 춤을 추었기 때문이다.
솔직히 난 이런 생각을 했다.

우린 시 낭송하는 목소리도 작은데 그냥 다른 반처럼 하면 안 되나
하면서 마음속으로 투덜거렸다.

그런데 생각이 바뀌었다. 선생님께서 시 낭송을 왜 선택했는지
생각해보니 멋있는 것보다 즐겁고 순수하고 맑게 우리가 공부한 것으로
학예회를 한다는 것이 색다르고 독특하다는 생각이 들었다.

이렇게 생각하는 동안에 우리 차례가 왔다. 이상하게 긴장이 별로 안 됐다.
내 역할은 〈공부벌레〉에 나오는 책상이었다.

허리를 굽혀야 하는데 긴장한 나머지 조금 늦게 굽혔다.

그리고 목소리도 작았다. 두 번째 공연에는 실수 없이 해야겠다고
생각했다. 다행히 부모님을 모시고 하는 두 번째 공연은 실수 없이
마쳤다. 되게 뿌듯했다. 끝난 후 엄마가 순수하고 눈물 날 거 같다고 했다.
정말 하나밖에 없는 경험이 된 거 같다.

(허바윰)

공연이 끝났다. 어둑한 객석에서 나 홀로 깊이 감동했다. 우리 반 어린
이, 학부모가 아닌 다른 선생님은 공연을 어떻게 보았을지 궁금했다. 누구
에게 물어보지도 못하고 답답하여 서성거리는데 영양사 선생님이 웃는 얼
굴로 다가왔다.

"선생님, 저 여러 해 초등학교에 근무하면서 학예회 봤는데요, 이런 공
연은 처음 봐요. 정말 어린이답고 순수해요!"

약속이나 한 듯 사서 선생님도 다가왔다. 공연을 보면서 감동받았다고
한다. 어린이들이 정말 예쁘다고 했다. 두 분이 들려준 말은 선물이었다.

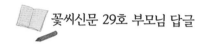
꽃씨신문 29호 부모님 답글

학예회 날 여러 무대가 있었습니다. 댄스, 에어로빅 등.
그중에 시 낭송극이 제일 기억에 남습니다.
5분 남짓한 시간 속에 어린이들과 선생님의 열정과 수고가
돋보였기 때문입니다. 모두들 고생 많았습니다.
(장현수 어머니)

하늘이 오빠가 중학교 2학년인 탓에 여러 번 학예회 공연을 봤지만
이렇게 멋진 시 낭송극 공연은 처음입니다. 고맙습니다!
예쁜 시를 어른이 되어서도 기억하게 될 4학년 3반 친구들, 부럽네요!
열심히 하는 모습 최고였어요!
(구하늘 어머니)

꽃씨반 어린이들이 드디어 무대에 오르고 무대 조명이 켜지기 전
잠시 조용한 침묵이 흐를 때 보는 사람마저도 긴장감이 도는 시간이
잠시 흘렀습니다. 공연이 시작되면서 그동안 준비했던 모습을
하나씩 보여주고 옆 친구의 실수를 도와주며 서로 호흡을 맞추면서
하나가 되어가는 모습 정말 보기 좋았습니다.
보기 좋은 공연은 보는 순간만 즐겁지만 감동적인 공연은
오래 기억에 남는 것 같습니다. 좋은 공연 만들어주신 선생님과 멋진
공연 보여준 꽃씨반 친구들, 고마워요!
(백은서 아버지)

어린이들이 긴장을 많이 했겠지만 그래도 침착하게 잘 해내서 기특합니다.
역시나 댄스와 합주들이 화려하긴 했지만 그래도 시 낭송극이 마음을
감동시키고 뭉클함을 느끼게 했습니다.
4학년 3반 어린이들 수고 많이 했고 선생님, 고생 많으셨습니다.
단기간이 아닌 몇 달 동안 외운 시로 공연한 걸 알기에
값진 공연이었다는 생각이 듭니다.
(정하윤 어머니)

학예발표회 때 시 낭송극을 해서 너무 정적이고 어린이들이
재미없어할까 봐 많이 걱정했는데 마지막에 어린이들이 율동에 맞추어
노래할 때 마음이 울컥했습니다. 모두 고생했고 4학년 3반 친구들이
가장 빛나고 멋져 보였어요. 어떤 공연보다 꽉 차 보였답니다.
선생님, 고생 많으셨어요!
(최민서 어머니)

2000년도에 처음으로 어린이들과 시 낭송을 시작했다. 18년이 지난 뒤
낭송해온 시는 시 낭송극이 되어 학예회 무대에 올랐다. 공연은 순수했고
어린이다웠다. 시 낭송극 공연에는 마음을 맑게 하는 무언가가 있었다고
생각한다. 감동을 받은 이들은 옛날 학예회 무대를 떠올렸을지도 모른다.
무대 뒤에 드리워진 검정 커튼, 책상을 붙여 만든 단상 위에서 학예회가 펼
쳐지던 시대 말이다.

지난날 학예회 무대는 강력한 엠프로 음악을 틀고 조명을 쏘는 지금
무대와는 견줄 수 없는 소박한 맛이 있었다. 모든 과정이 선생님과 어린이

손을 거쳐야 했다. 음악이 필요하면 직접 연주하거나 어딘가에 가서 녹음을 해야 했다. 대본을 쓰고 연습해야 하는 수고로움도 있었다. 지금에 와서 보면 그 시절 학예회는 한 편의 시 같기도 하다.

우리 반 어린이들의 시 낭송극은 어린이다운 모습을 보여주었다고 생각한다. 분칠하지 않은 어린이 모습 그대로를 보여준 것이다. 어린이답다, 어른답다의 경계가 모호해진 시대에 나는 어린이다움을 나름의 방식으로 표현하고 싶었다. 쉽지 않았다. 어린이들을 설득하고 용기를 줘야 했다. 차츰 어린이들은 우리 반이 일 년 동안 낭송해온 시, 그 시로 만든 몸짓이 그 어디에도 없는 우리만의 것임을 이해했다. 결국 우리는 무대에서 누가 어떻게 보든 두려워하지 않고 우리가 만든 시 공연을 즐겼다.

나와 함께한 어린이들은 시 낭송 역사를 만들어왔다. 나는 그 역사가 어린이들이 성장하는 동안 어느 날 불쑥불쑥 튀어나와 이어지기 바란다. 봄기운이 느껴지는 어느 날, 자기도 모르게 〈첫봄〉을 낭송하기를 바란다.

시를 찾아가는 길잡이

• 화요일은 시 낭송

3월부터 화요일 아침이면 시 한 편씩 안내한다. 내가 혼자 읽기도 하고 어린이들과 행을 나누어 낭송하기도 한다. 이렇게 배운 시는 틈나는 대로 낭송한다. 시를 감상하는 활동은 자세히 하지 않는다. 낭송을 하면서 알맞은 때를 골라 조금씩 이야기를 나눈다.

• 학예회 무대에 오른 시 낭송극

2018년 10월 학예회 날, 4학년 어린이들과 3월부터 낭송하면서 익힌 시 열 편으로 꾸민 시 낭송극을 무대에 올렸다. 어린이들과 함께 고민하며 만든 공연이라 더 값지고 긴 여운을 남긴다. 어린이들은 모두 무대의 주인공이 될 수 있었고 시로 특별한 경험을 했다.

• 나만의 시 컬렉션

목요일 아침 10분 독서 시간에 시집을 읽는다. 도서관에서 빌린 것, 학급운영비 등으로 구입한 것, 내가 가지고 있는 개인 시집 해서 50여 권이 책꽂이에 꽂혀 있다.

• 시를 느끼는 일상과 시 쓰기

시는 천천히 썼다. 시 쓰기라는 이름을 붙이기 전에 대상을 자세히 관찰하는 묘사 글 쓰기나 아침 한 문장 쓰기를 자주 했다. 시 낭송을 하거나 시집을 읽는 일은 시와 친해지게 한다. 서서히 어린이들 마음을 시로 물들이면서 쓰고 싶은 마음을 갖게 한다. 시는 봄이나 가을 날 주로 썼다.

시 쓰기와 감상에 도움이 되는 책

어린이가 쓴 시

『엄마의 런닝구』

한국글쓰기연구회 엮음 |
보리 | 1995

『쉬는 시간 언제 오냐』

초등학교 93명 아이들 지음 |
전국초등국어교과모임 엮음 |
박세연 그림 | 휴먼어린이 | 2012

『벌서다가』

초등학교 93명 아이들 지음 |
전국초등국어교과모임 엮음 |
정문주 그림 | 휴먼어린이 | 2013

『내 입은 불량 입』

경북 봉화 분교 어린이들 지음 |
크레용하우스 | 2013

『까만 손』

오색초등학교 어린이들 지음 |
탁동철 엮음 | 보리 | 2002

『비오는 날 일하는 소』

이호철 엮음 | 정승각 그림 |
산하 | 1991

시 그림책

『시리동동 거미동동』

제주도꼬리따기노래 |
권윤덕 그림 | 창비 | 2003

『넉 점 반』

윤석중 글 | 이영경 그림 |
창비 | 2004

『내 동생』

주동민 글 | 조은수 그림 |
창비 | 2003

『사랑 먼저 놀 거야!』

강승숙 지음 | 낮은산 |
2014

동시

『이원수 시에 붙인 노래들』

백창우 엮음 | 굴렁쇠아이들 | 보림 | 2002

『최승호 시인의 말놀이 동시집』

최승호 지음 | 윤정주 그림 | 비룡소 | 2005

『삐뽀삐뽀 눈물이 달려온다』

김륭 지음 | 노인경 그림 | 문학동네 | 2012

동시

『딱 하루만 더 아프고 싶다』

정연철 지음 | 이우창 그림 |
문학동네 | 2011

『저녁별』

송찬호 지음 | 소복이 그림 |
문학동네 | 2011

『고양이가 나 대신』

이상교 지음 | 박성은 그림 |
창비 | 2009

『축구부에 들고 싶다』

성명진 지음 | 홍정선 그림 |
창비 | 2011

『콧구멍만 바쁘다』

이정록 지음 | 권문희 그림 |
창비 | 2009

『아빠를 딱 하루만』

김미혜 지음 | 창비 | 2008

강승숙 선생님의 행복한 온작품읽기

ⓒ 강승숙, 2020

초판 1쇄 발행 2020년 5월 7일
지은이 강승숙
펴낸이 한상수
편집 윤미향
디자인 폴리오

펴낸곳 (사)행복한아침독서
경영지원 홍병일 김진선
도서사업 이범국 이기 권가인 백정수 조현숙 김성재 조재훈
사회공헌 홍주열 손수정 오빛나 안제헌 노영혜
신문편집 조지연 김지원 박은아
행복한책방 김경리 권경선
행복한그림책연구소 정병규 배홍숙

주소 경기도 파주시 회동길 455-2, 3층
전화 031-955-7567
팩스 031-955-7569
출판등록 2007년 10월 26일
홈페이지 www.morningreading.org
블로그 blog.naver.com/10minreading
페이스북 www.facebook.com/morningreading
포스트 post.naver.com/10minreading
전자우편 morningreading@hanmail.net

ISBN 979-11-85352-64-0 04370
ISBN 979-11-85352-50-3 (세트)

이 도서의 국립중앙도서관 출판예정도서목록(CIP)은
서지정보유통지원시스템 홈페이지(http://seoji.nl.go.kr)와
국가자료종합목록 구축시스템(http://kolis-net.nl.go.kr)에서
이용하실 수 있습니다. (CIP 제어번호 CIP2020013919)